麻辣语文

晏光勇 ◎ 著

"兴趣+方法"之集大成者，
接地气之实战技能，让考试得心应手！

一本在手，分数我有，语文复习必备神器！

四川大学出版社
SICHUAN UNIVERSITY PRESS

图书在版编目（CIP）数据

麻辣语文 / 晏光勇著．— 成都：四川大学出版社，2023.12

ISBN 978-7-5690-6316-5

Ⅰ．①麻… Ⅱ．①晏… Ⅲ．①中学语文课－教学参考资料 Ⅳ．① G634.303

中国国家版本馆 CIP 数据核字（2023）第 152872 号

书　　　名：	麻辣语文
	Mala Yuwen
著　　　者：	晏光勇

选题策划：徐丹红
责任编辑：徐丹红
责任校对：李　胜
装帧设计：墨创文化
责任印制：王　炜

出版发行：四川大学出版社有限责任公司
　　　　　地址：成都市一环路南一段 24 号（610065）
　　　　　电话：（028）85408311（发行部）、85400276（总编室）
　　　　　电子邮箱：scupress@vip.163.com
　　　　　网址：https://press.scu.edu.cn
印前制作：四川胜翔数码印务设计有限公司
印刷装订：成都市新都华兴印务有限公司

成品尺寸：170mm×240mm
印　　张：17.5
字　　数：322 千字

版　　次：2024 年 1 月 第 1 版
印　　次：2024 年 1 月 第 1 次印刷
定　　价：78.00 元

本社图书如有印装质量问题，请联系发行部调换

版权所有 ◆ 侵权必究

扫码获取数字资源

四川大学出版社
微信公众号

序言

本书不是那种一本正经严肃认真的理论书籍，它会把你拉入一个蕴藏着浓厚地气的氛围里，感受语文学习的乐趣。因为作者就是个不拘一格的语文教师，二十多年来一直如此，用自己对语文爱的火焰，去点燃学生对语文学习的热情。

本书带你走进一线语文教师教育与教学，走进普通学生语文学习的课堂与课间，用自己的所见所闻及所感，向您展示语文学习原来如此的朴实无华，又蕴藏着蓬勃的生命力与强烈的吸引力。当然也记录着作者原生态的课堂教学实录，让你体会到语文课里充盈的智慧与妙趣。

本书凝聚着作者多年来的语文教育教学心得，也记录着与家长、学生交流探讨的经验之谈；既有语文老师的语文教学与学习的秘籍，也有学生当年语文学习的心得反馈。作者最后将自己从事教育培训总结归纳的提分技巧，也一并倾囊相送，值得同行教师作为参考，更值得家长为孩子语文学习准备一本，以资鼓励。

本书的写作风格，就是作者一贯的风格。既有来自实践的经验总结，也有具体教育理念的实践，也许你会发现这些经验如此普通，似乎自己也有体会，唯一的区别就是，作者把这些东西活学活用，而且坚持在自己的整个教育生涯中，让自己的学生在学习生涯中，得到了启发，得到了成长。

大道至简。这些年来，作者阅读了很多的语文教育教学论著，在被专家同行们高屋建瓴的著作所折服的同时，也深感我们还需要一本略显不那么沉重的"语文学习说明书"。能否让语文学习，犹如四川人吃火锅一样，麻辣兼具，爽口爽心，酣畅淋漓，不忍停箸？这就是《麻辣语文》取名之意。

当然，火锅也有红锅白锅之分，本书虽名"麻辣"，但实则是鸳鸯锅，无论你身处天南海北口味如何，都可以浅尝一下。本书中作者自号"山人"，久处山野，若有不妥之处，尚望诸位海涵！

是为序。

晏光勇

2022 年 9 月 18 日于善学斋

内容简介

这是一本供语文教师、家长、学生以及语文爱好者群体阅读的书，多方共同努力营造一种好好学语文的氛围。本书从不同的角度阐述语文学习的技巧方法，有大量的可操作模式，帮助语文教育、学习进入一种新的高效状态。本书将专业的语文教学与普及的语文学习方法融为一炉，力图为语文教育与学习提供一些新的途径，助力学生语文综合素养的提升。

第一部分　清汤锅（白锅）：内外兼修阅读功

板块一：课内文章别样读

麻辣语文老师受人欢迎，魅力在哪里？这一系列的文章，让我们看到如何构建教师自己的语文教育理念，如何培养自己的教学设计能力，如何把语文特色贯彻落实在日常教育教学中。汇集作者二十多年语文教学经验，精选了多篇语文教学论文及课堂实录，清晰展示作者对语文教师专业能力的重视。

板块二：课外"悦"读越智慧

语文作为长线学科，关于阅读我们可以做些什么，让孩子的语文学习兴趣不再成为自己焦虑的根源？这一系列的文章，既包含作者这些年的研究心得，也记录了作者辅导课外阅读的实践经验。

第二部分　红汤锅（麻辣锅）：征战考场必杀技

板块一：再也不用担心你的作文了

万物皆可盘，今生必须盘下作文！由易到难，让作文在不知不觉中完成"涅槃重生"。这一系列文章，凝聚了诸多不传秘籍，以及学长学姐们当年作文学习的心路历程。通过对语文学习心态培养、习惯养成等方面的阐释，让你掌握作文进阶秘诀！

板块二：麻辣语文宝典你值得拥有

满满的干货，拿走别客气！作者压箱底的答题技巧及分析解说，倾囊相送！这一系列文章，分享了语文学习中的多种题型的答题技巧，背后的原理，去除"玄学"的神秘，坚信语文学习也有规律可学。熟练掌握，融会贯通，必然练就语文学习的金刚不坏之身！

板块三：答题技巧汇总篇

"上士闻道，勤而行之。""虽有至道，弗学，不知其善也。"希望您是一个勤学善学的读者，当然也可以"大笑之"，不过，笑过之后还是要紧接着学习的。毕竟，这是考试实践中得出的答题之道，有着其不可忽视的实用效果。尤其是诗歌鉴赏技巧、现代文答题技巧（记叙文、说明文、议论文）、语言运用答题技巧等，可谓"招招制敌"，得分"手到擒来"。

第三部分　聊聊语文学习的未来

语文学习的"道"与"术"、"前世"与"今生"，值得我们探讨。更值得我们关注的是，未来的岁月里，我们语文学习之路走向何方，如何走？围炉夜话，听听学长学姐的学习心得，借鉴家长朋友的家庭教育经验，聊聊语文与人生，其乐融融。

目 录

第一部分　清汤锅(白锅):内外兼修阅读功

板块一:课内文章别样读 ……………………………………………（ 2 ）
　跟王几何老师学课堂调控艺术 ………………………………………（ 3 ）
　跟林黛玉学当老师 ……………………………………………………（ 6 ）
　把书读厚,让语文课嗨起来 …………………………………………（ 10 ）
　谁的生命中有你,你的生命中有谁?
　　——读《孔乙己》有感 ……………………………………………（ 20 ）
　一本正经地胡说八道
　　——读《变色龙》有感 ……………………………………………（ 22 ）
　教学是一门遗憾的艺术 ………………………………………………（ 26 ）
　《猫》的别样阅读 ………………………………………………………（ 28 ）
　黑锅猫:生活中有多少想当然? ……………………………………（ 34 ）
　读《孙权劝学》 …………………………………………………………（ 37 ）
　一步一生:听同课异构《走一步,再走一步》有感 …………………（ 41 ）
　小鸭与天鹅 ……………………………………………………………（ 45 ）
　别人的童年:胡适母亲的家庭教育启示 ……………………………（ 49 ）

板块二:课外"悦读"越智慧 …………………………………………（ 52 ）
　熟读深思子自知:初中语文阅读习惯养成实践 ……………………（ 53 ）
　工夫在诗外:利用"群文阅读"进行中考阅读训练探索 ……………（ 71 ）
　"瑟瑟发抖":阅读兴趣的养成 ………………………………………（ 99 ）
　烧脑:阅读的层次 ……………………………………………………（102）
　愿意与你分享:梦想与书 ……………………………………………（104）
　每天只做一点点:阅读量安排 ………………………………………（106）
　自律学习与习惯养成方法 ……………………………………………（107）

第二部分　红汤锅(麻辣锅):征战考场必杀技

板块一:再也不用担心你的作文了 …………………………………（110）

激发写作热情,轻松辅导作文
　　——班级文学社辅导方案 ································· (111)
像你期待的评语那样写作文 ····································· (119)
字数不用愁:作文中的生长点 ··································· (122)
任性:古人论阅读与写作 ··· (126)

板块二:麻辣语文宝典你值得拥有 ······························· (129)

聊聊提分可能性
　　——窗帘为什么是蓝色的? ································· (130)
语文作为长线学科,有没有"捷径"可走? ······················· (132)
初中最后一学期了,语文还有救吗 ······························· (134)
小目标:初三语文目标的制定 ···································· (137)
考试,勿被熟悉迷惑 ·· (140)
留心"关键词"才能抓到分 ·· (142)
答案与"包装" ··· (143)

板块三:答题技巧总篇 ··· (147)

第三部分　聊聊语文学习的未来

潜移默化:我的语文老师 ·· (253)
语文学习时间的管理建议 ··· (256)

第一部分

清汤锅（白锅）：内外兼修阅读功

板块一： 课内文章别样读

　　"麻辣语文"老师受人欢迎，魅力在哪里？这一系列的文章，让我们看到如何构建教师自己的语文教育理念，如何培养自己的教学设计能力，如何把语文特色贯穿落实在日常教育教学中。这一板块汇集作者二十多年语文教学经验，精选了多篇语文教学论文及课堂实录，清晰展示作者对语文教师专业能力的重视。

跟王几何老师学课堂调控艺术

轻松幽默的课堂氛围，是我们都希望有的。我自己就去听过不少的培训课，那些枯燥乏味的法律知识，竟然有老师能够讲得生动具体，让人不知不觉之中就记住了考点。当然，我也听过那些乏味得让人想吐的讲座，即使如我般渴望知识，也感觉倒人胃口，昏昏欲睡。

看看王几何的开学第一课。

王几何：

"可是，一分钟过去了，那矮胖老师一句话不说，像一尊笑面佛一样，只是站在讲台上哑笑。眉梢、眼角、鼻孔、嘴巴、耳朵，可以说，他脸上的每一个器官，每一条皱纹，甚至每一根头发都在微笑！"

"老师足足又哑笑了两分钟。"

"老师站在讲台上，双目含笑，右嘴角微微斜翘，胖脸上一副得意扬扬的表情。"

"胖得像弥勒佛一般的王老师，站在讲台上眉开眼笑。"

学生：

"太神奇了，他该不是聋哑学校的老师吧？全班同学再也忍不住了，大家弯腰，摇头，挤眉，弄眼，一齐哄堂大笑！"

"真是太幽默了，全班男生、女生哄堂大笑。"

"王老师却毫不理会满教室的笑声。"

"笑得双手发抖的同学们。"

"人人都笑得满脸泪水，喉咙发肿。"

整堂课从开始到结束，可谓欢声笑语。在这样的氛围中，学生自然感觉"轻松"，感觉"有趣"。

课堂能不能给予学生一种安全感，学习能不能给予学生一种满足感，是我们做教师的应该思考一下的。当然，我们并不是说课堂就应该插科打诨，热闹非凡，而是说，课堂氛围营造中，应该给予学生一种竞争与合作，激烈而又温馨的感受。"干活不累"，不是说身体不累，而是说心灵上是愉悦的、轻松的。教师是不是有一种宽容之心，是不是有那么一点幽默的细胞，也是很重要的一环。

如果教师没有宽容学生的错误，没有体谅学生学习的不易，明了学生学习所需的意识，恐怕是很难在课堂上轻松起来的。为了赶进度，为了课堂的严肃，教师不苟言笑，满堂灌，这种现象也不是少有的事情。就犹如说到高效课堂，不分学科、不分具体内容，整齐划一要求教师只能教多少分钟，学生必须学多少分钟，练习又该是多少分钟，恐怕这个课堂就被分割得体无完肤了。

言归正传。课堂的轻松，其实不一定是要笑话百出如同看李贝贝"扯把子"。重要的是，教师自己要有一种平静宽容的心态，知道这个年龄阶段的孩子，天性好动，喜欢新奇，适当地引导，学生的兴趣就会很浓厚。你看，王几何一直都保持一种笑嘻嘻的状态，仿佛这不是要教枯燥无味让人毛骨悚然的几何！"微笑"—"哑笑"—"双目含笑"—"眉开眼笑"，表情何其丰富！就是看着这尊弥勒佛，大家就会感到轻松！

笑，成为王几何上课的标志了，更是王几何的标志！教师的言行是会带来相应的反馈的，所以你看到了学生的笑。从哄堂大笑到笑得飙泪，也是何其欢脱！

想来，在这样的课堂上，我们不会感到紧张，感到恐惧，因为我们会互相扶持，互相鼓励，去战胜敌人的。

严肃

跑的最快的车，一定是刹车特别好的车！最欢脱的课堂，也要防止大家笑得无法控制吧？所以王几何也是有刹车的。

"奇怪的是，王老师说这番话时，竟第一次严肃得面无一丝笑容。一时间满教室鸦雀无声。"

有放有收，课堂放得开，又适时地收得住，这才是教师课堂调控的关键点。让学生笑起来，相对而言很容易，能够收得住，这才是本事。事实上，有些人误解了"放得开，让学生笑起来"的真实含义，以为只要讲几个小笑话，让学生逗乐就可以了。你看王几何，他让学生乐不可支的，可不是那些各种资料上找来的段子，而是自身带来的笑点，是与课堂学习紧密联系的笑点。笑过之后，能够引起学生深刻的思考。因为能够引起思考，所以大家止住了笑声。

静静

每当上课之前，做老师的都会想静静——不要问静静是谁！看看下面哄闹的场面，站在讲台上的你难道不想静静？！

当然，王几何的第一堂课前，教室里倒是出奇的安静。"可是，一分钟过去了，那老师一句话不说。""老师足足又哑笑了两分钟。"

这倒好，本来安静的教室里，老师把大家给搞笑了！紧张的心情突然就释放了！看看这些笑得花枝招展的人，你会怎么做？是大声呼喊"静静""静静"？

"老师依然不说一句话，但却渐渐收起了笑容，用黑板刷轻轻敲击着讲台上的课桌，待全班同学安静下来。"

不说话，收起笑容，然后用黑板刷轻轻敲击讲桌。多么娴熟、多么自如的调控！当整个教室混乱不堪的时候，无论老师的说话声多么高，其实都高不过学生几十个人的声音的，那种无视你的感觉会让人崩溃。你的声音只会淹没在嘈杂声中！而王几何呢？不是比声音，是用严肃的表演，外加不是说话声的"敲击声"，让这个声音从众多的人声中区别出来。这就是智慧的表现。这种打断常规声音的思路，才会引起学生的注意力转移。

实践中，我们也发现，上课前，如果老师站在哄闹的教室门口，或者站在讲台上，严肃地，不说话，看着大家，学生反而能够渐渐安静下来。

当然，这时候你就要抓住时机，做你应该做的事情，否则学生发现你对他们的喧闹没有反对，就会又吵闹起来了。

"老师继续用黑板刷轻敲课桌，以镇住教室里的嘈杂声。"王几何擅长于"轻敲"，更善于调控学生的状态。

当然，不是"重重地敲"，那就是王几何对形势把握的精准到位，以及对学生心理的深刻了解了。一个喜欢发火的老师，才会做什么都毛毛躁躁的，采取一种对抗的姿态来对待学生。可惜，往往事与愿违，你的声音高，学生的声音会比你更高！

相反，以静制动，倒是良方。

课堂的笑料，应该是自动生成的，教师也应该善于利用这些笑料，来辅助教学。比如，有些时候学生做错了题，回答错了问题，或者发生了口误，将错就错，纠正这些问题，告诉大家这是成长中的正常表现，让大家在笑声中铭记正确的知识点，不亦乐乎？

反之，如果回答错了你就大发雷霆之怒，学生就会感到这是一种耻辱，是一种令人恐惧的场面，以后都不敢轻易回答问题了。这也是课堂缺乏安全感的一种表现。学生产生了畏惧心理，怎么可能热爱这门课？更不用说喜欢你的课堂了！

面对学生的回答错误，山人就喜欢说：哈哈哈，看来我的作用来了，至少可以指点这个问题啦！

跟林黛玉学当老师

教育不是往桶里注水，而是点燃智慧的火焰。

——格言

每个人的一生，要么是在创造一个"圈"（quān），要么就是在寻找一个"圈"，总之，是努力地想成为"圈中人"。因为只有进入一个圈子，才能让我们找到归属感，拥有安全和温暖的感觉。而要成为某个圈子的人，总是需要一定的努力的。脱离一个圈子，进入另一个圈子的过程，是一种改变，改变总是带来不安全感，带来痛苦。不过这个痛苦又是值得的，没有这个痛苦，你就不能体会到进入另一个圈子的快乐。

香菱想进入一个圈子，虽然她没有说出来，但是一定在她的内心里盘桓了很久很久。这个圈子就是大观园里富有才华的人组成的"海棠诗社"，那是一个才女们展示自己的舞台。香菱，除了自己曾经因为喜爱，而对诗歌略知一二外，要想进入这个圈，还需要增强实力，甚至是显示实力，她需要一个老师，一个好老师。当然，这个老师最好是圈中人！

一个尖酸刻薄得理不饶人的人，能够成为热情耐心循循善诱的好老师吗？想必很多人都知道《红楼梦》里那个林妹妹吧？那可是大观园里出了名的小心眼哦！但是，香菱学诗这一节，却让人不由得赞赏她是位好老师！

当然，要是有林妹妹这么赏心悦目的老师指点，怎么也得认真点吧？呵呵！！！

一、 为之与难易

天下事有难易乎？为之，则难者亦易矣！彭端淑如是说。说白了，就是我们不要总是讨论难不难，而是要思考如何去做，并且立即去做，只有去做，就算是困难的也多半会变得简单。

如果弟子诚心向学，教师的第一引导就非常重要。

香菱笑道："果然这样，我就拜你为师。你可不许腻烦的。"

黛玉道："什么难事，也值得去学！"

学生很低调，首先摆出自己起点低，底子薄，请老师一定要耐心，不要有太高的期待。这可不简单，学不好，可以免除老师的责任，让老师不用担心自己的名声，可以放心地教；学好了，这是老师教得好，老师荣耀，学生也获得称赞，原来你资质不错嘛！双方皆大欢喜！

老师呢？告诉学生，这件事，小菜一碟，不学也会！首先就打消了学生的畏难情绪，有了学习的兴趣。既然都想学了，肯定知道自己在学习进程中会遇到困难和挫折，但是既然开始很简单，那就好好地开始学习吧！畏难情绪、恐惧心理，往往是阻止我们积极思考的最大障碍，好些学生在某些学科上的落后，多半是因为开始学习的时候就遇到困难而没有从心理上解决，一直有心理阴影，于是接着的学习也不用功，也不知道怎么发力，就陷入了恶性循环了。

林黛玉可是好不容易收了个徒弟，也好不容易有兴趣遇到看得上眼的徒弟，肯定不能一句话把人家给吓跑了嘛！再说，这写诗的事，在林老师看来，自然简单，本来就不是什么难事！既然想学？So easy！Just do it！

自然就让香菱有了学习的信心，有了去提升自己的动力。好老师，别把学生吓跑了！所以在交代完毕后，林老师说："你又是个极聪明伶俐的人，不用一年的工夫，不愁不是诗翁了！"这句话，让学生多高兴啊！好，就这么干！香菱立马就进入学习状态了！

二、 格局与底子

心有多大，舞台就有多宽广。早先立下的格局，决定着今后的发展高度。

香菱笑道："我只爱陆放翁的诗'重帘不卷留香久，古砚微凹聚墨多'，说的真有趣！"

黛玉道："断不可学这样的诗。你们因不知诗，所以见了这浅近的就爱，一入了这个格局，再学不出来的。"

纠偏，这是作为老师的必须做到的一点。

林老师立即发现了学生的认知偏差，并且决心进行纠正。不是进行说教，而是采取了最自然的却也很有效的方式：让学生自己去感悟，在感悟中找到新的方向，用新的理念来占领旧的阵地，就如用种庄稼的方式来让土地保持不被杂草侵占。

"你只听我说，你若真心要学，我这里有……"林老师推荐了阅读书目：《王摩诘全集》《杜甫七言律》《李白七言绝句》。这叫作底子，熟读精思了这三个人的作品，然后再泛读陶渊明、谢灵运等一干山水田园诗人的作品。这个清单，可不简单，那可是林老师的看家本领啊！

这些诗人远离尘嚣，不热衷功名利禄，境界高远。当然，杜甫也有很多是忧国忧民的作品，在这里为什么要作为底子的三大支柱之一？这可是林老师的深刻体悟啊，林老师是希望学生学习杜甫格律工整的特点！取各位诗人所长，综合起来，才能成就自己！

学习中，最忌讳开始的杂乱，让人不知所措，最后不知所云，不得要领。而林老师这一指点，显然具有拨云见雾之功效。

首先推荐阅读，而不是写，这也是一种教育理念。没有积累，腹中空空如也，巧妇难为无米之炊也！而我们现在的很多人，想写作文，就立即动笔写作，结果咬牙切齿、绞尽脑汁，咬坏了多少笔头，还是写不出来，却不思原因，还总怪老师教得不好。其实，当写不出来的时候，就阅读，就观察，就模仿，哪里有学不会的？

杜甫如是说："读书破万卷，下笔如有神。"因此，阅读，对于写作来说，是必需的功底。林黛玉老师可谓深知语文教学之真谛矣！

三、 指点与放手

黛玉笑道："正要讲究讨论，方能长进。"

讨论，能够了解学生学习的状况，也能了解学生的思想动态，尤其是前面的"纠偏"有没有完成，还可以针对学生学习中出现的新的问题进行指点。

黛玉笑道："你说他'上孤烟'好，你还不知他这一句还是套了前人的来。我给你这一句瞧瞧，更比这个淡而现成。"

这里，根据学习进程，及时地跟进指点，这是老师必须做的。学生在学习中，会随着内容的深入，领悟点的增多，有新的感触和新的体会，正确与否，需要老师来给予点化，需要老师来增加动力。这些都是有形的指点，是必须"入轨"的。

黛玉笑道："意思却有，只是措词不雅。皆因你看的诗少，被他缚住了。把这首丢开，再作一首，只管放开胆子去作。"

林老师的话简短，但是却包含了好几层意思：一是肯定了中心明确，没有偏题；二是指出了缺点和不足，即用语不够典雅——古诗最重要的一点；三是指出了原因，还是阅读得太少，积累太少，读得少就见识短，知道的变化就不多，手法单一，"被缚住了"；四是写作要放开胆子去写，写出自己的见识。林老师的指点可谓相当到位，既有鼓励，又有不足，还有补救办法，最后提出了希望。层层递进，让人对写诗都有些欲罢不能了。

其实山人最感兴趣的，是那个"把这首丢开"，为什么林老师没有圈点批阅，逐句修改润色？而是要学生"丢开"，不是懒惰的表现吗？

传统思维中，我们的语文作文教学，最习惯于"老师批改"，老师讲得头头是道，学生频频点头，过后作文依然得不到提高。首先不去争论老师是否有那个很高的写作水平，但是老师有一定的欣赏水平应该毋庸置疑吧？那么，老师善于欣赏，不善于作曲，也不是什么难堪的事情。

可惜我们很多时候，把自己看得太高了、太聪明了，越俎代庖，帮助学生修修补补，以为好文章就出来了。即使要修修补补，恐怕也得学生自己来吧？我们可以仔细到跟学生说，这里要用比喻句，那里要引用名言的地步吗？那是我们在写作，还是学生在写作？

林黛玉可不是这么"用心"的，直接来一句："再作一首。"当第二首送来检阅的时候，林黛玉说："自然算难为他了，只是还不好。这一首过于穿凿了，还得另作。"

就这么放手！让学生做，让学生写！这才是他们自己的感悟、自己的作品。我们的好心，不要成为学生进步的障碍；我们的勤奋，不要成就了学生的懒惰。正因为如此，当香菱的第三首诗送来的时候，由于融入了自己的人生体悟，情景交融，文质兼美，受到了一致好评。香菱也顺利进入了"海棠诗社"这个圈！

跟林黛玉学做老师，还是有一点意思哇？

把书读厚，让语文课嗨起来

摘要：课文数量有限的语文教科书，如何能够做到以一当十？如何让语文课的"文"回归到领悟人生？本文将自己的语文课实录做了一些梳理，举轻若重，把课文"读厚"，探讨如何提高语文课堂的趣味性策略。

关键词：语文课堂；趣味性

一、引子：程翔老师的一堂示范课让人着了道儿

2016年底，聆听了语文界泰斗程翔老师的一堂示范课：

"看来，同学们上道儿了。"程翔老师慈眉善目的微笑，给同学们带来了满满的鼓励。

默读。

"文章的体裁是什么？"

（学生说小说）

"从哪里看得出来？小说是虚构的，请找出文中你认为是虚构的地方。"

（学生们在默读中、思考中，在老师的引导下，竟然找出了很多地方，并做了理解和说明。比如，人称上切入——第三人称）

"既然我们看出来，确实是虚构的，是小说。那么作者为什么要费尽心机去虚构一个故事呢？产生了新问题的同学请举手。"

（有学生说，虚构是为了表现主题。好几个学生都谈了自己的看法）

"是的，是为了揭示人性。"

最令人称奇的是，程老师问一位女同学："如果你是那位病人，你会产生这种极端想法吗？"那位女同学停顿了一下，大胆地说："我也会。"程老师对此竟然宽容地点头，然后引导学生对于"善恶""欲望"等等探讨和指点。

"人欲望的产生是很正常的，但恶的一面必须控制住。"程老师说。

解决了这个问题，程老师又问："床位仅仅是个床位吗？"

（学生们在老师的引导下，独立思考，产生了很多的看法。程老师因势利导，让同学们明白：床位，就是名利；那一堵墙，就是一场空）

"病床，不仅仅是床；而病房，也不只是在医院，我们的学校、公司、社会何尝不是？"

最后，程老师引导同学们认识了本文的创作手法。

"上道儿了"，其实就是在程翔老师的引导下，同学们渐渐地领悟了课文，进入自主学习—自主提问—自主解答的良性循环。这就是程老师的绝技。

《窗》这一课，在程老师循循善诱、不疾不徐地指点下，同学们在轻松愉快而又高速运转中学完了。

更喜欢程老师对教师专业化的建议。这里我也来抓一个关键词吧！

"课堂作品"，就是教师把自己上课的过程、思考等，都转换成文字。（当然录音、录像等也可以，重要的是可以多修改，多琢磨研究）

教书生涯中，有那么十几篇、几十篇课文，做到"专业"，读原文，读作者传记，读专家解读，把自己的上课思考，经验教训都记录下来，形成自己独特的思考和独特的上课方式。一篇一篇文章地进行，那么最后累积起来就是一笔丰厚的教育教学财富。

想起这几年来，我自己也常常写"课堂实录"，把自己的教学经历记录下来，合适的时候进行整理和提升，也就形成了一篇篇的论文。听到程老师的建议，不禁心有戚戚焉。很多的时候，我们急功近利，绞尽脑汁去写论文，去"交差"。其实，我们原本不必这么辛苦，平时的所思所得、所教所闻，都可以先形成文字，存放在那里，作为自己今后的素材库。当你的素材积累到一定的程度，自然就不担心教育论文写作中最头疼的"例子"，由某一主题，就可以贯穿起诸多自己的亲身实践，修饰整理，那就是很好的教育教学总结。

听了程老师的课和讲座，我发觉自己"着了道儿"了！

现阶段的一些初中语文课堂存在课堂气氛沉闷、学习热情不高、学习效率低下等现象。学生和教师为了考试成绩，将原本可以丰富多彩的教学变成填鸭式的教学。由于语文课程的特点，学生很难在中考中获取高分，考试成绩不容易拉开距离，因此在学生心中，语文课程的心理地位相对较低。要想让学生摆脱这种心态，重新对语文课程充满热情和积极性，是当前语文教学课程中的难题。要想解决这一问题，应当从多方面进行努力。

笔者在教学中慢慢地学会了，根据教学内容的特点，从学生的角度寻找教学方法，激发学生的兴趣点，将课文背后的深层意义作为兴趣点，作为教学的切入点，培养学生主动学习的热情，以达到积极的课堂效果。

二、开端：让课文走进生活成为学生的精神食粮

维特根斯坦说："凡是你能说的，你说清楚；凡是你不能说清楚的，留给沉默。"笔者以为，在教学上也是如此。有些时候，即使你认真阅读了教参，也不见得真正地领悟了"一家之言"，很有可能你的理解——基于你自己的知识、阅历以及智商，确实只能够有限地理解。或者，时代变化太快，教参都跟不上这发展的节奏了。如何能够让课文被这一群新时代的孩子理解透彻？甚至，这一理解能够对孩子们的人生产生积极的正能量？

笔者以为，教师通过自己的深入阅读和领悟，把自己的感悟娓娓道来，与学生分享，就是最好的语文教学引导方式。在上《香菱学诗》这一课的时候，笔者就尝试着抛开教参，去探索了一番。这一次，从人物出发，课堂分为两部分，第一部分如下。

（一）香菱——"傻白甜"的逆袭之路

这一部分又分为几个小点：

1."傻白甜"的天鹅梦

师："香菱为什么这么苦心想学写诗？"

（学生讨论）

师：提供几个句子（见表1-1），大家佐证一下。

表1-1　香菱为什么想学写诗

语言	点评
宝玉："我们成日叹说可惜他这么个人竟俗了，谁知到底有今日。"	"我们"，说明在大观园里的人，都觉得这个被买回来的傻姑娘，虽然长得好看，但是和这里的贵族小姐相比，毕竟是"俗人"。也就是，虽然同在大观园居住，但精神上我们不是一个圈子里的！宝玉哥哥，你们说这些的时候，香菱知道吗？
探春笑道："凡会作诗的都画在上头，快学罢。"	想起了唐朝凌烟阁上的功臣画像，明朝张居正《寄严少师三十韵》："所希垂不朽，勋业在凌烟。"能够上画像，那是多么荣耀的事情！"会作诗"就可以画上去，不是为记录功勋，只是表明拥有同一个高端大气上档次的朋友圈！

续表1-1

语言	点评
香菱笑道:"姑娘何苦打趣我,我不过是心里羡慕,才学着顽罢了。"	探春笑道:"明儿我补一个柬来,请你入社。"本来这太让人激动了,但是香菱却显得很冷静:同情和怜悯得来的成员资格,并不能证明自己的才干。 "心里羡慕",丑小鸭也有变成白天鹅的一天。羡慕的不是画像,是心中对这些富有才情的少女们的生活的向往,是对这种精神自由的追求。 "学着顽",抛却功利心,让学诗成为一种享受,成为一种生活方式。这也许就是对自己最大的奖赏吧!

2. "傻白甜"的拜师技巧

(香菱曾经请求向宝钗学诗,但是被残忍地拒绝了)

师:"傻白甜"的说话艺术又是什么样的呢?(见表1-2)

表1-2 "傻白甜"香菱的说话艺术

语言	点评
香菱因笑道:"我这一进来了,也得了空儿,好歹教给我作诗,就是我的造化了!"	求人的话语,一定要谦虚,一定要让人感觉舒服。"是我的造化",把别人的应允与承诺,看成是对自己的大恩大德,把对方的位置放在极其尊贵的地方。香菱何其会说话!果然是一个"甜妞"!
香菱笑道:"果然这样,我就拜你作师。你可不许腻烦的。"	香菱却说:"不许腻烦。"先为自己今后可能的不足、麻烦做个提示,让老师有一个心理准备。意思是,如果自己太笨了,老师你可不许嫌弃我哦! 低调开始,高调结束。你猜猜,今后会给老师多少惊喜?

3. "傻白甜"的进击艺术(见表1-3)

表1-3 "傻白甜"香菱的进击艺术

语言	点评
香菱听了,笑道:"既这样,好姑娘,你就把这书给我拿出来,我带回去夜里念几首也是好的。"	"就",立即跟上,不给老师找借口的机会!做老师就要倾囊相送嘛!现在,我要学习! 香菱太善于抓住机会了,确实脑瓜儿转得快!机不可失,时不我待!

续表1-3

语言	点评
香菱又逼着黛玉换出杜律来,又央黛玉探春二人:"出个题目,让我诌去,诌了来,替我改正。"	"逼着",主动增加学习内容,只为早一点实现梦想。同时,也是"见善则迁",当知道有好的学习内容的时候,总是迫不及待。 "又央",这不完全打乱了老师的教学进度了吗?不过,对于好学、善学的人来讲,这也不是什么怪事。当教学内容"吃不饱"的时候,主动寻求,正是一种进击的姿态! 当然,这也显示出香菱这位学生的资质非同一般!
香菱笑道:"好姑娘,别混我。"	宝钗说:"你本来呆头呆脑的,再添上这个,越发弄成个呆子了。"香菱知道,宝钗不赞成自己学诗,甚至对自己学诗从来没有看好过。但是,香菱面对这样的语言打击,没有"据理力争",只是"笑道"。这是什么样的笑?各位看官自己思索。面对嘲笑与讽刺,最好的回击方式不是去争吵,更不是动手反击,而是用事实来证明自己的正确。当然,这个是需要时间来证明的,现在不是这个时候! 香菱,含笑而回应:"好姑娘,别混我。"对方依然是"好姑娘",不减自己对对方的尊重,气量何其大!

4. "傻白甜"的苦学(乐学)之路(见表1-4)

表1-4 "傻白甜"香菱的苦学(乐学)之路

情节	点评
黛玉听说,便命紫鹃将王右丞的五言律拿来,递与香菱,又道:"你只看有红圈的都是我选的,有一首念一首。" 香菱笑道:"凡红圈选的我尽读了。"	不折不扣地完成老师布置的作业,这是一个学生应该做的本分吧?不偷懒,不做假,因为做这些都是自己的选择,心甘情愿。也是踏踏实实学习的表现,"地基不牢,地动山摇",打好基础,根深叶才茂。
香菱笑道:"领略了些滋味,不知可是不是,说与你听听。"	"说与你听听",既是一种探讨,更是一种乐于表达,乐于接受别人指点的心态。有些人,生怕别人批评自己"见识短浅",于是故作高深,不敢把自己的感悟说出来。结果错失了进步的机会。学习,就应该有"不要面子"的精神,求学过程中丢的小面子,换来的是自己的提升与进步,那才是更大的面子!
香菱听了,喜的拿回诗来,又苦思一回作两句诗,又舍不得杜诗,又读两首。如此茶饭无心,坐卧不定。	有人说,这里的重点在于"茶饭无心,坐卧不定",因为这表现了苦学的状态。 其实不然,最重要的是"喜",一种快乐,一种因为可以继续学习进步而感到的学习之乐。换一种说法,就是香菱并不认为学习是一件苦差事,在她看来,有人指点,有人帮助甚至成为她们中的一员,那是多么值得高兴的事情!"喜",把苦学变成了乐学。

续表1-4

情节	点评
香菱拿了诗，回至蘅芜苑中，诸事不顾，只向灯下一首一首的读起来。宝钗连催她数次睡觉，她也不睡。 各自散后，香菱满心中还是想诗。至晚间对灯出了一回神，至三更以后上床卧下，两眼鳏鳏，直到五更方才朦胧睡去了。 原来香菱苦志学诗，精血诚聚，日间做不出，忽于梦中得了八句。	万丈高楼平地起，虽然内心急切地想早点学会写诗，但是在前进的道路上，却懂得重在过程，饭要一口一口地吃，诗要一首一首地学习。 一个人把自己的精力和心神都集中在一件事情上，其领悟的程度是极其深刻的。一心一意，专心致志，所说的就是这种情况吧？ 废寝忘食，虽苦却又倍感充实。
香菱听了，默默地回来，越性连房也不入，只在池边树下，或坐在山石上出神，或蹲在地下抠土，来往的人都诧异。只见他皱一回眉，又自己含笑一回。 香菱自为这首妙绝，听如此说，自己扫了兴，不肯丢开手，便要思索起来。因见她姊妹们说笑，便自己走至阶前竹下闲步，挖心搜胆，耳不旁听，目不别视。	第一首诗没被认可，并不灰心丧气，而是继续奋进。 第二首诗也没过关，"思索""耳不旁听，目不别视"，离群去静静，又是何其明智！学诗，是你自己的事情，你必须给自己足够的时间与空间，让自己去发现，去体会，去争取成功。

师问：你们总结一下香菱学诗成功的原因有哪些？（学生讨论）

总结：一个天资聪颖的头脑，加上优良的学习环境的熏陶，以及一大波良师益友的帮助，当然很重要。然而，最重要的是，香菱自己的勤奋刻苦的学习，或者说，是香菱这种积极向上的"乐学"精神，让她很快就获得了写作上的进步。

所以黛玉称赞说："这首不但好，而且新巧有意趣。可知俗话说：天下无难事，只怕有心人。"

"傻白甜"终于在第三首诗上奠定了自己在大观园的地位！

第一部分分析的是香菱，实际上已经把课文的重点解决了，但是我们感悟到的精神食粮，却又不止步于香菱的性格特点，更感受到一个人如果想改变自己，需要怎样去努力——人生逆袭有可能，更有方法！

在第二部分，我们侧重于分析薛宝钗，拟定的问题如下：

（二）薛宝钗——为何从嘴甜到毒舌？

在大观园里，能够讨得贾府上下人等都称赞的，应该是宝姐姐——薛宝钗了。然而，当你自习阅读《香菱学诗》这一部分的时候，你看到了一个不一样的宝姐姐!

1. 黛玉 or 宝钗,你喜欢谁做你的老师?

师问:同学们,如果遇到了林老师和薛老师,你愿意选谁呢?

学生:林老师。

师问:why?

学生:她漂亮噻。

(不得不说,孩子你真的是外貌协会的)

让我们一步步来理性地看看,怎么选老师(见表1-5)。

表1-5 如何选择林黛玉与薛宝钗做老师

	林黛玉	薛宝钗
第一首诗	"意思却有,只是措词不雅。皆因你看的诗少,被他缚住了。把这首丢开,再作一首,只管放开胆子去作。"	"这个不好,不是这个作法。你别怕臊,只管拿了给他瞧去,看他是怎么说。"
点评:	黛玉的话,意思可以分为四层: 首先表达了肯定,"意思却有",对于一个初学者来说,算是一点安慰吧! 其次,客观地指出了作品的不足之处,"措辞不雅",每个初学者都知道自己不会是完美的,因此能够心平气和地接受这一评价。 再次,这位林老师一针见血找到初学者作品不高的原因:"因你看的诗少,被他缚住了。"知道原因,才有机会解决问题啊! 最后,鼓励大胆创造,不要害怕困难就停止下来。"把这首丢开,再作一首,只管放开胆子去作。"	宝钗的话,意思也可以分为四层: 首先,给出分数:不好!简单明了否定了别人! 其次,语言含混指出问题,"不是这个作法",重点是"不是",至于应该是什么,对不起,不告诉你! 再次,评价香菱个人:"你别怕臊。""怕臊",每个人都有面子好不好? 最后,把问题推脱别人:"看他是怎么说。"反正不是自己学生,我就等着看笑话吧!
观感	林老师,你说的话好暖心哦!	宝姐姐,你这是骂我吗?人家也有自尊心好不好?
第二首诗	"自然算难为他了,只是还不好。这一首过于穿凿了,还得另作。"	"不像吟月了,月字底下添一个'色'字倒还使得,你看句句倒是月色。这也罢了,原来诗从胡说来,再迟几天就好了。"

续表1-5

	林黛玉	薛宝钗
评价	黛玉的话，还是可以分为几层意思： 首先，表示对初学者的理解，"自然算难为他了"，初学者总是有很多不足的，也很吃力，但是能够达到这一层，也还是够努力了。 其次，"还不好""过于穿凿"指出原因。 最后，表达期待。"还得另作"，就是在不断地创作中提高嘛！	宝钗的话，可以分为这几层意思： 首先，指出诗歌实际写作内容和标题的不相符，"句句倒是月色"，果然是个明白人。 其次，再次评价人物了，"原来诗从胡说来"，姐，你不是明摆着说我是"胡说"吗？ 最后，也有期待（看笑话），"再迟几天就好了"。
观感	谢谢林老师的理解，我马上再去写一首！	宝姐姐，我真的是胡说？你就不能帮帮我？

师问：对于诗歌的评价，你们感觉出林黛玉和薛宝钗的不同了吗？

生答：这么一比较，好像还真的不一样哦。可以看出来，林黛玉说话很多都是鼓励，薛宝钗却是否定。

师：这还是就事论事，对学习成果的评价。面对你的考试成绩，你希望老师怎么来评价呢？你会愿意听那个老师的话呢？

2. 黛玉or宝钗，你喜欢谁做你的伙伴？

师问：其实在大观园中，这些女孩子之间常常是亦师亦友的关系。那么你愿意谁做你的室友？（见表1-6）

表1-6 如何选择林黛玉与薛宝钗做室友

	林黛玉	点评	薛宝钗	点评
对香菱学诗的态度	"什么难事，也值得去学！"	学诗这么高雅的事情，竟然不是难事？老师，这是真的吗？破除学习的神秘感，让学生敢于尝试，对学习充满期待和信心！	"何苦自寻烦恼。"	学诗这么高雅的事情，你竟然说是"自寻烦恼"，难道是希望我就这么庸俗下去？
	"你又是一个极聪敏伶俐的人，不用一年的工夫，不愁不是诗翁了"	我爱听这句话。（对学生的认可，肯定，期待！）	"你本来呆头呆脑的，再添上这个，越发弄成个呆子了。"	宝姐姐，算我自动屏蔽了好吗？（难道我天生就是傻？）让学生对自己产生怀疑，畏惧未来。

第一部分 清汤锅（白锅）：内外兼修阅读功 017

续表1-6

	林黛玉	点评	薛宝钗	点评
对香菱学诗的态度	"不明白的问你姑娘，或者遇见我，我讲与你就是了。"	允诺耐心指点，消除学习的后顾之忧。	"都是颦儿引的你，我和他算帐去。"	你去算账，就是说别让我学习了？说好的指点我呢？还没有向你请教呢，你就断了我的学习之路！
	"正要讲究讨论，方能长进。"	鼓励学生说出自己的学习心得，鼓励讨论。	"这个人定要疯了！""呆了一日"	宝姐姐，宝姑娘，在你的眼中我就是个疯子吗？我就是应该做一个"傻白甜"吗？
	"这话有了些意思，但不知你从何处见得？""我给你这一句瞧瞧，更比这个淡而现成。"	循循善诱，让学生从反思中学习，从体会中找到方法。适当地提升、指引，让学生的认识和见解更上一层楼。	"你这诚心都通了仙了。学不成诗，还弄出病来呢。"	实在不知道你是关心伦家呢，还是有先见之明（固执己见）认为我"学不成诗"，好吧，我就是这么个"疯病"！
观感	林老师多处使用正面的、肯定的语言，积极引导学生学习，保护学生的自尊心，可以说从始至终都是散发着满满的正能量！		姑娘，好歹香菱也是你家里人，用得着每一个词都那么难听？住在一起，影响你休息了是吧？你可是负能量满满的室友啊！	

师问：为什么在大观园里说话很有分寸的薛宝钗，对待香菱却如此的刻薄尖酸？与之相比，那个被认为在大观园里得理不饶人的林黛玉，却对香菱说出如沐春风的话语？值得我们思考！（课堂讨论，略）

师问：那么，你愿意选择哪位老师呢？你愿意做哪位老师呢？

生答：林黛玉。

师补充：其实，香菱最早是想向薛宝钗学习写诗的，但是被薛宝钗果断而残忍地拒绝了：

"《红楼梦》第四十八回，呆霸王薛蟠远游，香菱入园。'好姑娘，你趁着这个工夫，教给我作诗罢。'香菱如是求恳道。"

谁知一向乐于助人的宝钗却婉拒了："我说你'得陇望蜀'呢。我劝你今儿头一日进来，先出园东角门，从老太太起，各处各人你都瞧瞧，问候一声儿……"

"第四十九回，湘云和香菱高谈阔论，宝钗因笑道：'我实在聒噪的受不得了。一个女孩儿家，只管拿着诗作正经事讲起来，叫有学问的人听了，反笑话说不守本分的。'在宝钗眼里，女孩儿家拿着诗作正经事讲就是不守本分的表现。"

一句话，宝钗是不支持香菱学诗的！

仅做参考，你们就晓得为什么香菱要去拜最尖酸刻薄的林黛玉为师了。（当然，红学研究中还有很多种说法，各位看官可以自己去研究一下，这里只是引导一下而已）

本课在教学中，就突破了原来的思维习惯，变成了学生比较关心的学习问题，分析的是小说，感悟的却是人生。这个刚好是笔者能够说清楚的，所以作为了教学中信手拈来的"神来之笔"，学生在课堂上的思维被打开了，学习效果也很明显。

三、发展：另类的思考带来新的感觉

经济学家凯恩斯说："困难不在于产生新观念，而在于背离老观念。"一本教参跑完所有课堂的时代已经过去了，如果教师没有读更多的书，没有做更深入的思考，想要在课堂上驾轻就熟，几乎是"不可能完成的任务"。

语文课，从机械古板走向复杂多变，是比较困难的。但是，如果想让这个困难变得简单而有趣，相处巧妙的方法和技巧是有的，同时带来的心灵收获也会更多。我们不仅仅是带领学生分析思考，更要带领学生把这些问题，通过深入的文本解读之后，进行文字的表述——写读后感。下面是笔者在常规课堂内容的基础上所进行的一些思考片段，各位阅读之后，自行评判吧！

谁的生命中有你，你的生命中有谁？
——读《孔乙己》有感

1. 谁在牵挂孔乙己？

  有一天，大约是中秋前的两三天，掌柜正在慢慢的结账，取下粉板，忽然说，"孔乙己长久没有来了。还欠十九个钱呢！"

  （中秋过后）掌柜也伸出头去，一面说，"孔乙己么？你还欠十九个钱呢！"

  到了年关，掌柜取下粉板说，"孔乙己还欠十九个钱呢！"

  到第二年的端午，又说"孔乙己还欠十九个钱呢！"

  到中秋可是没有说，再到年关也没有看见他。

掌柜算是记住了孔乙己的，然而岁月这沙漏，很快把这一份记忆给漏光了。你看，短短一年时间，孔乙己就不再是掌柜粉板上的牵挂人物了。

中秋前"忽然说"，很让人意外。怎么孔乙己也欠账不还了？过去的孔乙己可不是这样的啊！

  "但他在我们店里，品行却比别人都好，就是从不拖欠；虽然间或没有现钱，暂时记在粉板上，但不出一月，定然还清，从粉板上拭去了孔乙己的名字。"

老板的惊讶，意味着孔乙己真的好久没有来了，他干嘛去了？掌柜应该关心一下？生病了？送一壶热酒，配点盐煮笋或者茴香豆？

孔乙己好久没有来了，嗯，还欠十九个钱呢！

谁在惦记孔乙己？小伙计，你知道吗？老板没有说，你知道。到年关你也没有见到孔乙己，哦，是没见到十九个钱。

2. 哦，孔乙己价值多少？

  一个喝酒的人说道，"他怎么会来？……他打折了腿了。"

  掌柜说，"哦！"

  "他总仍旧是偷。这一回，是自己发昏，竟偷到丁举人家里去了。他家的东西，偷得的吗？"

"后来怎么样?"

"怎么样? 先写服辩,后来是打,打了大半夜,再打折了腿。""后来呢?""后来打折了腿了。"

"打折了怎样呢?"

"怎样?……谁晓得? 许是死了。"

掌柜也不再问,仍然慢慢的算他的账。

"哦!"掌柜得知孔乙己的情况,竟然没有任何惊讶!哦! 我知道了。哦,就是原来这样。

"后来怎么样?"不是想知道伤情,而是想知道结局——我这十九个钱还有没有机会收回来?

"怎样?……谁晓得? 许是死了。"

掌柜也不再问,仍然慢慢的算他的账。

死了? 那就没什么了。掌柜也不再问,因为问了也没有价值——连十九个钱都不值!

3. 孔乙己的底线

孔乙己站着喝酒而穿长衫,底气来自哪里? 孔乙己不容别人质疑的底线在哪里?

一是:清白之身!

孔乙己睁大眼睛说,"你怎么这样凭空污人清白……"

别以为孔乙己常常偷书,就是品行恶劣之人,连小伙计都知道:"但他在我们店里,品行却比别人都好,就是从不拖欠;虽然间或没有现钱,暂时记在粉板上,但不出一月,定然还清,从粉板上拭去了孔乙己的名字。"

从不拖欠,这是何等守信! 也算是孔乙己比其他的短衣帮更有品格的地方。

二是:读! 过! 书!

"孔乙己,你当真认识字么?"孔乙己看着问他的人,显出不屑置辩的神气。

哼! 你这是问题? 我读书人不和你短衣帮一样见识!

"捞"秀才! 还记得"参差荇菜,左右流之(左右采之,左右芼之)"? 也许在这些短衣帮的人眼中,秀才就是可以轻而易举地"捞起来"的!

可以想见,这时候孔乙己的心在滴血!

一本正经地胡说八道
——读《变色龙》有感

1. 法律

虽然是一个葫芦警察判葫芦案,但是至少都有一个社会共识:法律。

"法律上,长官,也没有这么一条,说是人受了畜生的害就该忍着。"(赫留金)

"我要拿点颜色出来叫那些放出狗来闯祸的人看看!现在也该管管不愿意遵守法令的老爷们了!"(奥楚蔑洛夫)

"他的法律上写得明白。……如今大家都平等了。"(赫留金)

"那儿才不管什么法律不法律,一转眼的工夫就叫它断了气!你,赫留金,受了苦,这件事不能放过不管。"(奥楚蔑洛夫)

不论是作为受害者的赫留金——社会底层的老百姓,还是作为执法者的奥楚蔑洛夫,都知道"法律""法令"是个"好东西",至少受害者可以用来保护自己的个人利益不受侵犯,执法者可以用来"保证社会公平,为民除害"。

把"法律""法令"作为遇到日常纠纷的处理规则,这一点竟然是统治阶级的执法者和被统治阶级的受害者一致的看法,也说明一点:这个社会是存在一定的共识的,这是一个社会走向团结进步的基础,没有共识,就没有合作,没有希望。

也正是因为有这样的共识,才让故事的发展在纠结中前行——坚持法律,还是别的什么。

2. 将军

"这条狗像是席加洛夫将军家的!"人群里有个人说。

"莫非他老人家的哥哥来了?乌拉吉米尔·伊凡尼奇来了?"奥楚蔑洛夫问,他整个脸上洋溢着动情的笑容。

仅仅因为是"席加洛夫将军"?就算是将军的哥哥,奥楚蔑洛夫也会"洋溢着动情的笑容",公主也好,元帅也罢,名字不重要,身份最重要,地位最重要,权势最重要。

如果成了"赫留金将军",恐怕奥楚蔑洛夫的微笑也会动人的!

然而，你能说只是因为奥楚蔑洛夫一个人才是如此的阿谀奉承之辈？

"……不瞒您说，……我弟弟就在当宪兵。……"（赫留金）

你看，作为受害者的赫留金，作为社会底层的百姓，其实内心里也知道，拉出"大人物"来可以为自己撑腰！

赫留金如此，围观的吃瓜群众不都是如此？如果，大家都按照"法律"，或者是吃瓜群众都坚定地相信法律，估计就不会说出这样的话来，也不会拉大旗作虎皮。而作为执法者的奥楚蔑洛夫，恐怕也不敢随意如变色龙一般，不然周围的如炬目光定然让其卑鄙行为无处藏身。

也正因为如此，事情的结局如此简单明了：

"……那群人就对着赫留金哈哈大笑。"

这不过是一个宪兵的哥哥与一个将军的哥哥的战争而已，双方的胜负早就已经注定。吃瓜群众的笑声，变得越来越苍凉，回荡在冷漠的广场上。

3. 小狗袭人案的正确打开方式

"不错。……这是谁家的狗？这种事我不能放过不管。我要拿点颜色出来叫那些放出狗来闯祸的人看看！现在也该管管不愿意遵守法令的老爷们了！等到罚了款，他，这个混蛋，才会明白把狗和别的畜生放出来有什么下场！我要给他点厉害瞧瞧。"（奥楚蔑洛夫）

"……只是有一件事我不懂：它怎么会咬你的？"（奥楚蔑洛夫）

各位看官，当只听了受害者赫留金诉苦之后，奥楚蔑洛夫就已经做出了判断，义正词严，坚决果断。

是不是很让"人"解气？有一种包青天大老爷再世的感觉？

那请问，"狗"是不是会很气愤？虽然还没有学会一门外语，无法申辩，但是内心一定很崩溃！

"闹出这场乱子的祸首是一条白毛小猎狗，尖尖的脸，背上有一块黄斑，这时候坐在人群中央的地上，前腿劈开，浑身发抖。它那含泪的眼睛里流露出苦恼和恐惧。"

你敢看看这双"含泪的眼睛里流露出苦恼和恐惧"吗？审判的正确打开方式，不应该是听一下控辩双方的理由吗？

所以，山人倒是觉得，奥楚蔑洛夫"变"的心理因素虽然不对，但是做法却是对的：

"……只是有一件事我不懂：它怎么会咬你的？"（奥楚蔑洛夫）

这才有后面吃瓜群众的回答：

"他，长官，把他的雪茄烟戳到它脸上去，拿它开心。它呢，不肯做傻瓜，就咬了他一口。……他是个无聊的人，长官！"（独眼龙）

对嘛，难道你是泡椒凤爪？是新奥尔良烤爪？狗狗会主动来吮你的爪爪？事出有因噻！

"小大之狱，虽不能察，必以情。"鲁庄公虽然是个傻傻的国君，也晓得的道理。

由此看来，奥楚蔑洛夫也算是搞明白了一些实情哦！

4. 先知

有看官会说，你这样难道不是在替奥楚蔑洛夫翻案？反了你了！

前面说过，其实不管是奥楚蔑洛夫，还是这些吃瓜群众，内心深处既希望法律面前人人平等，又希望能够借助某种潜规则让自己贪点便宜。

奥楚蔑洛夫作为统治阶级的小小的马仔，也有着底层人民对有权势人物的仇恨情绪，所以对这些大老爷有"绝不放过"的心态，这时候的"权势"是概念中的、笼统的，作为底层人物挑战权威获得吃瓜群众刮目相看是划得来的。

但是，一旦这个"权势"变成具体的人，尤其是认识的人，奥楚蔑洛夫心中的"仇恨"就变成了巴结，媚上欺下的习惯性心态就显露出来了。

结局是，大家都无视法律，大家都被法律蒙蔽，吃了大亏。什么样的社会风气，孕育什么样的社会奇葩现象。有些歪风邪气，其实是我们自己助长了的，是我们为其提供了存在的土壤。

从前面说的实情来看，平心而论，可能小狗狗还真的没有什么责任，倒不是因为人家是将军哥哥家的小狗狗。

奥楚蔑洛夫一本正经地胡说八道，但是他说的话却很合人们的胃口！

"你去调查清楚这是谁家的狗，打个报告上来！这条狗得打死才成。不许拖延！这多半是条疯狗。"（奥楚蔑洛夫）

这是何等的仗义执言，何等的有正义感！我们喜欢这样的语言，它似乎在努力地保障我们的利益，对我们"关爱"有加，却不知道这是浸毒的苹果。

你们有没有发现暗含的"bug"：事实都没有搞清楚，就下了结论！显然就是未审先判！已经是蔑视法律了，还谈什么"法律面前人人平等"？

所以，他的坏，其实一开始就暴露无遗了！出现那样的结局也不足为奇！

5. 终章

奥楚蔑洛夫能够耀武扬威，不仅仅是因为穿着一身新的军大衣，不仅仅是因为背后有沙皇政权的统治力量在撑腰，更重要的是，这些老百姓对权势也是畏惧的，知道"法律"是大不过"权势"的，所以每个人的潜意识里都在寻找一个"靠山"——比如赫留金看似无意的一句"我有个兄弟在宪兵队当宪兵"。

这是"将军"与"宪兵"的较量，根本就是"法律"与"权势"的较量。

千百年来，当我们"理性"思考的时候，"法律面前人人平等"是符合所有人的利益的。但是，在这场博弈当中，总有人打破了规则，攫取不正当的利益，如果这样的现象多了，社会就走向了文中的黑暗与腐朽状态。

为什么说大家对权势又十分迷恋？让我们来想象一下，我们改变几个条件，改编一下这篇小说。

小狗主人的哥哥是宪兵队的宪兵，赫留金起初并没有说自己的哥哥是席加洛夫将军，请问奥楚蔑洛夫在处理案件的过程中会怎么"变"？

围观的群众根本就不信"权势"这一套，嚷嚷着"法办"，奥楚蔑洛夫会怎么做？将军会怎么做？

后来，赫留金参加沙皇军队，建功立业，成了将军，回来在广场上遇到了还在做警察的奥楚蔑洛夫，会发生什么对话？副官叶尔德林会怎么对奥楚蔑洛夫说话？

各位看官脑洞大开，自己去想象吧！

经典课文的解读，绝对不是给你一个教科书式的答案，而应该是启发你课后还在思考和探索答案！

也许我是个假的语文老师吧！面对经典的课文，我们最担心的是自己"背离旧观念"，会不会被批评呢？会不会被认为是离经叛道呢？我们常说"一千个读者有一千个哈姆雷特"，结果我们在教学中常常只认可"一个哈姆雷特"。我们的学生太缺乏想象力了，我们教师自己也太拘泥于过去观念和教条的指引了。

你会发现，笔者在阅读—感悟—表述中，特别强调紧扣文本，从文本中去探索、发现、领悟。

教学是一门遗憾的艺术

"课堂就是遗憾的艺术。"这句话不晓得是哪个说出来的,确实让我们少了几分尴尬。我们常常被专家洗脑,所以有时候也不太服气,希望专家也来上一上,是骡子是马拉出来遛遛,有没有真本事亮出来大家评评。笔者有幸在今年暑假,亲自聆听了余映潮老师的授课。

余老上的第一堂示范课是史铁生的《秋天的怀念》,这篇课文被中学课本选入,小学课本也有。借班上课的学生是秋季五年级的小学生,我们也很好奇,这拨学生能够听得懂吗?

余老的课,基本模式就是"板块结构",起手式是作者介绍、拼音字词,然后进入分析模式,一般三大块,在贴近课文的同时,会在每一个板块间添加合适的延伸拓展。比如这一课中,就添加了史铁生在其他文章中描写自己对母爱的感悟、对母亲的回忆片段,以增进学生对课文中感情的理解。

学生的回答比较热烈、比较积极,多处思考和回答都很有新意,朗读较多且感情充沛,整堂课还是中规中矩,完成了相关的内容。

余老的第二堂课,是面对"精英教师"组成的"学生",这一拨"大学生"参与到课堂中,去学习领会余老的上课要领。

课文选用了李森祥的《台阶》,说实话,这篇文章还真的适合这些成年人学生,也许只有他们更能够理解文中的农民父亲的那种心理。

授课也是常规起手式,作者介绍和拼音字词之后,进入了三板斧阶段:小说、人物、细节。通过三个实践活动,来分析课文。如:

话题一:"台阶"二字,作用重大。

话题二:用一句话概说"父亲"是个什么样的人,句中要用上一两个四字短语。

……

"学生们"(老师们)的回答还是很有深度的,整个过程在既定的框架内完成了,对于我们来说,沉稳、慎重、按部就班、波澜不惊。

总体说来,余老的课堂很扎实,很沉得下去,细致而严谨。余老不喜欢那种花样翻新的噱头,所以一切都如此地贴近课本,贴近教学的重难点内容。

对于有着强烈的学习愿望的人来讲,这样的课堂是很实用的,也能够体现出

语文教学的实际训练作用。（课堂，略显沉闷，如果每堂课都如此，容易被学生掌握规律，激发不起兴趣）

笔者想说，这样的尬课不容易啊！余老的《秋天的怀念》一课，已经是第261次上课了，每次的课堂设计都几乎不相同，当然，我们只看到了这一次的。踏踏实实研究课本，认认真真上好每一堂课，这样的精神展现在一位71岁高龄的老师身上，真的值得我们敬佩。

而余映潮老师对于课堂的点评，常常是让人"措手不及"并且毫不留情。第一次听到如此犀利的点评，而这个犀利爷就是德高望重的余映潮老师。

1. 典型的就文问文，还说不上说文教文。
2. 一节表现时髦的"教学形式"的课。
3. 没有将珍惜课中时间作为一种高层的教学素养来表现。
4. 让单个学生的活动耗费时间。一生站在前面，教师追问，活动形式单调，教学过程无趣，无味。
5. 语言学用的教学、技能训练、知识教育在课上荡然无存。
6. 每个教学节之后都没有精到的教学小结。
7. "家常话"式的课堂教学语言。

教育专家余映潮老师说："珍惜学生课堂时间就是珍惜学生生命。"笔者回想起自己的那些日常课，心中愧意连连！虽然这些年来，自己也在逐渐地改变，也在努力去探索，但是感觉学生的兴趣想要带动起来真心不容易。反而前面提到的缺点，可以说俯拾即是。

语文教学，想要在应试与素质提升中，找到最恰当的平衡，就犹如戴着镣铐跳舞，何时能够"从心所欲而不逾矩"？如果我们能够通过自己对文本、对人生的解读，把一篇篇短短的文章"读厚"，读出韵味，读出学生乐于学习的氛围，那就是了不得了。

"珍惜课堂，珍惜人生！"愿我们都铭记在心。

《猫》的别样阅读

> 所可知者，常行于所当行，常止于不可不止，如是而已矣。
>
> ——苏轼

（课前准备：已经朗读课文，并根据课后第一题的提示，在课文中进行了勾画圈点，因此公开课的时候直接进入填表环节）

"课文里写了几只猫？"

"三只！"（异口同声）

"你们确信吗？再看看课文！"

"三只！"（声音低了一点，有的人开始怀疑答案）

"几只？"（追问）

"四只。"（有人小声地说）

"对！刚才有同学很不自信地说有四只，文章一共写了四只猫，因为除了作者家养的三只猫之外，还有一只——"

"偷吃黄鸟的黑猫。"（大家恍然大悟）

好，我们先来看看作者家里养的三只猫，我们来填表。（教师带领下，大家填写了表1-7）

表1-7 三只猫的基本情况

	第一只猫	第二只猫	第三只猫
来历	隔壁要来的	舅舅家抱来的	张婶捡来的
外形	花白的毛，如带着泥土的白雪球	浑身黄色	毛色花白，并不好看，瘦，毛被烧脱了几块，更觉难看
性情	活泼	更活泼，更有趣	天生忧郁，不活泼，懒惰
地位	宠物	宠物	若有若无，不大喜欢
结局	死亡	丢失	死亡
态度	酸辛	（心理）怅然、愤恨、诅咒	（心理）难过得多

填表的时候，尽量使用文中的词语，这样表达更准确，也更贴近文本。

好了，我们填写了这个表格，我发现了第一个不合常理的地方：前面两只猫因为是家里的宠物，所以死亡或者丢失了，感到难过，这是情理之中的，但是第三只猫在家里的地位"若有若无，不大喜欢"，作者却说"比以前的两只猫的亡失，更难过得多"，为什么？

"因为他冤枉了它。"（学生叽叽喳喳地议论）

"可以在文中找到相关语句吗？"

"第 203 页，第二段。'妄下断语，冤苦了一只不能说话辩诉的动物''我的良心受伤了'，所以就更难过。"（学生回答）

"也就是说，这里面包含了两层含义：①猫丢失了的这种自然而然的感情；②更重要的是作者内心有一种——"

"内疚和自责！"（学生跟答）

为一只猫的被冤枉感到内疚和自责，那么作者的"良心"又是什么呢？猫是弱小的，也就是说，作者认为我们应该同情弱者，有仁爱之心。当然，也反映了作者有一种自我反省的精神，因为他自己的武断，不做调查就伤害了一只猫。

作者怎么发现自己冤枉了花白猫呢？

"第 203 页，第一段。李嫂说'猫，猫，又来吃鸟了！''同时我亲眼看见一只黑猫飞快地逃过露台，嘴里衔着一只黄鸟。'既有目击证人，又亲眼所见。"

黑猫偷嘴，哪些词体现出这种"犯罪分子"的罪证确凿？

"逃、衔着这两个词，既看出黑猫干了坏事之后仓皇逃窜的样子，又有实物证据。"（学生回答）

是啊，罪证确凿，还有什么抵赖的！相反，我们来看看当初是怎么怀疑花白猫的呢？有哪些"罪证"能够让作者一家人认为就是花白猫吃的黄鸟呢？

"是第 202 页倒数第二段：'它躺在露台板上晒太阳，态度很安详，嘴里好像还在吃着什么。''我想，它一定是在吃着这可怜的鸟的腿了'。"

"第 201 页，最后一段。'那只花白猫对于这一对黄鸟，似乎也特别注意，常常跳在桌上，对鸟笼凝望着。'第 202 页，第三段。'隔一会儿，它又跳上桌子对鸟笼凝望着了。'可以看出这只猫早就对鸟有坏主意了。"（学生回答了两点）

对，这些都是让人生疑的地方，"吃着什么""常常凝望"，都是瓜田李下的事情。不过与后面的黑猫"衔着一只黄鸟"相比，还是有点不一样吧？

"花白猫是'安详'，一副没有做错事的样子，黑猫是'逃'，是干了坏事躲避惩罚的行为。"

是啊，花白猫仅仅"好像"吃着什么，就被定罪了。实际上这是"莫须有"的罪名。我们在生活中，为了不让别人冤屈自己，那就要"瓜田不纳履，李下不正冠"，避免嫌疑。

刚才有同学读到了这只猫被打的时候的"咪呜"，说到揣摩句子的含义要注意哪些方面？

"注意事件的前因后果、称呼、语境、心理状态等。"（学生回答）

好，那你们把这只猫被打的时候这声"悲楚"的叫声，翻译成语言来怎么表达？注意喵星人当时的心情哈。

（学生在下面叽叽喳喳，都笑了）

"猫在说：'为什么打我！'"

还有别的说法吗？

（下面议论纷纷）

你们说，花白猫可不可以这么说："不是我干的！"

（下面大笑）"不能，这样就此地无银三百两了！"

是啊，"不是我干的""我没有吃鸟"这样的语言，都有一个潜台词就是自己知道鸟被吃了，人家主人家来打你根本没有说原因，你就知道为什么要打你，那不是你还是谁？所以，回答问题的时候，千万注意人家问题的前置条件，不然你就落入圈套了。

花白猫无法辩驳，只能承受这一狠狠打来的大棒，然后逃跑了，最终死在别人家的屋顶上。那么，作为有理智的人类，为什么会这样对待这只猫呢？换句话说，他们认定是这只猫"会做坏事"，除了前面两个明显的"证据"外，还有没有其他原因呢？我想，这是有的，那就是"内心偏见"。因为对这只猫的不喜欢，它必定成为替罪羊。我们设想，如果是第二只猫真的吃了黄鸟呢？会有什么结果？

"可能就会怪张婶没有看好黄鸟了。文中第202页有一句：'张婶！你为什么不小心？'"

那为什么不责怪三妹呢？是的，三妹是自家人，张婶是外人——请的帮工，所以我们常常把责任推给那些弱势的人。这是我们每个人都容易犯的错误。"在不合理的社会中，弱小者总是饱尝着生活的不幸，不受欢迎的人往往会成为冤案的牺牲品。"

我们来看看，花白猫为什么不受欢迎：①出身卑微；②外貌难看；③性情阴郁。没有哪一条是让人喜欢的，即使我们有着理智，但是在现实生活中，仍然会不自觉地远离这一类的人，这就是我们无意识的偏见。这说明我们如果想要平等地对待别人，那就需要努力克服我们内心的偏见，无论做什么事情，千万不能凭个人好恶带着某种私心和偏见，违背客观实际情况去加以处置。否则就会出偏差，甚至造成无法补救的严重过失。

那我想问，作者说自从第三只猫死亡之后，家里就"永不养猫"，为什么？

"因为看到猫就会想起自己犯的错误，所以就不养猫了。"（学生回答）

对，这叫作"触景伤情"，说明作者的负罪感实在太深，永远不能消除，见了猫就会触发灵魂的伤痛，永远愧对这类生命。反过来讲，更体现出作者那种"良心"——善良的天性。

心里所想，常常会决定自己的行为，那大家再说说前两只猫亡失之后，作者一家是怎么行动的。

"第一只猫死后，在第 199 页第三段：'隔了几天''礼拜天'，说明是很快就要了一只猫。第二只猫走失以后，在第 201 页第三段，'自此，我家好久不养猫'，则是不想养猫。"

为什么有这样的区别呢？

"其实都是喜欢猫造成的。第一次因为特别喜欢，所以马上就又要了一只猫；第二次是因为太喜欢猫，但是又怕再次对自己的感情造成伤害，养猫固然快乐，可是亡失的痛苦更叫人难受。所以好久都不养猫。"

作者喜欢猫，所以感情就随着猫而变化。但是有的猫让人喜欢，有的猫却让人讨厌。那么问题来了：怎么才能够做一只让人喜欢的猫呢？让我们从前两只猫的表现上来找到答案吧。

"第一只猫外形漂亮：花白的毛，如带着泥土的白雪球。并且很活泼（第 198 页第一段第四行）常在廊前太阳光里滚来滚去。"

对，很活泼，作者在这里描写活泼，用的动词是"滚"，你可以想象一下那个情景。其实我们的描写，之所以吸引人，是因为有这些细节，而不是简单地说"有趣"。那么还有描写猫活泼的句子吗？

"就在这个自然段的中间：'三妹常常……它便扑过来抢，又扑过去抢。'"

同学们记得要提取出关键的词语来，稍作解释，让别人明白这样的写法。比如这里的"扑""抢"，就比较形象生动。那么，这样好玩的猫，给作者带来什么样的感受呢？

"第198页倒数第一行'心上感着生命的新鲜与快乐',倒数第二行'微笑着',可以看出带来了欢乐、愉悦。"

非常好!正因为如此,这只猫就是作者家中的宠物。同样,第二只猫也有这样的描写和感受,请同学们从文中找出来。

"在第199页第三段。概括起来有:会爬树、会扑过去捉蝴蝶、会跳跃、会跑、会去晒太阳。给作者的感觉是'饭后的娱乐'。"

"这只猫还会捉老鼠!"

很好。尤其是会捉老鼠,就是说这只猫还是蛮有才干的,比第一只猫更优秀。那么我们可否这样总结一只猫是否能够让人喜欢:出身要好,形象要好,性情要好,还要有才干;要能够给身边的人带来欢乐。你们可以比较一下第三只猫的表现,就容易明白了。

刚刚我们通过对前两只猫的描写,既知道了如何才能让人喜欢,也知道了如何才能够把动物描写得生动形象,可谓一举两得。细节描写的恰当运用,让我们的文章显得很有文采,当然是值得高兴的事情。不过,更让我们高兴的,应该是知道在生活中如何去让自己适应社会,让自己生活的愉快——前提就是"让别人因我的存在而幸福"——花白猫的教训告诉我们,人的个性需要完善,才能够最大限度地避免不幸。

假如你就是那只猫,不,我们这样来思考,假如这三只猫就是这家人先后收养的三个孩子,而你碰巧就是第三个孩子,你会怎么做呢?

"改变自己,让自己优秀起来,或者至少让自己性格友善起来。"

是啊,还记得我们的班训么:好学不倦,与人为善!说的就是这样!启示如见表1-8。

表 1-8 《猫》的启示

	第一只猫	第二只猫	第三只猫	作者	我们
来历	隔壁要来的	舅舅家抱来的	张婶捡来的（①出身卑微）	①反省精神（自省）②同情弱者	①要有一颗宽容的心，实事求是，不能有偏见。要有同情心 ②完善性格，避免不幸
外形	花白的毛，如带着泥土的白雪球	浑身黄色	毛色花白，并不好看，瘦，毛被烧脱了几块，更觉难看（②外貌难看）		
性情	活泼（扑、抢、滚）	更活泼，更有趣（爬树，扑、捉蝴蝶，跃、跑、晒太阳）	天生忧郁，不活泼，懒惰（③性格阴郁）		
地位	宠物（感受生命的新鲜与快乐）	宠物（①饭后的娱乐；②捉老鼠—有才干）	若有若无，不大喜欢（也许因此才买了黄鸟）（防备、警惕）		
结局	死亡	丢失	死亡		
态度	酸辛	（心理）怅然、愤恨、诅骂	（心理）难过得多①猫亡；②内疚、自责		
	（行动）再向别处要一只	（行动）好久不养猫（失爱之痛）	（行动）永不养猫（触景伤情）		

这一次的课，没有使用电教设备，而是写黑板，也没有什么轰轰烈烈的讨论，完全就是传统的纯手工课，应该是教书这么多年来的返璞归真吧！（也是懒得出奇的表现吧！）只想把自己想讲的延展出来，没有想太多！

黑锅猫：生活中有多少想当然？

不要总觉得被轻视，先问问自己有没有分量。

——题记

郑振铎的《猫》，细细品味起来，读出了诸般滋味。

第三只猫，是一只无足轻重的猫，一只被轻视、被冤枉的可怜猫。对于这一课的启示，除了传统的"凡事不能单凭印象，主观臆断，更重要的是弄清事实；对人对事不存偏见私心，要宽容、要仁爱、要同情弱小者"。另外，我更喜欢探究猫本身的问题。

"在不合理的社会中，弱小者总是饱尝着生活的不幸，不受欢迎的人往往会成为冤案的牺牲品；人的个性需要自我完善，才能避免不幸。"这句话给我更深刻的印象。

当我们总是感觉被轻视，而生气、发怒，以超乎常规的方式来寻求注意的时候，为什么不先问问自己有没有分量？看到前面的那句话，突然让人感受到一种震悚，是的，我们明明只有萤火虫般的亮光，却要求别人以仰望太阳的眼光来看待我们，是不是太过奢求了？高调的前提，是你的调门够高！

这只猫，我亲切地称呼为黑锅猫，因为仰慕那笼中鸟，常常痴情地凝望；因为抑郁、懒惰、不招人喜欢，成为冤案的牺牲品，凄惨地来，凄惨地去。这有"人"的私心、偏见的原因，然而，何尝不是猫本身的性格的悲剧呢？

在我们的人类社会中，何尝不是如此，弱小、善良的人，常常都是文学作品和现实生活中的被迫害者。"人的个性需要自我完善，才能避免不幸。"

完善自我性格，不是让你成为一个逆来顺受的人就可以了，而是说，你知道如何保护自己，知道"瓜田李下"，知道融入社会，适当地适应社会的需要。一味地特立独行，往往都是高风险的行为。

黑锅猫，它的悲剧其实在很大程度上都是自己造成的，虽然说猫无法知晓，也无法了解人类的思想。我们曾经设想，前两只猫如果也遇到鸟被吃了，会是怎样的结果呢？然而只能推测罢了。

毛色不好看，还被烧脱了几块皮毛，这些是让人不喜欢的方面，就如人的长相一样，多少只算是客观原因，如果是一只受到人们喜欢的猫，恐怕大家对它的受伤一定很关切、很同情，而这只黑锅猫，只能让人们更厌恶、更嫌弃。

能够改变的，也不囿于外在条件的，是猫的性格。忧郁，不爱玩，在家中自然就没有了存在的必要。如果能够把流浪中的忧郁统统地抛弃，在这里成为活泼健康的猫，爱闹爱玩，说不定就成了主人家的宠物呢！看看前面的白猫和黄猫，阳光下翻滚、扑抢、爬树、捉蝴蝶、捉老鼠，多么丰富多彩的生活！而主人们呢？可以微笑着欣赏"生命的新鲜和快乐""饭后的娱乐"，总之，带来的是一种欢乐、一种享受。这样的猫猫，怎么不受人喜欢呢？

生活中，一个忧郁味十足的人，多半是不太受人喜欢的。喜欢林黛玉式的忧郁美的人，毕竟不是多数。更多的人，喜欢那些幽默、开朗的人，喜欢那些对生活充满兴趣，充满爱心的人。和这样的人在一起，是一种快乐，始终有阳光在心中。想要让人重视你，首先你就要成为一个有分量的人。与其责备别人不慧眼识才，不如找找为什么自己没有熠熠生辉。

在我的学生之中，有些和我关系很好的、很阳光的学生，其实不见得成绩很好，但是他们身上有一种积极乐观的精神、一种让人感受到热爱生活的魔力，因此，大家的交往是如此自然而亲切。与这样的孩子们相处，就是一种快乐，也是作为教育者的快乐，你能够看到他们健康快乐地成长，在这样的过程中，你也许可以竭尽所能地帮助他，让他们生活在充满情趣的学习生活中。

快乐，是由心而生的，是你对生活热爱的外在表现。生活中有没有让人沮丧的事情？生活中的小麻烦太多了，如果我们太过在意于这些事情，就会失去生活的乐趣。那些不小心下错的车站，何尝没有异样的风景让我们饱览？只是我们不要停留太久，而要适时继续前行而已。

积极，阳光，这应该是一个学生最基本的人生态度。虽然，来自不同家庭的孩子，有着不同的人生成长经历，可能性格各异，但是这种基本的心态，我们应该努力去拥有。如何表现自己的积极乐观、热情开朗？要给人这样的好印象，首先就从打招呼开始，热情的、伴以微笑的、声音洪亮的招呼，能够给人以欢乐的感觉，特别能够表现你的热忱。而低沉地、面无表情地打招呼，则让人感觉到你的冷淡与迫不得已。

其次，在做事情的时候，积极思考，少怯懦和拒绝，如果感觉自己能力不够，就主动询问，积极寻求帮助，不要反复问"怎么办"，而要说"如果我这样，可以吗？""除了这些方法外，你觉得还可以给我提供什么样的建议和帮助？"让人感觉到你做这样的事情是有办法的，正在积极优选方案。

再次，对自己所承担的事情及时地反馈信息，让人知道你做事的进度，以及你可能需要的建议和帮助。这样的话，你完成工作的可能性就大了许多，即使做得不完美，别人也不会责怪你，而会欣赏你的干劲，欣赏你的付出。

黑锅猫，无法向人解释。其实现实生活中，在那个时候的解释也是无用的。与其事后做解释，不如事前做防备。你成为阳光、积极、善于沟通的人，那么黑锅来的机会就少很多。

在生活中，我们也应该少抱怨，多乐观地看待问题。一切问题都是时间问题，而时间本身就不是问题。一切都会随着时间的流逝，慢慢地起变化。只要你向前看，积极乐观地想办法解决问题，那么"塞翁失马"的道理就会成真。

读《孙权劝学》

> 我们唯一恐惧的就是恐惧本身。
>
> ——罗斯福

"卿今当涂掌事，不可不学！"

关于必须读书的原因，当然可以找出很多种，孙权的这句话，是什么意思呢？

一、读什么

先来说说孙权推荐的书目："但当涉猎，见往事耳！"简单说啦，就是随便翻翻，看看一些历史书而已，不是让你学富五车，然后做教师！（孤岂欲卿治经为博士邪？）为什么要让吕蒙等看看历史书？这是三国时期，就算是历史书，也就只有那么几本而已，《三国志》记载，孙权推荐的是《孙子》《六韬》《左传》《国语》以及三史（《史记》《汉书》《东观汉记》），现在看来，也觉得书籍太少啦！

然而你细心分析，才知道这些书对于当权者来说，是很有必要阅读的——从实用主义的角度出发，孙权劝导吕蒙和蒋钦学习，就是想要提高他们的文化水平，进而提高他们的政治管理水平和军事策略水平。孙权是这样对这两个帅小伙子说的："你们两个小伙子，天资聪慧，悟性极高，读书的话一定会有收获，怎么可以浪费你们的硬件设施呢？你看隔壁的曹孟德同学，那么大年纪了，还手不释卷，自称是老而好学。小伙子棒棒哒，加油！"

其实吧，作为吴国老大，那句"不可不学"还是有点不可抗拒的君命的感觉。不过从个人自身的发展来看，吕蒙、蒋钦好好学习，提高自己的水平，在今后更轻松更能够胜任不断提升的职位，不也是值得高兴的吗？继续回到看兵书和历史书的角度，为什么是这两种书，而不是四书五经呢？

乱世之中，需要的就是政治斗争和军事斗争，而中国古代的历史书一般都是偏重于政治和军事的，对于文化和经济的记载一般都比较少。就如这本《资治通鉴》也是如此——鉴于往事，有资于治道——就是学习统治驾驭能力的。换句话说，这些书籍都是实用性极强的，都是可以在乱世之中学以致用的，也是作为年轻将领应该学习提高的。

从两个年轻人的成长的角度——在孙权看来，这两个人都是很有潜质的将领，实践经验丰富，不过缺少系统的理论知识，如果通过读书，从而形成不仅可以为将，还可以为帅的能力，那就是一桩美事了！

结论：在人生不同时期，我们的阅读范围应该有不同的要求，从实用性更强的方面入手，让阅读和工作生活紧密结合，从而体会到阅读带来的益处，坚定阅读的方向，提升阅读的兴趣，培养阅读的习惯，也不失为一个好方法。

二、做什么

劝学有什么意义？

事实上，孙权是极有眼光的统治者，深知三国纷争就是人才的竞争。当天下三分的大局基本确定的时候，人才的归属也大体上确定了，那些在乱世之中东奔西走的才士基本上都有自己的东家了，因此引进外来优质人才的机会越来越小。

人才的搭配，也应该有年龄梯队，要避免出现人才匮乏难以为继的尴尬局面——蜀国就是这样——蜀中无大将，廖化作先锋。孙权自己也经常读书，很有头脑，于是不断地在自己的下属中发现人才，特别是那些很有潜质的年轻人，给予锻炼的机会，还积极劝导他们取长补短，折节好学。那时候没有专门的军事学院，没有干训学校，但是孙权依然找到了一些比较有实践操作意义的方法——劝学。

那些在战争中成长起来的将领，有胆量，有能耐，敢打敢冲，但是由于戎马生涯，缺少时间来读书学习，那么当天下三分，取得暂时的和平的时候，孙权就有机会来让这些将领们好好学习提高了。这是多么有远见的行动——后来取荆州等，还真多亏了这些年轻人！

也就是说，孙权劝学，目的不仅仅是提高这些年轻人文化水平，更是看到了人才对于帝国的重要性，是有目的有计划有层次地培养人才。团队的最根本的财富就是人，即使是什么专利什么秘密，都是由人来掌握的，失去了人才，企业的扎挣也就会遇到致命的打击。这是一盘很大的棋啊！

结论：作为团队的领袖，要有长远的打算，更要有高瞻远瞩的目光，积极从人才的引进尤其是人才的内部培养着手，不吝惜时间和金钱，多多给予部下以锻炼的机会，提升水平的机会。内部人才济济，有施展才华的空间，那么这个团队的发展才会蒸蒸日上，前途不可限量。

三、成什么

　　学以致用，是我们这些年来在学习上的倡导，实际上这是一种急功近利的方法。然而不得不说，在一个充满了各种机遇、各种挑战的社会，能够静下心来潜心研究一些"无用之学"的人，更值得我们敬仰。

　　学问的无用与有用，只是相对而言的。还记得那个叫作叔孙通的人吗？《史记》里记载，他本身是个儒生，但是在遇到刘邦的时候，他推荐的都是些敢于杀人放火打架斗殴的人，而不是自己的那些文质彬彬的学生——他解释道：这时候需要的是这样的人才——况且他还知道刘邦最看不起儒生，觉得儒生是最没有用的。这是在战争期间，是在你死我活争夺地盘的时候——这也是为什么孙权不是让吕蒙治经为博士的原因。而当天下初定，开始转入和平时期的时候，叔孙通就让自己的学生排练出朝堂上大臣敬畏皇帝的场面，让刘邦大为高兴——做皇帝摆排场的虚荣心理极大地满足了，这时候，儒生就有用了！

　　我们不能责怪孙权的推荐书目太狭窄，反而应该感叹孙权的明智！对于那些没有时间读书、不爱读书的人，你首先要做的就是让他对读书有感觉、有兴趣，尝到了甜头，才会继续学习。

　　读书成什么？对于吕蒙来讲，就是文武兼备的人才。而得到鲁肃的认可，更是不易！鲁肃作为士族出身的人，在诸侯国之间德高望重，一般不轻易地巴结谁肯定谁。据说，鲁肃代替周瑜做了大都督之后，有一次路过吕蒙驻扎的地方，由于一直以来轻视吕蒙，不大想去拜见。身边有人对鲁肃说，吕蒙是冉冉升起的政坛新秀，你不可以用以前的态度来对待哦，你最好还是去拜见一下。想想，孙权如此语重心长地劝导吕蒙，还给予了那么多的锻炼，不就是要重用的意思吗？鲁肃立即会意，于是去拜见了吕蒙。

　　酒喝到微醺的时候，吕蒙就问鲁肃：你现在和关羽为邻，有什么打算没有？鲁肃真的醉了，于是冒冒失失地回答：到时候再说！吕蒙说，这就要不得了，现在我们两家表面上是一家人，实际上关羽就是豺狼，怎么可以不先做点预案？于是就给鲁肃筹划了5条对策。鲁肃大惊，于是"越席就之，拊其背"，说："我不晓得你的才干竟然到了这样的境界！"

　　那时候是分餐制，就是每个人都有个餐盘，要靠近别人，就只有挪一下自己的座席。鲁肃离开自己的座席，来到吕蒙的旁边，表达了一种对别人的敬重、亲近之意。能够得到这样的德高望重的政坛宿将的敬重，自然表明吕蒙水平的提升，也看到了吕蒙自身的实力的上升——当然也有政治地位的提升。

鲁肃还拜见了吕蒙的老妈，和吕蒙结为好友才离开，这充分证明吕蒙真的不是"吴下阿蒙"了！

结论：只要肯努力学习，那么对自己的提升总是有好处的。每天进步一点点，就是一种成功！随之带来的将是我们意想不到的成就！

一步一生：听同课异构《走一步，再走一步》有感

"一个人的成长，离不开父母的精心呵护与循循善诱，离不开朋友的巧妙激励与鼎力相助，更离不开自己勇于改变的决心和大胆尝试的勇气。"

莫顿·亨特的《走一步，再走一步》，原题为《悬崖上的一课》，选自《心理学与成长》。多次阅读，多次聆听不同老师们解读，心有戚戚，记录如下。

一、"我能做到—我照做了—我做到了"

文中的父亲，为帮助孩子树立信心，找到方法，循循善诱。孩子在这三步阶梯式的引导下，达到了"人生巅峰"——顺利爬下了山崖。沙老师的这一设计极其巧妙，同时也抓住了为孩子树立信心的核心点。我们说，给孩子树立目标的时候，不能过高，以免孩子达不到时产生巨大的挫败感；也不能太低，以至于孩子觉得轻轻松松就达到，起不到锻炼能力的作用，更可能不断降低自己的标高，从而实现"不断成功"的幻觉——以后孩子会不自觉地逃避挑战，最后一事无成。

"我能做到"，是目标有挑战性，但不是那种极度困难，以至于看起来都无法实现的。这种"跳一跳"可以摘到果实的目标，就处于孩子的能力范围之内，但是可能孩子尚未发现，还需要激励孩子去尝试，去发现自己能力的边界。

"我照做了"，这是给孩子指导了方法之后，要让孩子敢于实践，大胆尝试，而不能只精通理论，就是不行动。照做，在没有更好的方法之前，这种方法就值得去尝试，不应该把时间用来毫无意义地争论，更何况时不我待！

"我做到了"，就是对前面思想和行动的最好阐释。不行动，怎么知道自己能否做到？我们的行动，就应该这样，一步一步，把注意力集中到行动上，集中到实践上，让实践去检验真理。

"现在，下来。""要吃晚饭了。"

面对危崖上的孩子，父亲的语气非常正常，甚至饱含安慰。教师先激发学生思考：爸爸这样的做法，有什么妙处？

夜幕四合，被困悬崖的孩子早已经精疲力竭，恐吓与指责显然无法帮助孩子走下悬崖，只能徒增困扰。文中的父亲是如此的淡定，其实也是为后面的指点做好了情绪上的铺垫，也许，父亲对孩子如何下来早已经胸有成竹，甚至已经窃喜找到了一个很好的教育孩子的契机。

处理事情之前，先处理情绪，这是我们在教育中常常应用的法则。如果孩子被焦虑、恐惧等情绪困扰，是很难集中注意力的。因此，父亲平和的语气，能够让紧张不安的孩子逐渐地平静下来，不再去想困难，而是集中于如何解决眼前这"一步一步"的问题。

"要吃晚饭了。"多么平常，却又激发了饥肠辘辘的孩子，想要早点下来吃饭的冲动。父亲没有把孩子看成是"懦弱""有病"的孩子，"非常正常"意味着，别的孩子能够做的，自己的孩子也能够做。对孩子来讲，这何尝不是一种鼓励！

这种鼓励来得是如此的恰当，如此的必不可少。文中的母亲，曾经教育孩子"不像其他孩子那样强壮，而且不能冒险"。虽说是对孩子的一种谨小慎微的保护，但毕竟是一种保守的教育方式，不足以让孩子能够应付生活中可能出现的意想不到的困境。而父亲则是采用一种积极进取的教育方式——学会去处理遇到的问题，不逃避，敢于直面，敢于去尝试。

每个孩子在生活中都会遇到压力，如果我们不教他们如何应对压力的话，他们就会自寻方法来解决问题。而缺乏生活经验的孩子，可能会采取不那么安全和适合的方法来解决，这反而造成了很多的危险。父亲教给了孩子应对问题的方法："强调每次我只需要做一个简单的动作，从来不让我有机会停下来思考下面的路还很长，他一直在告诉我，接下来要做的事情我能做。"

日常生活中，有些图方便的父母，总是想用自己的方法来解决孩子们的问题，而不是使用一些方法来提高孩子自己解决问题的能力。一时方便了，孩子却无法面对陌生的问题，采取恰当的方法以独立完成任务。文中的父亲，可以说是相当明智的了。

二、危机？ 转机？

杰里跑了？不，他去喊"我"爸爸去了。杰里竟然不留下来陪"我"？这还是最好的朋友吗？其实，每个人都有一种怕被群体抛弃的恐惧，毕竟独来独往的猛兽不是这个世界的主流。杰里，跟着其他小伙伴跑了，因为他是一个健康活泼的小孩子，不想被其他的同伴排斥。但是他又是如此的聪明，一方面没有脱离自己的群体，另一方面又及时地帮助"我"喊来了救兵。这何尝不是一种智慧的表现！

如果说，"我"成功下来，离不开杰里的帮助，我们甚至可以说，还离不开小内德的"鼓励"，这位提议去爬悬崖的小伙伴，这位嘲笑"我"的小伙伴。厌倦了日常游戏的他们,终于想出了这个冒险的计划并付诸行动。全怪伙伴们吗?当然不是,在"我"的内心深处,"我渴望像他们一样勇敢和活跃",这一个变化如此的猝不及防,危机产生了。然而,危机既包括了危险,也包括了机会,就看你如何去处置。

我们说,内因是关键,外因是条件。产生危机的核心动力也有我内心渴望的改变,渴望的尊严。解决危机的核心动力,也是内心的勇敢。杰里没有跑,"成功需要朋友,更大的成功需要敌人"。战胜了孤独、恐惧,才能够获得自信和勇气。就犹如幼蝶在茧中挣扎是生命不可或缺的一部分,是为了让身体更强壮,翅膀更有力一样。文中孩子成长的动力源于内心的需求和渴望,而不仅仅是父亲的指引和激励,或者朋友们的帮助。

当然,对于孩子成长来说,溺爱即是摧毁,有时候折腾恰恰是培养和检验。孩子遇到需要自己去解决的难题,对他们的影响是最为巨大的。母亲的关心是一种有形的保护,而父亲给予的信心则是一种无形的保护。一个人的成长,最关键的是能够独立去认识和应对这个世界,这也是我们教育的重要任务。

同课异构,展示的不仅仅是上课的思维方式,更可能展示了教师个人日常教学中的定势习惯。这两堂课,有些地方还是值得我们继续思考和改进的。教师在课堂中的优秀表现,是指在实际讲课过程中,对教学计划进行明智的调整。因为教师在备课过程中,不可能对课堂中的实际情况做完全而彻底的准备。沙老师的"1分钟辩论",就是课堂机智的表现,课堂的生成、调控都可圈可点。

亲和力。怎样才能具备亲和力呢?那就是心里要有爱,要豁达,要乐观,要宽容,只有习得这些品质,才能凝聚成亲和力,然后由祥和的眼神和微笑的面容表现出来。课堂上,对学生的赞美和认可,表达出你对他的理解和认同,也是拉近距离的一种方式。当然,提问中亲切的注视,恰当的语调语气,以及礼貌用语如请坐、请继续等,也表达出你的友善与激赏。

为什么亲和力很重要?课堂就是交流探讨的地方,如果言谈所表达的信息,因我们的语音、语速、音量、手势、面部表情或肢体语言而被否定,那么交流也会因此而被阻挠。我们都希望学生积极发言,但是你总是有意无意忽视学生的回答,把回答只看成是上课的"义务",那么时间长了,总是会让学生觉得备受打击。赞美、表扬,使用一系列小的、不断增长的满足感,来刺激学生对得到更多的欲望,他们就会付出更多努力,期待可以获得更大的满足。

有些教师喜欢安静的课堂,原本无可厚非。课堂上一片沉寂并不是控制的标志，而只能说明顺从以及可能会出现不愉快，甚至是恐惧——这些都不利于挖掘思想、思考问题或者学习如何找到重要问题的答案。希望学生去思考，你就要把它当成已经在思考的人来看待，即使是细微的思想火花，都要努力让它燎原起来。

上完这一课，应该是什么感觉？教育，是一种对于学习热情的传递。老师们在上课的时候，应该给予学生一种奋发向上的感觉，让学生上完课特别的开心，感觉自己增加了一份力量，对自己增加了一份自信。这应该是《悬崖上的一课》最好的学习体会。

卢梭说：平庸的教师只能限制学生的智力，把学生束缚在教师自己的狭隘的能力范围之内。同课异构，教师都有自己的独特想法，尤其是经过组内打磨，很多时候已经不是授课教师自己能够主宰的了。但是，能否把自己知道的东西，巧妙地表现出来，也决定着这位教师的发展方向。对于授课教师来讲，这就是一个学习的过程。你磨课尝试得越多，发现得就越多，学习就越快，前进得就越远。

同课异构，有竞赛的意味。就如想要不断提高自己的棋艺，就不能只找那些比自己差的棋手，而是要多找那些高手进行博弈。有了比较，有了竞争的意识，你才会不断去激发自己的潜能。

文中父亲所使用的教育方法，可以称为"教练技术"。它指的是通过方向性和策略性的有效问题，激发被管理者发掘自己的潜能，向外探求更多的可能性，令被管理者更加快捷、容易地达到目标。

我们也可以在教育中灵活使用，让孩子得到有效的锻炼。

小鸭与天鹅

> 你可以选择不选择，但是你现在所做的每一个小小的决定，都将深刻地影响你的未来。
>
> ——丑小鸭

你会不会纠结于你目前的处境？会不会偶尔也思考，这是不是就是你的命运？或者把酒问青天，是命运选择了你，还是你选择命运？

我估计，当拿破仑困在小岛上的时候，当拿破仑在滑铁卢失败之后，也一定在拷问自己，叩问苍天！当然，这样的问题是每个在挫折中的人都会问的，然而要得到答案就不容易了。人生短短几个秋，要耗尽心血去求得答案，不如好好地把握今天，过好今天，做好目前的事情，构建自己未来的人生。

我也常常在想，如果命运选择了我一定要过现在的生活，那我何须努力，何须如此地纠结于人生的压力，那就顺势而为吧！反过来又想，要是我自己能够选择命运，那为什么要屈服于现在的命运安排？多少的日子，纠结于此，后来发现，这些都是徒劳的，活在当下，活在现实，才是最真切的命运。

看过一部电影，叫作《命运规划局》，如果一切都是规划好了的，那我们真的就没有选择的余地，也没有奋斗的必要了。而现实的生活是，我们不断地面对选择，也不断地面对没有选择，于是就一路走来了。

据说有一种哲学认为，人生的发展其实是随机漫步的，因为瞬息之间的变化，就进入人生的不同轨道。甚至有的人认为，宇宙中存在着很多的平行宇宙，在不断地分蘖变化。李连杰就曾经演过一部电影，出现在不同的宇宙中，或者成为英雄，或者成为坏蛋，但是当一不小心进入了同一个宇宙，"我"和"我"，就开始了正义与黑暗的斗争，Oh，My God，多么令人惊讶！

庄周，就曾经怀疑自己是不是翩翩的蝴蝶，可惜最后也是没有证明什么。

丑小鸭呢？能够变成白天鹅，是它的命运，还是它的努力？我不喜欢纠结于此，也不喜欢说梦想有多伟大。我喜欢一些小小的细节、一些小小的变化，小小的向往，也就有一些小小的心得。

如果，你有着梦想，就请努力去追求吧！

"他有一种奇怪的渴望：想到水里去游泳。"

"我想我还是走到广大的世界里去好。"

丑小鸭有这样的想法，做出这样的决定的时候，已经经历了太多的磨难，终于能够比较安稳地生活在老太婆的家里了，只要能够安分守己，一切都会平凡地过去。但是，他的骨子里有着一种天生的对未来的憧憬，他重新选择了自己的道路，也许，正面临着更严酷的考验的道路。

这是一种多么令人敬佩的行为！想想，有多少人能够抵挡安逸生活的诱惑呢？我们总是在追求安逸和平的日子，当达到了这样的目的以后，是不是真正的就快乐了，其实还是很不好说的。因为，这不是丑小鸭梦想的生活，他终于选择了离开，选择了继续流浪，继续寻找自己的梦想。生于忧患死于安乐，安乐生活，又湮灭了多少人的梦想啊！

广大的世界里，有着种种的精彩，当然也必须承受种种的挑战和考验。知足常乐，知足也会让人裹足不前，不满足才是向上的车轮。不是说，我们一定要把自己置身于最艰苦的生活里，去生于忧患，而是说，我们即使有着比较好的环境了，也不应该止步于此，而应该把这个良好的条件作为自己新的征程的起点，那是一个比那些还在困境中挣扎的人，更高的起点，这是我们的幸运，是我们应该珍惜的起点。

我们现在是不是很容易忽略自己的幸福，忽略自己的幸运？常常羡慕我的学生，他们可以衣食无忧，可以在一个非常好的环境中学习，可以有着有思想有远见的老师来指点，（我先不提我自己——借用课文原句）是否也在渴望着更广大的世界？是否有着一种"天高任鸟飞，海阔凭鱼跃"的豪气？

在追求自己的梦想的旅途中，"这只可怜的小鸭的确没有舒服的时候。""要是只讲他在这严冬所受的困苦和灾难，那么这个故事也就太悲惨了。"所幸的是，春天终究会到来的，这是一个美丽的春天，一个白天鹅的春天。

在唾沫星子中，倔强地生活下来吧！

"请你们弄死我吧！"

"我丑得连猎狗也不咬我了！"

"这是因为我非常丑陋的缘故！"

丑小鸭，可怜的丑小鸭，为什么对自己一直没有信心？因为，他遭遇的唾沫星子太多了。请看：

"你这个丑妖怪。""你真是丑得厉害。""你丑得可爱，连我都禁不住要喜欢你了！"不仅仅是唾沫星子，那一连串的折磨与打击，会让一个有着梦想的心灵迷失自我！

我们的人生当中，有没有人对我们的梦想否认过？对我们的行为嗤笑过？对我们描绘的未来不屑一顾？恐怕每个人都有着自己深深的遗憾，或者深深的伤痛。

有两句话我印象深刻："考中专可能困难，还是考中师吧！""记忆东西比较慢，反应没有别人那么快。"

就像魔咒一样，这些话语曾经束缚了我许久许久。我常常在思考，我的某些语言，会不会也对我的学生产生这么大的影响？会不会，无意之中，就伤害了那些蓬勃生机，追求五彩梦想的心灵？人生也许就有随机漫步的幸运，那年，我幸运地考上中师了，我幸运地有了读高中的机会，后来也幸运地有了读大学的机会，虽然只是普普通通的大学，也很幸运，我有机会在现在对着我的很多的优秀的学生，可以感慨地说，你们可以飞得更高，可以跃得更远！别担心别人对你的评价，别把自己的梦想淹死在别人的唾沫星子里！

我也一度怀疑自己，是不是真的"反应慢"，真的就是老牛拖破车的结局？就像丑小鸭一样，是不是不能生蛋不会咯咯叫，就不能发表自己的意见？是不是不会拱起背不会发出咪咪的叫声无法迸出火花，"当聪明人在讲话的时候，你就没有发表意见的必要"！每一个人都是独特的，都会有着自己的人生的价值，大自然造就我们，就一定有着我们存在的必要。那些忠言，那些打着忠言幌子的劝诫或者蔑视，千万不要浇灭了你心中的梦想的火花。丑小鸭，没有必要"注意学习生蛋，或者咯咯地叫，或者迸出火花"！那天和一个曾经一起拼搏的朋友聊天，想到我们连最艰难的考试都通过了，那还害怕什么？学习呢？从此，我更喜欢阅读，更喜欢去做自己喜欢的事情了。

当面对一张张充满阳光的笑脸，一双双充满对未来的憧憬的眼睛，我们怎么忍心用自己所谓理性的实际是冰冷的话语，来浇灭他们充满热情的散发活力的梦想！

经常的负面的评价，不断的失败的打击，很容易让一个有梦想的人对自己怀疑起来，不自信起来，自卑起来。丑小鸭，用自己的谦卑去换取别人的同情与认可，但是失败了。"尽可能对大家恭恭敬敬地行礼"，最终还是得去寻找自己的道路。他的自尊心低下到了"只希望人家准许他躺在芦苇里面，喝点沼泽里的水就够了"，"只要别的鸭儿准许他跟他们生活在一起，他就已经很满意了"，这样一个"可怜的小东西"！

学生同样如此，如果我们没有给予恰当的指点，给予体会成功的小小的机会，那么他就可能生活在失败的阴影中，生活在别人的影子下，没有自我，没有未来，更不会有自己的梦想。所以，我喜欢给人以正面的评价，千方百计让他们有机会获得成功的体验，感受到这种美好，这种欢乐。

　　为自己的梦想，拼搏一次吧，无论成败！

　　"我要飞向他们，飞向这些高贵的鸟儿！可是他们会把我弄死的，因为我是这样丑，居然敢接近他们。不过这没有什么关系！这比被人们打死，被鸭子咬，被鸡群啄，被看管养鸭场的那个女佣人踢和在冬天受苦要好得多！"

　　既然为了追求自己的梦想，付出了这么多，为什么不努力坚持到最后？其实，逆境中，已经慢慢铸就了丑小鸭坚强、勇敢的性格，这奋力一搏，终于让他回到了天鹅群之中，让他的价值展现了出来，不仅仅是因为春天来了，更是因为厚积薄发的临界点来了。回想过去，有多少不幸和苦难在脑海中萦绕，然而"现在他感到非常的高兴"。

　　"只要你是一只天鹅蛋，就算是生在养鸭场里也没有什么关系。"乔布斯的奇思妙想，当时又有多少人真正地理解了？韩愈说："世有伯乐，然后有千里马。"还说"千里马常有，而伯乐不常有"。伯乐不常有，那我们就做自己的伯乐，去追逐自己梦想。

　　丑小鸭流浪的足迹，也就是自己追寻梦想的光荣而艰辛的旅程。

　　实际上，当社会在发展，人们的价值追求越来越多元化的年代里，真正会压抑你的梦想，毁灭你的梦想的人，也许有，但不常有，因为更多的人只关注着自己的梦想。当然，也有着一些人，通过自己的努力去帮助别人实现梦想。我们最大的敌人就是我们自己，我们最大的挑战来自我们自己。我们不自觉地画地为牢，因为我们的观念、我们的环境束缚了我们创新能力的发挥。"心有多高，舞台就有多大"，满足于小富即安的小农思想，自然只能在放羊的恬静中度过自己的人生，是一种幸福，不过也是一种遗憾。

　　要从画地为牢中走出来，就应该到广阔的天地去，欣赏大自然，了解社会，了解这个世界！环境，让我们有无法选择的一面，但是仍然有着我们可以小小的改变的机会，而那些小小的机会，只要我们能够抓住，能够坚持，懂得现在的所做，都会为我们的梦想加分，那么，梦想就不会遥远！

别人的童年： 胡适母亲的家庭教育启示

小时候的阅读体验，往往决定了你一辈子的视野和性质。

——读书笔记

一、尊重

"但她从来不在别人面前骂我一句，打我一下。我做错了事，她只对我一望，我看见了她的严厉眼光，便吓住了。犯的事小，她等到第二天早晨我眠醒时才教训我。犯的事大，她等到晚上人静时，关了房门，先责备我，然后行罚，或罚跪，或拧我的肉。无论怎样重罚，总不许我哭出声音来。她教训儿子不是藉此出气叫别人听的。"

"每天天刚亮时，我母亲便把我喊醒，叫我披衣坐起。我从不知道她醒来坐了多久了。她看我清醒了，便对我说昨天我做错了甚么事，说错了甚么话，要我认错，要我用功读书。"

"晚上人静后，她罚我跪下，重重的责罚了一顿。"（以上节选自胡适《我的母亲》）

尊重，是教育孩子的前提。胡适的母亲面对孩子的错误，在进行教育时，就特别注意保护孩子的"面子"——这不是放任不管，而是懂得如何在保护孩子自尊心的同时，找到合适的教育契机。"她教训儿子不是藉此出气叫别人听的"，教育孩子的目的是让孩子改正错误，健康成长，不是个人情绪的发泄。

相比较之下，看看胡适的嫂子们怎么教育孩子的：

"后来大嫂二嫂都生了儿子了，她们生气时便打骂孩子来出气，一面打，一面用尖刻有刺的话骂给别人听。"

"每个嫂子一生气，往往十天半个月不歇，天天走进走出，板着脸，咬着嘴，打骂小孩子出气。"（以上节选自胡适《我的母亲》）

成年后的胡适，无论是作为新文化运动的干将，还是做北京大学校长、驻美大使，与人交往都是和和气气，特别注意维护别人的自尊。这就和童年时代母亲的教育有着莫大的关系。

"我母亲慢慢停住哭声，伸手接了茶碗。那位嫂子站着劝一会，才退出去。没有一句话提到甚么人，也没有一个字提到这十天半个月来的气脸，然而各人心里明白，泡茶进来的嫂子总是那十天半个月来闹气的人。"（以上节选自胡适《我的母亲》）

其实，不仅是对小孩子，对于家庭成员，胡适的母亲也是特别照顾别人自尊心的，你看这样处理家庭纠纷，是不是柔中带刚，然后把矛盾消灭于无形？和气的人，做什么事情总是前后一致的。我在想，有时候，那些尖酸刻薄的人对自个儿是不是也会千般挑剔呢？

二、偶像

"有时候她对我说父亲的种种好处，她说：'你总要踏上你老子的脚步。我一生只晓得这一个完全的人，你要学他，不要跌他的股。'（跌股便是丢脸，出丑）她说到伤心处，往往掉下泪来。"

胡适三岁的时候，父亲去世，古代说"幼而无父曰孤"，一个单亲家庭母亲抚养长大的孩子，会不会让男孩子"娘娘腔"，缺乏男性气质？这可不一定！且不说胡适母亲性格既温和又有刚气，只要看看人家怎么给孩子谈爸爸的事，就足以让现在的一些家长感到汗颜。

现代社会父母离异而造成对孩子教育不适当屡见不鲜，特别是被动离婚的一方，往往会有意无意地教育孩子"仇恨"另一方，让孩子在亲情与生存之间做出残忍的选择，实际上是把孩子当成了砝码来平衡自己失序的心灵。

胡适的母亲是把自己对丈夫的崇拜之情，转化成激励孩子积极向上的动力。虽然没有父亲的照顾、交流、指导，但是通过母亲的转述，在小胡适心灵中父亲依然是伟大的，有着非常强烈感染力的。从这一点来说，胡适的父亲在精神上一直陪伴着孩子的成长。这样的孩子，当然就不存在所谓的单亲家庭教育的缺陷了。

所以，在教育上，我们所谓的孩子缺乏阳刚之气，有时候还真不是因为缺少某个人来亲自陪伴，而是在于有没有这样一个具有阳刚之气的精神人物在孩子的心中，童年成长阶段，有没有一个完美形象不断地灌输给被抚养者。

男性思维模式处理问题的方式与女性视角是有区别的，无论男生还是女生，都需要接受这两种模式的熏陶，这样才能够建立自己的行动模式。当然，在此重点说的是男生的"阳刚之气"，必须要有一个合适的"偶像"，既然我们不太喜欢把那些转瞬即逝的各类明星作为偶像，为什么不把孩子的父亲作为近距离的偶像呢？

三、转机

人生就是这样，我们实在无法预料哪一件事将影响我们的未来。然而，有一点是必然的，那就是你要拥有梦想，万一实现了呢？你也要拥有这样的机会，你才可能改变。

改变命运的，有外在的环境，同时也不可或缺的是内心的坚定信念。贫穷的家庭，只要有着生生不息的梦想，有着摆脱困境的决心，有着不断前行的勇气，同样可以成就人生。

板块二： 课外 "悦读" 越智慧

　　语文作为长线学科，关于阅读我们可以做些什么，让孩子的语文学习兴趣不再成为自己焦虑的根源？这一系列的文章，既包含作者这些年的研究心得，也记录了作者辅导课外阅读的实践经验。

熟读深思子自知：初中语文阅读习惯养成实践

摘要：笔者在语文教学中积极创造条件，给予充足的阅读时间，创设和谐轻松的阅读氛围，激发学生的阅读兴趣，课内课外结合，通过具体的阅读实践，仅用一学年时间，班级学生平均阅读量就超过了新《语文课程标准》要求的初中三年阅读量260万字的要求，让学生在主动参与阅读中，体会到阅读的乐趣，掌握了阅读的技巧，形成良好的课外阅读习惯。

关键词：初中生；阅读习惯；养成实践

引子

最近几年来，学校语文组在语文教学特色方面，做了积极的探索，以中学语文六年一贯制的思维来推进语文教育教学的改革，特别是着力打通初高中的语文衔接，强调了语文"听说读写"能力的培养，并且形成了统一的教学发展规划，开展了多项语文活动，并且以"母语节"为平台，进行了充分的展示。

作为初中语文教学方面的尝试，谢老师倡导的"作文随便写"，给予学生"说真话，写真情"的机会，积极消除学生的作文畏难情绪，取得了很好的效果。笔者多年来进行的"优秀作文结集出版"的尝试，也给了学生展现自己写作能力的平台，形成了写作的良好风气。然而，语文的四项基本能力培养中，如何形成系统的经验，并且能够展示出成果而得以推广，我们的探索之路还很长。

去年暑假和周老师闲聊，他谈到关于语文阅读的事情，学校在语文课外阅读方面，曾经有一位教师取得了显著的效果，遗憾的是这位教师离开了学校。说者无意，听者有心，笔者觉得既然我们都渴望语文教学成为学校除外语教学外的一大特色，那么就有必要通过进一步的实践来完善我们的教育教学计划。

回想起笔者也曾经利用《自读课本》尝试过，每周布置自读课本篇目4篇，要求详细写批注，并把批注写得好的同学的课本在班级进行展览示范，教师每周亲自检查，达到"很好"级别的同学当周加操行分、家校通表扬等，然而效果一般——有的学生一学期连一本自读课本都没有读完，更不敢想象学生能够养成每天阅读的习惯了。寒暑假布置的语文教材推荐的"名著阅读"，真正能认真读完的同学也很少。课外阅读成为鸡肋，学生语文素养培养陷入死循环中。

因此，在接手本届新初一之后，笔者决心重新开始，在自己所任教的班级开始推行"语文阅读计划",希望通过三年的努力,让自己的探索能够为学校语文教育教学积累经验。

一、饱览群书

在初一学年结束之前,笔者所任教的班级进行了一次阅读调查总结,结果见表1—9。

表1—9 阅读分析:学年阅读字数总量

申报阅读量	4班60份	6班64份
平均阅读量	317.28万字	332.19万字
最高阅读量	1195.7万字(3人1000万字以上)	1246.1万字(4人1000万字以上)
最低阅读量	73.5万字	26万字
扣除最高、最低阅读量之后人均	11587.84万字/57人,人均273.47万字	16726.44万字/60人,人均278.774万字

新《语文课程标准》要求,七至九年级"课外阅读总量不少于260万字",而我们班级仅仅用一年时间,阅读量保守估计人均为270多万字,已经超过了新课标要求的三年的阅读量。

《语文课程标准》指出:"语文课程丰富的人文内涵对学生精神领域的影响是深广的……语文又是母语教育课程,学习资源和实践机会无处不在,无时不有。因而,应该让学生更多地直接接触语文材料。"

近年来,新课程在教学上的试用,给语文教学提出了新的要求,如学生具有独立的阅读能力,注重情感体验,有较丰富的积累,形成良好的语感,学会运用多种阅读方法等。这足以看出阅读在语文教学中的地位越来越重要。因此,我们要借助阅读之力,推动语文教学,培养学生正确的世界观和价值观。阅读习惯的培养对学生的一生都有益处。阅读能够使语文教学进入一个全新的天地,有事半功倍之效,甚至能够解除长期以来的种种语文困惑。

二、迈向先进

读书,被认为是世界上门槛最低的高贵举动,读书改变人生,读书成就事业等说法我们都耳熟能详。有这样的数据:韩国人均阅读量为每年11本,法国约为8.4本,日本在8.4~8.5本之间,犹太人平均每人一年读书64本,在德国的大街上到处可看到腋下夹着书本的人。中国扣除教科书本平均每人一年读书不到1本。

班级学生初一年级阅读情况见表1-10。

表1-10 阅读分析：学年阅读本数

申报阅读量	4班60份	6班64份
平均阅读量	11.31本	11.7本
最高阅读量	19本	20本
最低阅读量	3本	2本

作为这一年来的阅读数据，我们统计了学生的阅读书本数量，学生平均阅读量达到了11本，也就是说每学期至少看了5本书，从我们安排的阅读课时间来衡量，这个数量还是比较可信的，毕竟学生阅读时间不仅仅在课堂，还延伸到了课余时间。

新课标指出，要"培养学生广泛的阅读兴趣，扩大阅读面，增加阅读量，提倡少做题，多读书，好读书，读好书，读整本的书"。然而我们很多学生并不喜欢阅读！

他们不读书的理由，不外乎以下几大类：一是父母不允许，二是课业负担重没时间，三是没兴趣。本来，青少年阶段应该是最爱读书的黄金时期，但从课外阅读现状来看，学生显然还没有培养起应有的阅读兴趣，更别论阅读习惯的养成了。

从教师的角度来看，造成阅读现状的原因主要有三点：一是缺少宽松的阅读空间，二是没有充分选择读物的自由，三是缺乏必要的读书方法的指导。

既然培养学生的阅读兴趣和阅读习惯，是每一位语文教师应该具有的共识和追求，那么问题来了，我们该怎么办？

三、简单任务

真正的教育规律历久弥新、简单质朴，教师需要做的，就是把看似复杂的教育现象，引向最本源的教育规律。营造读书的环境比单独阅读一本书要来得重要和有意义得多，因此，笔者采取的方法是：让学生直接面对阅读书籍。只要学生有了习惯，达到新课标的要求指日可待。笔者班级的语文阅读课，在初一阶段的目的，就是形成阅读的氛围，养成阅读的习惯。这是一个简单任务（见表1-11）。

表 1-11　阅读分析：阅读时间安排

班级/时间	周日	周一	周二	周四	周五
4班/每周学校课堂阅读不少于80分钟		国学课40分钟（双周）	班级阅读课40分钟（当天课表2节语文）	班级阅读课40分钟	
6班/每周课堂阅读不少于120分钟	返校阅读60分钟	国学课40分钟（单周）或班级阅读课40分钟	学校统一阅读课40分钟		班级阅读课40分钟（当天课表2节语文）（或班会课40分钟）

根据学校的教学规律，一般周日返校都会安排学科考试，因此阅读时间是不固定的，但是在平行班始终尽力坚持阅读，实验班则没有安排阅读。笔者建议学校首先应坚持开设阅读课，每周两至三节，把课外阅读课程化，从根本上保证学生有自由阅读的时间。

四、树立标准

有时候改变一个人一生的选择，可能就是一本书，所以阅读很重要。研究表明，人在18岁之前，阅读的影响很大。18岁以后，人格和价值观逐渐定型，阅读的影响逐渐减小。中学这一时期，学生的世界观还没有定型，心灵处于逐渐丰富的阶段。由于理解力的限制，辨别是非和善恶的能力较弱，从这一点来说，要向中学生推荐优秀读物，完善他们的心灵和人格，引导他们走上正确的人生道路，是必要和有益的。教师必须正确地推荐阅读书目（见表1-12），分清阅读主次。

表 1-12　阅读分析：笔者推荐书目

书目名称	4班60份人均11.3本	6班64份人均11.7本	总计（本）	推荐共8109页647.7万字
《雅舍小品》	54	58	112	共313页33.7万字
《文化苦旅》	57	52	109	共287页30万字
《秋雨散文》	28	29	57	共531页30万字
《季羡林散文》	55	49	104	共253页16.6万字

续表1—12

书目名称	4班60份 人均11.3本	6班64份 人均11.7本	总计（本）	推荐共8109页 647.7万字
《张晓风经典散文集》	50	40	90	共345页31.8万字
《沈石溪动物小说系列》	26	39	65	共238页16.3万字
《曹文轩纯美小说系列》	25	31	56	共295页25.8万字
《丰子恺儿童文学系列》	5	7	12	共179页10.7万字
《林清玄散文系列》	10	16	26	共764页40.1万字
《刘墉谈人生系列》	4	6	10	共416页40万字
《人生总要有一场触及灵魂的旅行》	12	15	27	共295页18万字
《恰到好处的幸福》（毕淑敏）	9	18	27	共245页15万字
《干校六记》（杨绛）	2	0	2	共75页3.3万字
《边城》（沈从文）	8	6	14	共361页38.5万字
《迟子建散文选》	1	1	2	共247页23万字
《张抗抗散文选》	0	0	0	共316页26.8万字
《记忆像铁轨一样长》（余光中）	0	1	1	共244页12.6万字
《苏东坡传》林语堂	1	17	18	共356页26万字
《老子的智慧》林语堂	1	6	7	共310页25万字
《人生的盛宴》林语堂	0	1	1	共311页25万字
《生活的艺术》林语堂	0	5	5	共400页40万字
《俗世奇人》冯骥才	27	25	52	共295页15.4万字
《我与地坛》史铁生	53	34	87	共234页16.1万字
《王安忆散文选》	2	1	3	共275页22万字

开列书目的理由有以下两个方面。

1. 阅读目的要明确

阅读应该是以提高自身人文素养为目的，以健全人格为目标。但在当下"快餐文化"的影响下，不少学生阅读的目的仅仅是应付考试或供娱乐消遣，并未意识到阅读的真正价值。

2. 阅读品位要高

通过观察发现很多中学生阅读内容档次比较低，思想内涵比较肤浅，阅读品位较低。由于青春期学生特有的心理状况和年龄的限制，学生在课外阅读书籍的选择和判断方面存在明显不足，很少涉及思想深刻的优秀作品，大多倾向于消遣娱乐的杂志和玄幻、修真、言情等类别的小说，使得部分粗糙、低劣的文学作品在学生中炙手可热，高雅严肃的作品被束之高阁。提醒学生，如果你因为阅读了某些书，发现自己越来越浮躁，对生活充满种种不满，并导致了人际关系紧张，那么你一定要及早远离这些书。

教师开出合适的书单，可以让学生用大部分时间来阅读，这里牵涉了时间成本，所谓经典，必须得是反复读的。教育部推荐给初中学生的阅读书目有《西游记》《水浒传》《朝花夕拾》《骆驼祥子》《繁星·春水》《鲁滨孙漂流记》《格列佛游记》《童年》《钢铁是怎样炼成的》《名人传》。并配合教材介绍书目，如学习《鲁提辖拳打镇关西》介绍《水浒传》，学习《在烈日和暴雨下》介绍《骆驼祥子》；学习《从百草园到三味书屋》介绍《朝花夕拾》，学习《故乡》介绍《呐喊》等。还补充介绍了现当代中外名篇如钱锺书的《围城》、余光中的《听听那冷雨》《乡愁》、舒婷的诗歌《致橡树》、徐志摩的《再别康桥》、余秋雨的《文化苦旅》《千年一叹》、王小波的《一只特立独行的猪》等。

在笔者的实践中，要求课堂上首先阅读推荐书目。教师开列书目与孩子自由选择相结合。开列书目，其目的是通过阅读摄取全面的文化养料，这些书籍的内容可以涉及人文和自然学科的诸多领域。需要指出的是，教师在向学生推介经典时，不要人为地增加经典的神圣感，而要像周国平先生那样，"不妨把经典当作闲书来读"，也就是说，要将经典从神坛上拿下来，以消遣的方式来读，只有完全放松，才能真正走进经典世界。

五、 给予自由

"所谓学习就是喜爱。学生应该对读书发生狂喜。但从小学到大学，教师有一种天才，就是把读书的乐趣挤出，使之变得干燥无味。"（林语堂《论学问与知趣》）允许学生选择自己爱读的书籍，是为满足他们的自我选择性心理需要，发展他们各自的兴趣爱好和特长。

打一个也许不太恰当的比方：有目的而推荐书目的课内阅读是圈养，而课外的自主阅读就是放养。但放养绝不是放任自流。牧者要把羊儿带到水草肥美的地方，还要看着它们吃饱吃好，管着它们别打架、别让饿狼伤着。教师的作用类似于这种牧者："一是帮助学生选择课外读物，二是帮助学生理解和积累。"（教育专家刘国正语）。学生自选书目见表1—13。

表1—13 阅读分析：学生自选书目

书目名称	4班60份 人均11.3本	6班64份 人均11.7本	总计 （本）	推荐共8109页 647.7万字
《昆虫记》	14	19	33	共269页19万字
《童年》	14	17	31	共236页18.5万字
《明朝那些事儿》	6	13	19	共304页35.3万字
《千年一叹》	11	1	12	共294页26万字
《狼图腾》	10	0	10	共408页51.1万字
《浅草》	8	2	10	共260页20万字
《槭树下的家》	5	2	7	共271页26.8万字
《围城》	5	1	6	共377页25.3万字
《追风筝的人》	1	4	5	共362页22.6万字
《三体》	0	4	4	共1220页88万字
《雨季不再来》	4	0	4	共280页20万字
《席慕蓉散文》	4	0	4	共372页20万字

易中天教授在博客中说：终生只读一种书是不妥的，哪怕这些书的品位确实高雅，山涧小溪固然清纯，却何如泥沙俱下的江河、广纳百川的大海？因此在班级的阅读实践中，笔者允许学生在推荐书目完成之后，可以在阅读课上阅读自选书目。前面表格所显示的是阅读人数较多的自选书目，而在统计中还有不少书籍是值得青少年学生阅读的，也可能是推荐者并不能跟上的时代潮流的书籍。教师不能因为自己的眼界所限，就画地为牢，牢牢圈定学生的阅读范围，束缚了学生的发展自由。

摒弃功利性，还学生自主选择的权利。学生之所以缺少应有的阅读兴趣，部分原因还在于我们的读书氛围太过功利，多数教师提倡学生读书的出发点就是让学生提高应试能力，他们根本不重视学生自身的个性特点，不重视开发学生阅读的兴趣点。当然，学生选择的自选书目一旦放到阅读课堂上，也就放到了教师的监督视野之下，如果是不适合学生阅读的，我们理所当然地要求学生换书。

"读自己喜欢的书。若自己不喜欢，别人说得再好我也不会往下读。阅读是一种对话，一种你和书之间的理解。若你不能和一本书产生共鸣，你就是在浪费青春了，即使它确是一本好书，你读了没有自己的感受也是白读。"（巴丹主编的《阅读改变人生》）

　　学生只有读自己喜欢的书，他才会全身心地投入，才会欲罢不能，才会视苦差为赏心乐事！教师必须有广阔的胸襟和战略家的眼光，摒弃功利心，打造纯粹的阅读氛围，让学生有充分选择读物的自由，喜欢读什么就读什么，让他们去接触各种类型各种风格的书籍、报刊，哪怕是涉猎别的学科，只要学生喜读爱读都可以。

　　当然，课外阅读的独立自主性要求教师必须坚持学生自愿的原则来指导课外阅读，其阅读形式也主要以个体阅读为主。既要防止完全不管的完全自由式阅读，也不能是"一刀切"的绝对命令式阅读。

六、走向自律

　　教育是可以有所作为的，形成一种氛围，创造一种环境和条件，培养良好的学习习惯和行为习惯，使学生由他律逐渐走向自律，培养出专注的好习惯。

　　我们进行了相关的督促和落实，以个体记录表（见表1-14）和班级综合记录表（见表1-15）来反馈信息。

表1-14　阅读分析：个体记录表

课外阅读记录表

第　　学期

（　年　月　日—　年　月　日）

学号：　　　姓名：

周次	《季羡林散文精选》（共　　页）	周次	《边城》（共　　页）	周次	《张晓风散文》（共　　页）	周次	《　　　》（共　　页）（自选）
1	A××－××		B××－××		C××－××		
2							

表1-15 阅读分析：班级综合记录表

姓名\周次	1	2	3	4	5	6	7	8	9	10	11
×××	A22-55										
×××	B10-60										

备注：1. A《季羡林散文精选》；B《边城》；C《张晓风散文》；D自选书目。

2. 页码：××（当周阅读起始页）—××（当周阅读结束页）。

3. 记录方式：A22-55。

班级制定阅读规则，指定同学负责记录每周阅读情况，个体记录表记载个人阅读进度，班级综合记录表张贴出来，显示班级整体阅读状况，便于教师掌握阅读信息，及时提出意见和建议。制约学生良好阅读习惯形成的主要问题之一，就是教师教学中还缺少一种激励作用很强的评价方式和手段。

书必须得自己读，知识必须得自己吸收。在阅读教学中开列书单，每周记录阅读进度，并不是一件特别有安全感且有意义的事，倒不是开书单和公开阅读进度本身有错，而是我们必须把握另外一件重要的事情：学生需要交流和分享阅读心得，需要了解自己所处的环境氛围，给自己的阅读提供参照物，督促自己提高阅读效率。

习惯需要外力的作用才能形成。我们要对学生进行诱导，严格要求。阿尔伯特·班杜拉的社会学习理论认为教师对学生的教育在于"决定—强化—行为"，由于人的惰性，只有强化改变，才能形成自觉行动。这其中，强化改变起了决定作用，因此，中学生良好习惯的养成需要培养、需要外力，放任自流是不能养成良好习惯的。

七、分步训练

人所具有的每一种习惯，都是反复训练才形成的，因此良好的阅读习惯既不是一朝一夕养成的，也不能一下子统统养成。只有区分主次、难易，从学生的实际出发，结合培养能力的需要，分阶段、分层次，有条不紊地进行。反复实践，这种实践在开始阶段必须用一定的时间在课堂上结合教学，由教师按要求进行指导、检查和督促；经过课内若干时间的练习，然后逐步发展到课外；经过长时间的实践后，这种行为就变成良好的习惯了。

制约学生良好阅读习惯形成的问题还在于，相当一部分教师缺少科学切实的方法去指导。我们当年的老师，跟我们很多人一样，教的都是常见套路。比如，经常跟我们说："你们语文学习要多读书啊！"至于读什么书，要怎样读，他们很少教给我们。他们以为，将这句话重复一万遍，我们回家就会好好看书了。再来点压力、奖惩机制，就称之为教育。

笔者采取了如下措施：

七年级阶段，重在培养学生"坐得下来""时间保障"的习惯，因此并没有要求记笔记。但是阅读的内容强调得比较严格，阅读时间得到强制保证。在阅读课上，绝对的安静，始终处于阅读状态。整个初一阶段，学生每周都有不少于2小时的时间，把自己置身于一个安静的阅读环境。实验班每周2~3节阅读课，平行班每周3~4节，每节课40分钟。作为班主任，如果周末返校没有特别的考试也要安排1小时的阅读，大班会如果没有特别的活动，也安排阅读。因此，学生渐渐地就沉入了阅读之中，并且期待有这样的时间来不带压力地自由阅读。

八年级阶段，提出的标准稍有提高，学会记读书笔记。那就是，每一次阅读的时候，桌子上的标配是阅读书籍、积累本、笔，高配是外加一瓶水（一杯水）。为什么没有要求必须记点什么？不读书的人以为每次看书一定会有"好词好句"，其实不然，一本书里哪里有那么多好词好句？阅读其实也是沙里淘金的过程，难道40分钟的阅读一定会有"哲理名句"？当你读书的品位越来越高，你知道的东西越来越多，你就会发现值得动笔的时候越来越少。"涉浅水者得鱼虾，涉深水者得蛟龙"，蛟龙岂是天天都有得吗？那为什么又要把积累本（笔记本）作为标配呢？那是因为阅读者并不知道什么时候蛟龙出现，所以要时刻做好准备；同时，如果不立即记录，很快我们就会忽略当时的感受，忘却当时深有感触的美文美段，以后就会忘记或者懒于记录了。

在整个阅读过程中，不宜提倡速读。虽然社会的节奏很快，但做事要踏实，把事情做好是前提，快并不是目标。笔者更看重的是，读一本好书，完整地读一本书。读纸质书，因为数字阅读有着容易疲劳、不适合精细阅读等缺点。

学生在自由、宽松的气氛中博览精读，认知语言的情趣，把握语言的精髓，逐步形成自己的语感，阅读习惯得到优化。经过较长时间的重复练习，同学们的阅读习惯逐渐巩固下来，并演变成需要的行为方式。

八、营造氛围

营造课外阅读的良好氛围，给予充分的阅读时间，是阅读习惯养成教育的关键。引导和保持学生的阅读热情，是课外阅读指导首要的也是最重要的任务。

什么样的氛围最适合阅读？安静。

科学研究发现，当一个活动被其他一些事件打断，打断的成本远远大于需要处理中断所失去的时间：也就是恢复被中断了的行动的成本。阅读课上教师说话越少，越能够提供充足时间给学生自由发挥。笔者宁愿让学生在一身轻松的状态下，主动积极的阅读中，启动思维、激发情感，有所理解、有所体验，有所感悟，有所思想；也不愿意在课堂上指手画脚喋喋不休，造成阅读的烦心。因此课堂阅读的要求首先就是保持绝对的安静，营造出阅读的氛围。

什么样的心态阅读效率最高？心平气和。

首先放任学生的阅读方式。课外阅读是一种很个性化的学习和生活方式，它是依据学生的爱好和兴趣而维系的独立的读书活动。对待学生的阅读方式，我们要宽容一些，更宽容一些。

其次，放松学生的阅读负担。结合课外阅读，作相应的摘抄，写读后感，这是教师对学生课外阅读时常作的基本要求，因为这是教师检测孩子课外阅读成果最简单的外显性行为。

在课外阅读时，如果因为读后感等这些无形的重压，而使课外阅读陷入干涸的沙漠，那不是笔者的本意。笔者深深地感到要让学生提高对课外阅读的兴趣，不应该太多注重对学生采取强制的办法，规定得太多，统得太死，这样学生容易产生强烈的反叛心理。国外学校或家庭则采用暗示的方式，以教师或家长的阅读习惯潜移默化地影响学生，学生在不知不觉中产生对阅读的强烈兴趣，从而享受阅读的快乐。

九、教师示范

最好的教授方法是示范，最佳的学习方法是练习。一个喜欢阅读的家庭更容易培养出一个喜欢阅读的孩子，一个喜欢阅读的教师更容易带出一批喜欢阅读的学生。只有教师、学生都行动起来，共同形成这样一个良好的氛围，才能推进读书活动的进行，也能使学生所读之书更有实效。

现实中，一群自己都不怎么热爱读书的人，却可以理直气壮地批评学生不读书，有时候觉得甚为惋惜。因为如果教师不怎么爱读书，真正的课外阅读可能遇到的困难，可能需要的途径，教师就不可能感同身受，也就不可能做到精确的指点。

读书的乐趣在哪里？教师自己都不知道，又怎么可能去培养出学生的阅读兴趣？难道"叫人读书"仅仅是"一种职业"吗？那和大街上高声推销叫卖其实自己从来不使用这种产品的人有什么区别？或者说，会有什么收获？

教师在阅读上的以身作则，是一种习惯，一种日常的行为，一种能够让人看到但又不刻意的东西。如果作为教师，我们曾经丢失了这种良好的行为和习惯，那就要尽可能多地让自己变回来。不是变回来一时，而是永远变回来。

十、更新观念

教师职业的最大魅力在于，做教师能够按照自己的教育理念，选择自己想教的内容，采用自己的教学方式，进行创造性的精神活动，能够激发学生的潜能并对学生的精神成长产生关键性的影响，从而获得精神创造的快乐，造就人才的成就感，和影响人灵魂的意义感。

先贤朱熹说："教人未见意趣，必不乐学。"教师要"深挖课文的特点，教出课文的个性"。生动灵活、富有个性的教学可以激发学生的阅读行为，并使学生通过阅读得到精神上的满足，又进一步激发出新生的阅读需求。因此，为了实施真正的语文人文教育，在任何时候，语文教师都应该坚信：课外阅读是语文教学的延伸，培养阅读习惯是保证课外阅读的关键。

首先得改变传统的教学思维。传统的阅读教学是封闭的，学生的阅读主体意识缺乏，教师过分低估学生的阅读能力，认为学生文学修养和认识水平有限，不能理解作品。很多教师迫于考试的压力，在语文阅读教学中，更多地将目标定位在阅读能力的培养上，阅读教学往往沦为纯粹的实用教学，高强度超负荷的阅读训练使得学生的阅读兴趣进一步缺失。

作为教师，要明白教育最重要的不是教知识，而是培养习惯。在互联网时代，教师能够找到的知识，学生都可以找到，甚至比教师找到的更丰富更准确，拥有知识已经不再是教师的专利，不再是教师的优势，善于鼓励学生学习才是我们的本事。

其次，课堂教学面貌应该有很大改观。课堂不能存在"满堂灌"的现象，教师在课堂上只有精讲精练，才能够给予学生更多的自我生成、自由发挥的时间。这要求不能用教师的语言感知代替学生的语言感知，不把阅读教学课上成讲解、说明课，不再过分强调学生的思维方式、思想观点与教师的完全吻合，对于学生的独特思维方式和新奇独到的见解善于发现、肯定和引导。因而调动学生自主参与的积极性，课堂气氛活跃，学生学习的自主性大大加强，在各种听、说、读、写活动中有了强烈的作者、读者角色意识，自动探究、倾心实践，培养语感。

新课全程标准明确指出："对课文的内容和表达要有自己的心得，能提出自己的看法和疑问，并能运用合作的方式，共同探讨疑难问题。"教学过程应是师生互动，共同完成教学任务，在教学中培养学生的世界观、人生观、价值观，实现教学相长和三维目标的过程。这样形成的阅读习惯才能使学生真正得到成长。

培养学生的阅读兴趣和阅读习惯，是广大语文教师义不容辞的重要职责。语文教师如果能让自己的学生爱读书、会读书，在自主阅读中有感触、有收获，那么，还担心学生的语文成绩提高不了吗？

十一、减负增效

课外阅读同时也是解决学生负担过重的重要手段。课外书读得越多，知识背景越广阔，学习就越轻松。每天你读得越多，能主动掌握的学习时间就越多，学习积极性就越高。

凡是除教科书以外什么书都不读的学生，在课堂上掌握的知识就非常肤浅，并且必然把全部负担转嫁到家庭作业上去，而由于家庭作业负担过重，他们就势必失去了课外阅读的时间，这样就形成一种"恶性循环"。因此，搞好课外阅读是解决学生负担过重的重要手段。在阅读教学计划中，应该做到以下几点：

规定阅读的数量和时间。学生的阅读必须有一定的量，才能提高阅读的能力。如果课外阅读的量过大，成为学生的负担，也不利于学生的健康成长。如果阅读量不足，则不能丰富学生的语文素材。本次阅读计划中，可以看到教师推荐书目三年阅读量，共 8109 页，647.7 万字，共计 26 本。

制定阅读能力目标。根据学生年龄，制定学生阅读的标准。七年级注重学生阅读兴趣和能力的培养；八年级要学会阅读的积累，以获取丰富、及时的信息；九年级要提高速读能力和阅读的效果。

当然，学生良好阅读习惯的形成绝非一朝一夕的功夫，这更需要我们坚持不懈的实践和探索。必然要求我们急不得，要懂得慢慢来。在培养学生良好阅读习惯时，学生仍是活动的主体，教师的外力必须通过学生本身努力才能起作用。因此，在这一过程中，必须充分调动学生本身的作用，使他们产生情感认同，自行确立标准，自我增强，自我监控，从而顺利体现学生在学习中的主体地位。

学生在阅读活动中，得到了如下收获：

第一，大多数学生认为应该多看课外书籍，学生已有课外阅读的意识。

第二，学生课外阅读的目的性比较明确，所选的书目较为合理，符合青少年的年龄。

第三，"减负"后，学生阅读的时间较充足，能凭兴趣尽情阅读。

学生对各科知识的学习都离不开阅读，学生正是通过阅读各种资料收集信息，接受知识，培养自己。苏霍姆林斯基指出："凡是没有学会流利地有理解地阅读的人，他是不能顺利地掌握知识的。"

十二、熟读深思

调查结果显示，有些学生"好读书，不求甚解"，阅读量虽然很大（有7位学生年阅读量达到了1000万字以上），但是并没有把所读的书籍的精神领会到位，没有仔细地咀嚼与品味，更无个人对文本的思考与见解，更多的是囫囵吞枣、粗枝大叶，浪费了大量的时间和精力，却未留下任何记忆。学生阅读量见表1-16。

表1-16 阅读分析：阅读量统计

申报阅读量	4班60份	6班64份
最高阅读量	1195.7万字（3人1000万字以上）	1246.1万字（4人1000万字以上）
最低阅读量	73.5万字	26万字

当然，在七年级的培养计划中，主要在于阅读兴趣和能力的培养，多数学生无做读书笔记的习惯也是正常的。人类大脑的记忆遗忘规律是周期性的，所谓最淡的墨水胜过最强的记忆，在阅读过程中遇到的精华内容或摘抄或批注或概括，才能真正起到阅读的作用。

八年级的阅读训练则开始改变这一状态，目标是学会阅读的积累，以获取丰富、及时的信息。所以才有了前面提到的，课堂阅读的"标配"（书、笔记本、笔）和"超配"（增加一瓶水）现象，体现阅读的悠闲舒适。

学校的语文教学统筹计划，注重对学生的"听说读写"能力进行培养，因此在各项活动中的互相兼顾和互相渗透就非常重要。对于安排的课外阅读作品，特别是我们推荐阅读并在调查中阅读人数相对较多的作品，笔者在今后将鼓励和要求学生对于阅读作品进行演讲和解说。我们统计了阅读人数最多的书籍，见表1-17。

表1-17　阅读分析：阅读人数最多的书籍

书目名称	4班60份	6班64份	总计	共1140页94万字
《雅舍小品》（梁实秋）	54	58	112	共313页33.7万字
《文化苦旅》（余秋雨）	57	52	109	共287页30万字
《季羡林散文》	55	49	104	共253页16.6万字
《张晓风经典散文集》	50	40	90	共345页31.8万字

共同的阅读范围，更能形成共同的语言基础，让学生在这样的研讨会中，容易形成共鸣，也加深对作品的理解。这样不仅能够锻炼语言组织和表达能力，还能增强学生的信心和兴趣以及加深对所读材料的理解和领悟，形成对文本个性化的解读。

阅读要熟读深思，深化阅读过程。"旧书不厌百读，熟读深思子自知。"的确，书读百遍，其义自见。若只读书不思考，那么即使学富五车也只能成为两脚书橱，毫无用处；而凡是能读书又能思考的人，最终才会有所收获。在阅读中，要善于发现问题，善于融入自己的思考。这样才能在阅读中激发我们质疑、联想、判断、推理的能力，就能提高我们的思维能力。

初中语文教学，从应试的角度来讲，有两个重点，一是阅读，一是写作，就像是一个人的左膀右臂，缺一不可，而前者又是后者的基础，离开了阅读，写作也就无从谈起。阅读以及相应的训练，能够迅速而有效地扩大学生的吸收量，开阔学生的视野，获得丰富的知识，加宽加厚学生的人文底蕴，进而培养和提高读写能力。要达到这个目标必然要通过不断的实践，只有具体的阅读才能给学生带来快乐，也只有具体的阅读才能培养学生的读书习惯、锻炼学生的能力，进而为语文教学服务、为学生的终身学习服务，对写作有促进效果。学生作文竞赛情况，见表1-18。

表1-18　阅读分析：四川省第二届中小学生"中国梦·语言梦·我的梦"征文比赛情况

班级/奖项	一等奖	二等奖	三等奖	优秀奖
4班	1	2	4	22
6班	1	1	0	20
总计	2	3	4	42

十三、自主学习

笔者提倡阅读,就是因为阅读的过程就是自我学习的过程,当阅读成为习惯,也就是自主学习成了习惯。一个从小建立了阅读兴趣的人,会有更好的自我治疗的能力。阅读不但可以塑造一个孩子的智力,还可以塑造孩子的品质。

学校毕业后的教育主要是自我教育。只有当一个人在上学年代里就爱上书籍,学会从书籍里认识周围世界和认识自己的时候,他在毕业后的自我教育才有可能实现。如果在学校年代里没有打下这个自我教育的基础,如果一个人在走出校门后不知阅读为何物,或者只局限于看那些侦探小说,那么他的精神世界就是粗鲁的,他就会到那种毫无人性的地方去寻找刺激性的享受。

这一具有划时代意义的终生教育思想,应该给我们自觉实施以阅读为基础的语文人文教育以有益的启迪。良好的阅读习惯可以帮助人实现毕业后的"自我"教育。学生自主的阅读习惯养成以后,学生就会慢慢明白:阅读不仅是为了考试,更是为了生活,是生活不可或缺的一部分。阅读是自己内心的一种渴求,并且将成为陪伴自己终身的一种生活习惯,一种精神享受。

课外阅读作为学生主体作用能够得到充分发挥的一种教学手段,是实现教育教学从教到不教的重要环节,是实现学生自我教育的良好途径。学生良好的阅读习惯一旦养成,浓厚的阅读兴趣一旦形成,对于培养学生的思维,以及思想所带来的效应远远不是我们单纯的语文教学所能达到的。它既有利于巩固、扩大课堂教学成果,发展和提高口头、书面语言的理解和表达能力;还有利于学生积累知识,收集信息,开阔眼界,丰富、规范语言,在广收博采中汲取养分;更能使学生的情感受到熏陶,意志品格得到培养,审美情趣得到陶冶,从而提高学生的整体素质。

在笔者的阅读课里,教师不再有题山的压迫,不必让学生正襟危坐,学生可以暂时将学习的一切烦恼和失意统统抛开,尽情徜徉于书香之中。只有在这样轻松的氛围中,学生才可能真正走进书的世界,才可能真正领略到阅读的迷人魅力。当学生觉得,阅读原来是那么快乐,培养阅读兴趣就有了可能,当兴趣变为一种志趣,当阅读成为学习和生活中不可或缺的一部分,阅读习惯就形成了。

马太效应告诉我们:任何个体、群体或是地区一旦在某个方面获得了成功,那么就会产生一种积累优势,就会有更多的机会去获得更大的成功和进步。笔者相信，学生一旦爱上课外阅读，通过阅读学生能感知丰厚的感情语言材料，增强语言沉淀，提高读书能力，从整体上增强学生的语文素质，促进学生的发展，为他们今后的学习、生活和工作奠定坚实的基础。

初中阶段是一个人阅读的黄金时期，错过了再要培养阅读兴趣和阅读习惯就会相当艰难。一年来的实践重点在于校内阅读的指导，但大量的阅读靠的是家庭阅读。对中学生来说，他们人生观、价值观的形成与家长、教师指导、引导有关。因此，家长、教师要积极配合，进行课外阅读指导。

我们特别要注重内心驱动，培养阅读的主动性。阅读是学生自己的事，别人不能代替。因此要培养学生的阅读能力，必须培养阅读的主动性。俗话说：心动方能行动。要使学生欣欣然，抓住一切机遇"涉足"书海，由"湿鞋"进而"畅游不疲"。要晓之以理，动之以情，诲之以法。要让学生心动，可功利（中考、高考的阅读题的分值）诱之，可利害（阅读对人际交流的作用）劝之，可方法导之。抓住学生的阅读心理，投其所好，促使学生主动积极地投身到阅读活动中去。

积极引导，严格训练。让学生明白，一个视野开阔的人，生命中会有很多精彩的发现。如果我们对现在自己的状态不满意，对现状提供的改变方式只有一个：你去自学，你要打破学校设下的各种桎梏，你要改变那些别人认为你改变不了的生活。我们教师，也只是在解释学习的方法，而问题的真正改变，在于学生行动起来。

总之，培养学生良好的阅读习惯的目的，就是要让学生得以自我发展、自主发展。毕竟，终身学习是未来社会每个成员的基本生存方式，学会学习是社会发展的客观要求。当然，学生良好阅读习惯的形成绝非一朝一夕的功夫，这需要我们坚持不懈地实践和探索。相信在我们共同努力下，一定会促成学生良好阅读习惯乃至学习习惯的形成，推动学生素质的全面发展。

笔者的阅读实践活动才开展一年，相信在前进的道路上，我们会得到更多的有益的经验！

2015-9-29

几点说明：

1. 调查表中"学生申报阅读量"，指的是学生自己填写的阅读量，由于填报时间是在课堂上，因此申报量与实际阅读量可能有些小出入，如学生忘记了一些读过的书的名字，或者书籍字数不准确等，但本着实事求是，不会对学生阅读量大小进行奖惩的原则，实际的阅读量应该更大。

  2. 特别强调阅读课还给学生阅读的自由，教师不能够随意占用，或者过多唠叨。因此，在教学中更注意提高课堂效率，以优效课堂促进阅读课时间的合理安排。这对教师的教学能力提出了更高的要求。

工夫在诗外：利用"群文阅读"进行中考阅读训练探索

摘要：通过群组文章的阅读，在激发兴趣、读懂文章的基础上，提升学生的阅读力和思考力，学会并掌握中考文段阅读的题型套路，熟练运用解题方法，获得中考提分的效果。本文重点展示了议论文阅读、记叙文阅读和文言文阅读的操作过程，提供了可供借鉴的学习模仿对象。

关键词：群文阅读；思维训练；兴趣培养

一、一群人的冒菜——群文阅读

群文阅读是群文阅读教学的简称，是最近两年在我国悄然兴起的一种具有突破性的阅读教学实践。简单地讲，群文阅读，就是把一组文章，以一定的方式组合在一起，指导学生阅读，并在阅读中发展出自己的观点，进而提升阅读力和思考力。群文阅读就是师生围绕着一个或多个议题选择一组文章，而后师生围绕议题进行阅读和集体建构，最终达成共识的过程。

在我们的阅读教学实践中，学生接受的文章一般包括课本的范文，以及各种辅导资料上的作业，还有就是历次考试中的阅读题，这些都是教师会"精讲"或者"评讲"的。尽管教师的讲授、示范有其作用，但阅读经验是无法由他人替代的，我们的阅读经验也就止步于此。个人的阅读策略一定是学生亲身操作、应用后内化而成的，因此，我们的阅读教学最大的问题就是"读得太少"。

"群文阅读"的不同在于，学生在一篇接着一篇的阅读当中，始终保留着新鲜感，特别是在横向结构的比较性阅读中，学生会不断涌现质疑和发现。因此，"群文阅读"的课堂，学生的主动阅读会占取很大的比例。多阅读，多比较性阅读，让孩子在阅读中学习阅读，就像人们是在游泳中学会游泳，在骑自行车中学会骑自行车一样，阅读也是在阅读中学会的。

"群文"由围绕"议题"的多篇文章（一般为三篇及以上）组成，虽然篇与篇之间未必有严密的结构，但是像由议题这根"红线"串起的"珍珠"（某一篇）项链，是一个相对独立又有联系的整体。而具体的阅读则是在"议题"引导下从某一篇切入，以习得领悟"议题"的策略、方法、程序、认识——"议题"之内是重点，"议题"之外可忽略。

群文阅读对学生带来的挑战如下：

挑战之一：学生的阅读速度是否跟得上。当然，阅读速度是在阅读实践中锻炼起来的，是在有技巧的阅读中（例如，怎样略读、浏览、跳读、扫读，怎样扩大视野、一目十行）长成的。不管是单篇的阅读教学还是群文阅读，都要重视并得法地训练学生的阅读速度。

挑战之二：学生的合作能力、讨论能力、倾听能力、交流能力和分享精神是否跟得上。群文阅读相比单篇阅读教学更需要小组合作、讨论交流，才能达成"共识"，实现对议题的"集体建构"。因此，培养学生的合作能力、讨论能力比以往任何时候都来得迫切和必须。

笔者进行群文阅读，是因为在前两年推行的班级阅读实践中，学生通过大量的阅读——两年时间不少于500万字的阅读量，已经有了相当的阅读水平，因而学生在群文阅读中可能遇到的挑战相对小一些。

有关群文阅读的优劣争论很多，但是总体而言是赞赏的。在这里，笔者就不再一一介绍相关知识了。课堂学习，始终还是有个无法回避的目的——培养锻炼学生的学科学习能力，从而提高应试成绩，尤其是毕业年级的学生。因此，如果说"用兵之术在于战胜，用兵之道在于息争"，那么"阅读之术"在于提高分数，"阅读之道"在于培养一个阅读人。在本文中，笔者宗旨是"不谈屠龙术，只谈杀猪法"，屠龙术虽然高雅，然而一辈子屠龙机会渺茫；杀猪法虽然低俗，但实用价值颇大。那么，如何将群文阅读借用到初三的中考文段训练中呢？

二、一切都是套路——议论文阅读

在现今的阅读教学中，定位偏移的情况还比较严重，具体说，主要有以下这样几种表现：一是阅读教学的高位化，二是阅读教学的贵族化，三是阅读教学的形式化，四是阅读教学的低位化。

在我们一般的中考文段训练中，大都是做题——评讲模式，或者是PPT展示方法，然后找几篇文章来练练手，然后评讲，这样的方式并非没有效果，只不过我们的阅读兴趣几乎被扼杀。议论文因为总体而言知识考点较少，很容易形成答题的套路，更是点到即止，似乎无须做过多的讲解。也就是说，我们把议论文的阅读教学低位化到考试而已，低位化到寻找答案而已。

阅读教学的基本定位是什么？归纳成三句话：第一，让学生在阅读中学会阅读；第二，让学生在阅读中获得丰富的积累；第三，在阅读中培养学生的语文综合素养。

因此，我们的教学既要明确考点，又要从这些文章当中，让学生学会阅读，获得相应的知识积累，培养相应的语文综合素养。请看笔者的课堂实践：

在阅读主题的选择上，也是颇费心思的。这一次的"议论文阅读"，就是以"读书"为主题的。选择了15篇中考议论文段，从各个方面谈论读书（阅读）、阅读知识、阅读方法、阅读思维培养、阅读观念矫正等，可能你会觉得是个大杂烩，但是主题犹如火锅般明确！

第一步：自由阅读，勾画文章中你觉得很有启发意义的句子。（实际上就是在找作者的观点，找议论句。）

第二步：自由发言。谈谈你勾画的句子，并稍做解释。每人发言2分钟。

第三步：对于某些观点，找出作者在文中是怎么来提升自己的说服力的——或者说你为什么觉得他说得有道理。

这是阅读阶段，也就是指定学生阅读内容，熟悉内容，读懂文章。从表面上看来，是和分数无关的阅读。我们的这个主题，也正是想通过这些文章，来让学生对"阅读"有一个新的认识。毕竟在前两年的课外阅读中，学生还是培养了基本的"静心阅读"的习惯的，坐得下来，就是一种进步。

《安静的阅读》告诉我们：安静的阅读首先是一种状态，更是一种境界。"社会为阅读所作的一切热热闹闹与轰轰烈烈都是为了回归最终的安静。"《读书使人优美》《让阅读回归为享受》，所以我们《择善而读》，享受着《阅读的愉悦》，因为《读书是风雅乐事》。

这一节课的《阅读杂谈》，每个人都似有所悟。我们明白了《怎样读书》，知道了《阅历与读书》《读书与境界》的关系，感叹人们《为什么不读经典》，也深刻铭记《读书莫忘做笔记》，读书应该《"知入"与"知出"》。有些同学《小议读书》，有些同学《小议传统读书教育》，总之是就内容来说，学有所获了。

这其实都不是重点，现在问题来了：

第一问：这15篇文章，哪些你可以通过标题就知道作者想表达的思想？

答："《读书莫忘做笔记》《读书使人优美》《读书是风雅乐事》""《择善而读》"。

讲解："议论文标题：论点与论题的区别。（如此直观的感受，加上理论的阐释，自然容易理解）议论文的论点考点：第一就是分清所议论的问题及针对这个问题作者所持的看法（即分清论题和论点）。论点与论题的区别与联系：论题是作者所要议论的话题，也就是作者围绕什么问题展开论述的，论点是议论这个话题之后得出的观点。有时候，论点和论题是统一的，有时候是不一样的，需要自己去把握。"

论点形式：什么是什么/应该＋动词短语/要（能）或不要（不能）怎么样。

追问：如果从标题看不出作者的观点，又在哪里去找呢？（找出文章中心论点的方法）

回答：（其实学生在自由发言中找到的议论句，很多都是论点或者分论点了，有了这样的基础，后面的讲解就顺理成章）

讲解：如何找文章的中心论点。

第一，看文章的标题。议论文的标题分论点型和论题型两种类型。

第二，在正文中找体现作者主要观点的句子。此法适用于论题型的议论文。

第三，注意语言提示，文中有提示文章论点的词语，提示词语一般是"总之""因此""总而言之""由此可见"等。

如果从坐标的角度来说，简单而言，就是：一看标题，二看开头，三看结尾，四看中间，五来总结。总结的方法注意前面第三点，另外还要注意：论点的表述形式（表肯定或否定的判断句）。

①形式上是完整的句子；

②应是作者看法的完整陈述；

③应具有概括性。

追问：请在每篇文章中找到作者的观点。（理论与实践统一起来）

（于是教室里唰唰唰的翻页勾画声音）

第二问：这么多篇文章里，有关读书的故事，哪个最让你深有感触？

答："钱锺书做笔记""毛爷爷闹市读书"……

追问：哪些人的话又特别在理？

……

（这个环节给学生讲解论据的概念和论证方法以及作用。详细进程略）

第三问：你觉得想要说服别人，一般怎么来组织自己的说话思路？

（这个环节重点讲解论证思路，同时也是我们说话能力的培养。详细进程略）

在以上的过程中，先阅读，勾画，交流，都在让学生从自身出发来感受文本，提升自己在阅读方面的见识，进行精神的引领。而后在熟悉文本的基础上，进行了议论文考点知识的相关回忆，实践运用，反复使用。重在"杀猪法"，有机会操练，有机会展示自己所掌握的技能。

三、360度看你——现代文（记叙文）阅读

"裸读"课文，就是把教学参考、教学资料以及网上的教学设计等先悬置起来，直面文本，捕捉阅读的第一感觉，潜心体会作品的思想和艺术。

我们提供几组记叙文，并没有立即展示这些中考文段后面所设计的题型，而是让学生首先面对文章自己阅读和感受。国内外的实践证明：阅读能力是语文能力中最重要的能力，也是现代人的基本素养，阅读力就是学习力。这也是体现这样的思维。

这一组群文阅读训练，"读懂伟大的男人"，其实就是与父亲这个主题有关的，一共有6篇文章：《用你爱我的方式去爱你》《切线》《爸爸昼无眠》《父亲》《认识爸爸》《清明》。资料发下来，第一步就是限定时间内的自由阅读，然后就自己最有感触的方面谈谈自己的看法，教师没有做任何指点，甚至也没有说这一节课的讨论方向，大家直面文本，捕捉阅读的第一感觉，潜心体会作品的思想和艺术。（这种方法叫作"裸读"，然后我们才进行训练，无招胜有招）

阅读结束，每个人发言的时间是90秒钟或者60秒钟，根据课堂节奏随时调整。（节选部分课堂实录）

生（阅读过程中）："什么叫作切线？"

师："我也解释不清，我是语文老师。不过可以提醒你，仔细地阅读文章，你可以从中理解出来的。"

生：我最感兴趣的是《清明》这一篇文章，我觉得它和其他的文章不一样。

师：为什么？

生：这一组文章是写父亲的，但是这篇文章里面的主要写的却是儿子望龙。写父亲的（内容）很少。

生：而且和其他的表达父爱的方式不一样。

师：怎么不一样？

生：反正感觉就是不一样。

师：好，那么我们就先来讨论这一篇文章。

几位学生在规定时间内相继发言。但是各自重复的地方很多，缺少新意。

师：在我们的讨论中，同学们缺少聆听的习惯，就是别人谈过的内容，

我们还在重复，这是不好的。下一个发言的同学，一定要注意前面同学的观点，凡是相同的就不要说了，节约时间；可以深入探讨的，你可以提示大家前面某某谈过哪一点。发言应该有关联、争鸣，应该有创新。

生：我觉得这个老师不对，太注重应试教育了。没有感情，望龙父亲死了都没有让他去奔丧。

生：我觉得老师还是挺认真的。反正这个老师有好有坏。

生：望龙没有尽到孝心。

生：望龙没有考好模拟考试，是因为悲伤过度，所以没有考好。

生：望龙回答不了阅读题中的"奔丧"的含义，是因为他没有参加完这个丧事的全过程，所以不晓得怎么回答。

师："奔丧"的含义就是走过场吗？各位完成九年制义务教育，是不是就和涮羊肉一样，过一下水就行了？还是，在这九年里，学习掌握相应的知识，锻炼相应的能力，感受青春时代的生活，让自己成长起来？

师：来来来，我们一起来读一下最后一段，就从这里来入手理解课文。

原文："走进考场的望龙又投入了紧张的考试之中。第四大题是阅读一篇题为《奔丧》的散文，然后回答问题。看完《奔丧》，望龙又泪流满面了。平静以后，面对第一个问题什么叫奔丧，望龙左思右想，绞尽脑汁怎么也不明其意，最后只得留下空白，付之阙如。"

师：这一段比较有意义，让你们来设计一个问题，要知道，这也是一道中考题哦。

生：我觉得重点就是：为什么望龙不明白"奔丧"的含义。答案是，他没有参加完自己父亲的葬礼。

生：因为悲伤过度答不出来。"泪流满面"看得出。

师：难道考试没有考好，怪父亲死得不是时候了？这不是刚才大家谈到过的吗？有没有新的见解？

生：我觉得这一段的重点是"空白"这个词。

师：注意"付之阙如"，意思是留下空白，阙如就是空缺。有点意思哈，一个刚刚奔丧回来的人，却读不懂"奔丧"的含义。我们先来解释"空白"可能有哪些含义。

生：就是没写，白卷噻。

生：头脑一片空白。

生：我觉得应该有好几层意思吧？

师：废话。如果就是做不来，留空白，这样的语言在小说中有什么意义？还用问啊？

生：我觉得第一层是试卷上没有做留下的空白。

师：正解！加油，看看第二层呢？

生：望龙不理解奔丧，因为他没有感受到父亲的死亡对他而言意味着什么，以为只是永远见不着了，其实是没有感情。

生：人家还"泪流满面"，怎么没有感情。

生：反正就是缺少感情的，至少不深刻。

师：嗯，可以说这样的空白，就是"亲情的空白"。深入一步了哈，很好，继续。

生：想不出来了。

师：是什么原因造成望龙这种亲情的缺失？

生：老师不准他回去噻。

师：以后你对父母没有感情，都怪我咯？（笑）不过有一定的道理，这是什么的空白？教育的空白。学校教育里，老师是最最直接的教育者，传递着正确的理念，培养着学生正确的"三观"，当然老师有责任。

师：所以，我们总结一下，其实就是有这样的空白（见表1-19）：

表1-19　空白的几种情况

项目	原因
试卷上的空白	
亲情的空白	
教育的空白	

师：然而，造成这样的空白的原因是什么呢？比如说，难道教育的责任就只有老师？好好思考，结合课文内容来理解。我们一起读一下第一、二段。

生：因为大家都只看重分数，所以没有关心望龙的感情。先说望龙的家庭吧，他爸爸"提起儿子，望龙父亲的眼中闪出了神采"。因为儿子成绩好，很优秀。还有望龙的妈妈"开学时，望龙跟爸爸招呼都没有打，就在妈妈的催促声中离家返校了"。没有告诉望龙实情。而且每天还要装得高高兴兴，还要撒谎说爸爸出差去了。

生：第二段"望龙的妈妈、舅舅、叔叔几乎一致主张，这件事要瞒住望龙。孩子明年就要参加高考，扒扒算算只有六个月了，不能有一丝一毫影响孩子的学习。每周日一如既往地由望龙的妈妈送饭送菜。望龙的妈妈要高高兴兴，不能露出一丝破绽。孩子放假，就说爸爸出差了。总之，要瞒得严严实实，瞒得滴水不漏"。其实望龙的亲朋好友都联合起来，隐瞒真相，只是为了不影响望龙高三的复习。

生：是家庭里面就没有亲情的教育。

师：这难道不是一种爱吗？

生：就和上次的那个母亲一样，是溺爱，畸形的爱。

师：对，这样环境中培养出来的孩子，就会对亲情缺少感知，没有感知，就缺少心灵的交流。所以，奔丧不仅仅是走过场，完成仪式，而是一种和深爱的亲人心灵的告别。只为成绩而忽视亲情的人，将来也会只为事业而忽视家庭亲情，女生可不要嫁这样的人哦。

生：我觉得文中的老师也不对。有三个地方：①当望龙叔叔向张老师请假时，"他迟迟疑疑吞吞吐吐地说：本来是可以多请几天假的，可是明天下午安排了语文模拟考试……"②他告诉望龙父亲病故的消息时，首先强调学习的重要，并把望龙父亲的死看成是一种"干扰"，面对悲伤的望龙，还平静地朗诵古训，说生老病死是自然规律，不足为怪。③当望龙沉浸在悲痛之中不愿返校时，张老师劝慰他：学习比什么都重要，不能感情用事，因小失大。所以老师也太看重分数，只想着自己的教学业绩。

师：可是学生考上好的大学，也是学生自己的前途啊！

生：他没有亲情感知，还不是没有做好题，没有考好嘛！

师：对。中考题选段其实也很重视培养学生的"三观"的，是要引导一种正确的情感价值观。老师的教导确实是有问题的。那你们觉得这位老师是个什么样的老师？

生：教书还是认真负责的，关心学生的前途，但是不关心学生的心理发展。

师：其实这道题是这样来回答的："张老师对工作兢兢业业、认真负责，视学生分数高于一切，视学生前途高于一切，同时，他又是一个严重忽视人伦亲情，忽视学生情感培养和价值观引导，在应试教育体制下人格被扭曲了的典型人物形象。"注意联系文中的老师劝说望龙的话来回答。

师：刚才我们提到了空白，那个表还没有填完，现在我们补充完整（见表1-20）。

表1-20 空白的原因

空白	原因
试卷上的空白	"绞尽脑汁怎么也不明其意"就是不懂，只能留空白
亲情的空白	所有亲人的关心只是为了望龙能考出好成绩，这不是一种完整的和真正意义上的亲情，而是一种畸形的亲情。孩子在这样的亲情包围中，会逐渐失去那份纯朴的也是最可宝贵的情感
教育的空白	应试教育导致教育者和受教育者都视分数为命根，却迷失了教育的终极价值，不明白教育的根本目标是要培养个性健康、情感丰富、人格完善的真正意义上的人

（中考题为：文章结尾处，写到刚参加完父亲丧礼的望龙却写不出"奔丧"一词的意思，"只得留下空白，付之阙如"。你认为此处的空白仅仅只是试卷上的一处空白吗？你还想到了什么呢？请你谈谈自己的感受）

师：这节课我们其实完成了两个问题，一个是张老师的人物形象，另一个是小说的主题。你们觉得小说主题是什么？

生：我们要培养"个性健康、情感丰富、人格完善的真正意义上的人"。

师：需要怎么来培养？

生：老师、家庭亲人。

师：还有社会氛围的营造。所以，确实如有同学说的一样，这篇文章很特别，表面写父亲，实际上通过这个故事，谈的是亲情的教育。

师：还有一个问，就是标题"清明"有什么含义，注意从时间、主题等等来思考。

阅读教学中提出问题的主要目的，是要引领学生开展阅读活动，深入理解文本，在问题讨论中学会阅读。阅读教学以问题探讨为引导，其主要目的还是在于培养学生的问题意识。有位外国教育专家说：教学的最大成功，就是让学生有了问题。

这一组群文阅读主题是《不一样的母亲》，一共选择了这样的6篇文章：《应聘》《母爱的温度》《母爱的颜色》《母亲的背影》《母亲的额头》《32个未接电话》。现在我们集中起来阅读，删除了那些烦琐的应试问题，我们只是单纯地阅读。学生阅读之后，我们开始探讨。（节选部分课堂实录）

应聘

生："我觉得第一篇里面的母亲太溺爱孩子了。"

师："为什么？从哪些细节描写看出来的？"

生："她的儿子去应聘，但是我们发现很多的事情都是她帮助自己的孩子做的，反而让人觉得是她在应聘。"

师："能够概括一下母亲一共给孩子做了哪些事情吗？请注意回答问题时候的主语是谁。"

学生讨论，综合，最后归纳为："①两次替儿子领取表格；②替儿子填写表格；③替儿子打圆场；④陪儿子面试；⑤替儿子回答问题。"

师："如果你是招聘主管，你会招聘这样的人才吗？"

学生议论纷纷。

"不会，这样的人太无能了，招进来没有什么用。"

"可是她母亲很能干啊！"

"这样的人缺少应对工作的能力。"

师："为什么说缺少工作能力？"

生："文章说的是应聘销售工作。销售工作需要胆量、口才、随机应变的能力。"

学生在文中通过对人物描写方法的研究，从动作、神态、语言等，找到了多处这个孩子能力欠缺的地方，也归纳了孩子的性格，诸如懦弱、缺少主见、不善言谈等。

师："那我们想象一下，这样的性格是在什么样的环境下培养出来的？"

学生开始在文中寻找，然后讨论。

生："他母亲太强势了，啥子都帮他做完了，并且不信任孩子，不给孩子锻炼的机会。比如填表，觉得孩子的字写得丑，就'接过一看，字迹很是潦草，就生气地说，你怎么这样，不能把字写好点儿吗？'这样其实很打击孩子的自信心。"

生："母亲没有学会放手，'儿子被叫到另外一间小屋进行面试，母亲赶忙跟了进去。'弄得像是自己在应聘一样。"

师："对，这种寸步不离，生怕孩子出错受伤，其实就是'过度保护'。你们有没有这样的经历？"

生："有啊，反正天天唠唠叨叨的，这也不能做，那也不能做。"

师："其实，从刚开始我们归纳的几件事情，我们已经看出这位母亲的教育，有点越俎代庖了，过度保护的结果，就是……"

生："教出了一只乖乖的绵羊。"

师："这篇小说的结尾很有意思：'三天后，母亲终于等来了那家公司的电话，她非常高兴，儿子也十分兴奋。然而，听过电话，母亲却呆了……'有没有同学来给我们讲讲？"

学生讨论了一会儿。

生："我觉得'呆了'，说的是这个孩子没有被录取。因为开始的时候他们都觉得很有把握，倒数第二段写道：'听完母亲的介绍，在场的人都面露微笑。母亲一看他们的微笑，心里就跟喝了蜜似的甜。她知道儿子的工作终于有希望了，于是欢天喜地领着儿子回家等候通知。'这里的神态描写和心理描写，可以看出应该有一个很好的结果的。然而听到电话后，却'呆了'，肯定是没有被录用。"

生："其实我们早就猜到肯定不会录取了。"

生："我觉得还有一种可能。录取的是母亲。"

师："有点意外哈。为什么呢？"

生："首先是母亲的字写得漂亮，其次'工作人员又问了一个问题，你觉得做推销工作需要具备怎样的素质'？是母亲接过话替儿子回答的，'母亲一口气说了十点，毫不停歇，好多竟是工作人员从没听过的有价值的新观点'。这样的话，招聘主管肯定觉得母亲更适合做销售工作噻。"

师："那你们觉得前面两种可能性中，哪一种更有可能？这可是一道中考题哦。"

学生议论纷纷。

生："从小说出人意料来说，可能录取的是母亲，更让人惊呆了。"

师："中考题是这样来回答的：选择母亲被录取，理由可以从文中母亲表现出来的超常能力着手，也可以从既出乎意料又在情理之中的写法着手。选择孩子没被录取，理由可以从母亲的心理落差着手。当然，也有可能两个都被录取了，或者都没有被录取。"

师:"小说没有明确说出来,而是用了省略号,你觉得有什么意义?"

生:"增加了悬念,给读者思考的余地。"

师:"那我们怎么来形容这种母爱带来的影响?"

生:"溺爱对孩子的成长是非常不利的,应该正确的爱孩子。"

师:"其实吧,我们都希望母亲能够事事包办,溺爱我们,那多幸福啊!但是,我们毕竟是要走上社会,迎接风雨,独自面对生活中的种种困难的,那时候我们能够像胡适那样,'独自在荒漠里几十年,没有人来管自己',都可以好好地生活吗?所以,如果我们有一位太爱我们的母亲,也请你努力争取一点自己独立锻炼自己的机会,让自己真正地成长起来。当然,当你无法说服你家长的时候,那就请我来教育教育一下你的老爸老妈吧!"

生:"233333333。"(网络流行语:表示笑声)

母爱的温度

生:"我觉得第二篇也很特别。因为这一篇写的是一个后妈。"

师:"对,后妈是一个尴尬的角色。那文章体现的是对后妈什么样的情感?"

生:"很复杂。既有恨又有爱吧。第二段说'别人都说我们母女情深,可我知道,她是我的后妈,也不曾忘记她以前对我的不好'。"

师:"我们先说说,'母女情深'体现在文中哪些地方?"

学生阅读讨论,最后归纳总结。

生:"第一段集中写了后妈对我的好。第一段'我10岁时,她偷偷塞给我的糖块要比给弟妹们的还多;我13岁上初中时,她常步行十几里路给我送来饭菜;16岁我考入中师,她逢人就夸我聪颖好学;我22岁结婚时,她不顾儿女们反对给我准备了丰厚的嫁妆;我34岁被丈夫抛弃时,她曾拿着菜刀为我拼过命讨过说法;到我40岁以后,她仿佛变成了我的孩子,紧紧依赖着我舍不得离去……'"

生:"第十段'子女都工作后,她的四个儿女其实都过得比我好,她却固执地挤在我不足70平方米的房子里,为我训骂孩子,为我与邻居争吵,甚至把兄弟姐妹们塞给她的生活费悄悄攒起来给她的外孙做学费'。"

师:"对,喜欢和谁住在一起,最能体现出这种感情的深厚,用一句话说就是'和你在一起舒服,惬意',只有感情好在一起才会感到舒服。还有句子吗?"

生:"第八段'此后,她看我的眼神温柔了许多,甚至当着她亲生儿女的面亲我的脸蛋,说我是她最贴心的乖女儿'。"

师:"这些都是比较概括的描写,可以说是略写。我们说世界上没有无缘无故的恨,也没有无缘无故的爱,那这位后妈是因为什么原因改变了对我的态度呢?"

学生阅读,讨论,回答。

生:"因为我分鸡蛋给她。'她惊诧了片刻,继而一把搂住我,当我回头时,却看到她满脸的泪水'。"

师追问:"这句话有什么含义?大家注意回答问题的思考方式和答题技巧。"

生:"找重点词,找人物描写,找修辞手法。"

生:"'惊诧'是继母对'我'分鸡蛋给她的行为感到吃惊,然后用'搂住我'来表示自己的激动,此句表现了我的举动让母亲既吃惊又非常感动的情形,这是感动的泪水。"

师:"很好。其实我对这一部分很感兴趣,我们一起来朗读这一部分,然后我们来分析。"

三十多年前,鸡蛋是那么稀罕,可那次父亲竟一下子捎回五个熟鸡蛋。在饭桌上,她小心仔细地剥开蛋壳,每剥好一个鸡蛋,她都会放在鼻子前深深地吸口气,说:"好香啊!"然后再一一递到她的四个儿女手中,一边幸福地欣赏他们狼吞虎咽,一边不时地骂道:"慢点吃,噎不死!"

最后,她把剩下的小鸡蛋扔到我面前。我小心地剥开,正准备一口吞下时,突然想起我那升了天堂的母亲,又想起刚才她嗅鸡蛋时陶醉而又贪婪的神情,我强忍着口水掰了一半分给她吃。她惊诧了片刻,继而一把搂住我,当我回头时,却看到她满脸的泪水。

师:"这里从人物描写的角度来说,你们来分析一下。"

生:"母亲偏心。把四个大的鸡蛋都给自己亲生的孩子,给我的却是'剩下的小鸡蛋'。"

生:"母亲还给他们都'小心仔细地剥开''一一递到她的四个儿女手中',还'幸福的欣赏',根本就忽略了我的存在。"

生:"'骂道',其实不是真的骂,是喜欢、疼爱吧?"

生:"母亲'最后''扔到我面前',看得出不喜欢我,讨厌我。"

生:"而且我的鸡蛋还是我自己'小心地剥开'的。其实我也很想吃,'一口吞下'。"

师:"为什么几个鸡蛋就这么让人难忘?"

生讨论,思考。

生:"文中说了,'三十多年前,鸡蛋是那么稀罕,可那次父亲竟一下子捎回五个熟鸡蛋'。这里的'竟',看得出很不容易,大家都很期待嘛!"

生:"我就奇怪这个父亲为什么不亲自分配,还要拿给自己的老婆来分。"

师:"我也不晓得,可能是怕老婆吧!"(生笑)

刚刚大家主要是找出句子,其实没有形成我们所说的人物分析模式(见表1-21)。

表1-21　文中人物分析模式

母亲	物	动作	神态	语言	心理
对自己的孩子	大的鸡蛋四个	小心仔细地剥开蛋壳、再一一递到她的四个儿女手中	幸福地欣赏他们狼吞虎咽嗑鸡蛋时陶醉而又贪婪的神情	放在鼻子前深深地吸口气,说"好香啊!"骂道:"慢点吃,噎不死!"	爱怜
对我	剩下的小鸡蛋	扔到我面前继而一把搂住我		她满脸的泪水	忽视、惊诧、激动
我		我小心地剥开我强忍着口水掰了一半分给她吃	强忍着口水		突然想起我那升了天堂的母亲,又想起刚才她嗑鸡蛋时陶醉而又贪婪的神情

这个表格不太精确,但是可以看出一些端倪。

生:"母亲对我和对自己孩子的态度,明显的对比。从动词剥开、递到、扔到,以及从神态、语言可以看出来。所以母亲是偏心的。"

师:"我为什么没有哭闹,为什么没有向父亲求援?"

生:"可能父亲比较软弱吧。"

生:"文中其他的地方,如母亲善于吵架等,可以看出母亲比较的强势、厉害、暴躁。"

师："那就只有忍气吞声了。然而，文中的我却神奇的逆转了情节，依靠的是什么？"

生："给母亲鸡蛋吃，感动了母亲。"

师："难道母亲就这么轻易地被一个鸡蛋收买了？让我们先看看母亲的其他四个孩子对母亲的态度？"

生："根本没想到母亲也想吃鸡蛋。其实母亲也想吃的，'每剥好一个鸡蛋，她都会放在鼻子前深深地吸口气，说：好香啊！'所以说，他们对母亲其实没有感恩之心。"

师："这么说，文中的我就不一样了？文中还有哪些地方看出我的态度不一样？"

生阅读，找出句子。

生："第九段'不敢辜负这么一个厉害女人的爱，我亦从心底去爱她：心疼她，为她洗脚搓背，为她勤奋学习……而她，也像是把对五个儿女的爱全集中到我一人身上，即便我们没有任何血缘关系，但在长达四十多年的共同生活中，我们早已融为一体'。"

师："文中怎么来感悟这样的爱的？"

生："'很久很久，我才明白：我们一直以为母爱是无私的，并心安理得地享用它，却从来不曾想过母爱也是有温度的，你用冷心去触摸它，它是低温的；你用热心去触摸它，它才会燃烧得更炽烈'。"

师："对，这就是文章的主旨。如果我们说说这一句话的含义，以及给我们的启示，你们怎么概括？"

学生讨论，发言之后，我们归纳含义如下：①爱是两颗心的相互温暖，而不是用一颗心去焐热另一颗心。②以心换心才会得到真爱。③母爱虽然无私，但也需要爱的温暖。启示：①我们要多多关爱父母，疼爱父母。②爱不仅仅让我们享受，我们还要懂得感恩与回报。③他人的任何帮助，任何关爱都不要心安理得，付出的人也需要理解和理应得到尊重。师："这就是应对后妈的必杀技吧！人生何尝不是这样？敬人者人恒敬之，爱人者人恒爱之。文中的我用自己的真情，在失去了亲妈之后，仍然拥有了一位胜似亲妈的母亲！"

教学的过程，是让学生发现问题，让学生暴露他们学习中的问题，然后引导他们解决问题，引导他们自己发现错误并从错误中走出来。在这次的阅读课上，我们就是一边"制造问题",一边又一起解决问题。你会发现,在问题的制造过程中我们会紧贴着中考出题的考点,与学生一起预判这类型的文章可能出现的考题。

又比如,我们立即回归到半期考试题。

师:下面我们来总结一下做这一类题的方法,那就是要学会找段落,读句子,联系上下文。

在训练中,我们直面的是"父亲""母亲"形象,多角度、多侧面,全方位立体化的赏析,几乎可以在阅读之后的讨论中,把这形象可能探讨的内容都涉及。这就比单一的篇目讲解有趣和深刻多了。"阅读教学中,教师要能够引导学生学会解决阅读中的问题,培养他们解决问题的能力。如果我们的教师面对文本,能够在阅读中形成自己的问题,我们的学生也能够在阅读中产生自己的问题,那么,拿到中考试卷、高考试卷,面对阅读材料,我们或许就会很自信地想:命题人出的题目,不外乎也就是那么几个,一看,果然不出所料。这样对付考试,也就轻松了。"

四、 玩一把穿越——文言文阅读

教师职业的最大魅力在于,做教师能够按照自己的教育理念,选择自己想教的内容,采用自己的教学方式,进行创造性的精神活动,能够激发学生的潜能并对孩子的精神成长产生关键性的影响,从而获得精神创造的快乐,造就人才的成就感,和影响人的灵魂的意义感。

课外文言文是学生阅读中感觉最枯燥最无聊的,也是考试得分的拦路虎。如果我们的试卷中的文言文考试目的仅仅是"为难学生",那真的没有必要出题了。而事实上,我们是想通过文言文的学习,来让学生继承我们的优秀文化传统,文言文是我们民族的古老语言文字表达方式,掌握了基本的阅读能力,就能够自己亲身体会传统文化中的无限魅力。

这种课型的操作要领在于教师自己的读,把文本读"活",读出"我"来,并把自己读出来的东西变成教学内容,整合、设计为具体的可操作的教学活动。"我们首先应该把自己当成一名读者,去阅读、去理解、去感受。如果从一开始就把自己当成语文老师,很容易堕入"语文教师备课"这种特殊的阅读取向中,也就是语文老师以往形成的集体性的阅读取向。"

我们挑选的文章,也就是要从兴趣出发,来轻松却又不失严谨地回顾文言的相关知识——说到底就是学会理解、翻译文言文。文言词汇和现代汉语既有联系又有区别,因此在课文阅读中去直接感悟,比死记硬背课下注解更有意义,也更容易。

比如阅读《史记》,如果变成查字典的活动,那估计几年都读不完。而我们暑假其实就欣赏了不少的故事。有字词的理解,但更多的是故事的欣赏,智慧的吸收。我们通过故事中牵涉的人物,就延伸到那一篇的某个情节,然后综合起来理解当时的情景,理解人物的性格特点,理解人物为什么会做出这样的行为。

聊到了人物的理想,我们就挑选了刘邦、项羽、陈平、陈胜四个人,看看他们当年的豪言壮语,以及后来的各自结局。

高祖常繇咸阳,纵观,观秦皇帝,喟然太息曰:"嗟乎,大丈夫当如此也!"《史记·高祖本纪》

秦始皇帝游会稽,渡浙江,梁与籍俱观。籍曰:"彼可取而代也。"《史记·项羽本纪》

(陈平)里中社,平为宰,分肉食甚均。父老曰:"善,陈孺子之为宰!"平曰:"嗟乎,使平得宰天下,亦如是肉矣!"《史记·陈丞相世家》

陈涉太息曰:"嗟乎,燕雀安知鸿鹄之志哉!"《史记·陈涉世家》

你看这四个人的遭遇、语气,总是体现着各自三观的。每个人的命运结局,也总是和这些植根于内心深处的信念有关。

我们也探讨陈平的机智与狡猾,探讨周亚夫位极人臣却又饿死的奇特遭遇,看看一个人的性格对人生命运的影响,探讨哪些原因改变了人的命运。

太史公曰:陈丞相平少时,本好黄帝、老子之术。方其割肉俎上之时,其意固已远矣。倾侧扰攘楚魏之间,卒归高帝。常出奇计,救纷纠之难,振国家之患。及吕后时,事多故矣,然平竟自脱,定宗庙,以荣名终,称贤相,岂不善始善终哉!非知谋孰能当此者乎?

而那个大名鼎鼎的周亚夫呢?

太史公曰:亚夫之用兵,持威重,执坚刃,穰苴曷有加焉!足已而不学,守节不逊,终以穷困。悲夫!

就是说他太耿直,又太自满而不好学,能够守节操却又不太谦逊,最终穷途困窘的悲惨结局,让人悲叹。

周亚夫饿死的结局,又让人想起了春秋五霸之首——齐桓公的命运:

桓公病,五公子各树党争立。及桓公卒,遂相攻,以故宫中空,莫敢棺。桓公尸在床上六十七日,尸虫出于户。

齐桓公可以复活的话,会不会也心惊胆战?

我们看书,我们阅读《史记》,从这些故事中感受到了新知,获得了智慧,其实就是最好的收获。至于字词,当然在聊天的过程中,结合课本做了更深入的了解。(记得有个学生说有些故事可能不太真实,那不是我们研究的范围,那是历史学家研究的课题,我们是享受阅读而已!)

下面提供两组我们阅读《史记》的范例:

第一组:"如果那都不是爱。"选取的是有关管仲与鲍叔牙、萧何与韩信的故事,分别从史记的任务传记中摘录,文言文相对较长,这里就不提供原文,只记录当时的"闲聊"。实际上在阅读的过程中,我们是进行了文字的疏通的。

阅读后请回答:

①鲍叔牙为什么对自己的最佳损友不离不弃?

②萧何月下追韩信,爱的是谁?

管仲与鲍叔牙

"生我者父母,知我者鲍子也。"管仲动情地说。

嗯,真正的好"基友"就是,知道你所有的坏脾气,知道你的斑斑劣迹,还是愿意和你做朋友:

"吾始困时,尝与鲍叔贾,分财利多自与,鲍叔不以我为贪,知我贫也。吾尝为鲍叔谋事而更穷困,鲍叔不以我为愚,知时有利不利也。吾尝三仕三见逐于君,鲍叔不以我为不肖,知我不遭时也。吾尝三战三走,鲍叔不以我为怯,知我有老母也。公子纠败,召忽死之,吾幽囚受辱,鲍叔不以我为无耻,知我不羞小节而耻功名不显于天下也。"

天,管仲这样的最佳损友,鲍叔牙竟然不离不弃!能够有这样的朋友,也真是人生一大幸事了。不光如此,鲍叔牙还帮助朋友建功立业,显名于天下,委屈自身以事之,又是何等的谦逊:

"鲍叔既进管仲,以身下之。"

鲍叔牙知人之明,确实值得"多"——赞扬。看看鲍叔牙对齐桓公评价自己和管仲的差距：

"臣幸得从君，君竟以立。君之尊，臣无以增君。君将治齐，即高傒与叔牙足也。君且欲霸王，非管夷吾不可。夷吾所居国国重，不可失也。"

一席话，让齐桓公心领神会，也真的说到了齐桓公的心坎上：奔波劳碌这么久，怎么可能只想做小国之君？梦想还是要有的，万一实现了呢？于是，刚才还对管仲恨得牙痒痒的齐桓公，马上向鲁国发出了挑战书：

"齐遗鲁书曰：'子纠兄弟，弗忍诛，请鲁自杀之。召忽、管仲雠也，请得而甘心醢之。不然，将围鲁'。"

鲍叔牙，难道不知道齐桓公想报一箭之仇吗？然而，要拯救这个落难小弟的性命，真的不易啊！"桓公之立，发兵攻鲁，心欲杀管仲。"如今一席话，却"详为召管仲欲甘心，实欲用之"。还记得曹操对有才干之人的政策吗？要么用，要么杀。其实当年商鞅（公孙鞅）也是差点被杀的，不过是因为昏君魏惠王没有采纳公叔痤的建议而已。这里假装要吃人，正是为了麻痹鲁国国君。为了人才，不惜战争，秦始皇不是也有过么——为了与自己的偶像韩非子见一面，不惜攻打韩国。如今，齐桓公也这样做了，而且干得漂亮。

鲁国国君竟然相信了。不仅如此："管仲知之，故请往。"果然好"基友"啊，心领神会！鲍叔牙的建议，不仅救了管仲的命，还让管仲有了一个发挥自己才干的工作岗位！难怪，管仲把鲍叔牙认为是知己，是重生父母。

看着这则故事，也是"不多管仲之贤而多鲍叔能知人也"。故事的结局是美好的：

"（鲍叔牙）子孙世禄于齐，有封邑者十余世，常为名大夫。天下不多管仲之贤而多鲍叔能知人也。"

"管仲既用，任政于齐，齐桓公以霸，九合诸侯，一匡天下，管仲之谋也。"

"管仲富拟于公室，有三归、反坫，齐人不以为侈。"

看，好兄弟，从开始各保其主——实际上是分别押了注（公子纠与公子小白），不管谁成功，另一个都可以有机会翻本。

这才是好"基友"嘛！是真爱！

萧何与韩信

萧何月下追韩信，多么的执着多么的有爱啊！是不是？

信数与萧何语，何奇之。至南郑，诸将行道亡者数十人，信度何等已数言上，上不我用，即亡。何闻信亡，不及以闻，自追之。人有言上曰："丞相何亡。"上大怒，如失左右手。居一二日，何来谒上，上且怒且喜，骂何曰："若亡，何也？"何曰："臣不敢亡也，臣追亡者。"上曰："若所追者谁何？"曰："韩信也。"上复骂曰："诸将亡者以十数，公无所追；追信，诈也。"何曰："诸将易得耳。至如信者，国士无双。王必欲长王汉中，无所事信；必欲争天下，非信无所与计事者。顾王策安所决耳。"王曰："吾亦欲东耳，安能郁郁久居此乎？"何曰："王计必欲东，能用信，信即留；不能用，信终亡耳。"王曰："吾为公以为将。"何曰："虽为将，信必不留。"王曰："以为大将。"何曰："幸甚。"于是王欲召信拜之。何曰："王素慢无礼，今拜大将如呼小儿耳，此乃信所以去也。王必欲拜之，择良日，斋戒，设坛场，具礼，乃可耳。"王许之。诸将皆喜，人人各自以为得大将。至拜大将，乃韩信也，一军皆惊。

在萧何的眼中，韩信是什么人呢？"至如信者，国士无双。"这可是独一无二的人才啊！人才啊！人才啊！（重要的事情说三遍：人才！）追你，推荐你，因为你是人才，不是因为你是我的朋友。不信，请看：

（韩信谋反被人告密）"吕后欲召，恐其党不就，乃与萧相国谋，诈令人从上所来，言豨已得死，列侯群众皆贺。国相绐信曰：'虽疾，强入贺。'信入，吕后使武士缚信，斩之长乐钟室。"

是谁出的主意？是谁在"绐"——撒谎？萧何呗！这就是"成也萧何败也萧何"的来历。还是那句话，追你，爱的不是你的人，是你的才干，其实也不是爱你的才干，我爱的是老大刘邦。你吗，时过境迁，诚如你自己所说：

（韩信）"果若人言：'狡兔死，良狗烹；高鸟尽，良弓藏；敌国破，谋臣亡。'天下已定，我固当烹！"

这么说，萧何韩信，其实只是工作关系的同事而已，并非出自知己之心。韩信不过是萧何大半夜找来帮助刘邦的走狗而已。这一点，韩信知不知呢？

如果你是CEO，请别自作多情把自己当成了老板的知己，请注意自己的言行，注意自己的职责，做应该做的事情，也请低调自重。司马迁说："假令韩信学道谦让，不伐己功，不矜其能，则庶几哉，于汉家勋可以比周、召、太公之徒，后世血食矣。"（韩信谋反，吕后"遂夷信三族"）

韩信还是太高调了点点。毕竟，你比不过人家曾经那些青涩年华的友谊。（萧何、刘邦、曹参、樊哙等兄弟伙的故事往后会慢慢道来）

看了这个故事，是不是有一种再也不能爱了的感觉？如果是这样，那就回过头读一读管仲和鲍叔牙的故事吧！你会分分钟再次"相信爱"的。

第二组："他们曾经是同学。"这次的古文阅读，我们从《史记》中选择了几对同学：李斯和韩非子、苏秦和张仪、庞涓和孙膑。现代阅读理论认为，文言文具有"文言""文章""文学"和"文化"的一体四面。因此，文言文教学的着力点在四个方面：

①文言文的特点，首先体现在"文言"上；
②学习文言文，实质是体认它们所言志、所载道；
③学习文言文，研习谋篇布局的章法、体会炼字炼句的艺术，是两个重点；
④学习文言文，最终的落脚点是文化的传承与反思。

分别节选了《老子韩非列传》《李斯列传》《苏秦列传》《张仪列传》《孙子吴起列传》，学生拿到阅读资料后，首先自己根据注释来粗读文章，感知人物故事，并利用第一课时进行短暂发言，因为时间关系，我们利用了放假期间让学生完成800字以上的小练笔读后感，要求是可以任选一个人物以及故事进行思考、议论。

然而，我还是喜欢带领大家来阅读，让他们看看我是怎么去感知这些故事人物的。（节选部分课堂实录）

师：我喜欢正能量，所以这几组人物，首先我们来看苏秦，我觉得这个哥们挺仗义的。大家先把《苏秦列传》第一、二段朗读一下。如果有读不准的字音、断句不正确的地方，没关系，我们慢慢来纠正。

学生朗读。

师：再读一遍，注意把声音放开。读，才能让你真正深入到课文。

学生再次朗读。

师：第一个问题，苏秦读书的目的是什么？请用原文词句来回答。

生：第二段"夫士业已屈首受书，而不能以取尊荣，虽多亦奚以为！"

生：第二段"求说周显王"。

师：各位，句子找到了，答案的准确性还要老师自己去总结吗？请注意用肯定句、陈述句的形式，或者关键词来表达。

生："取尊荣。"

师：这就对了嘛。这让我想起了两个人，他们和苏秦的志向不一样，但是都有名句："苟全性命于乱世，不求闻达于诸侯""不戚戚于贫贱，不汲汲于富贵"。这是哪些人的什么文章中的？如果用他们的话来评价苏秦，怎么说？

生：诸葛亮《出师表》，陶渊明《五柳先生传》。

生：诸葛亮会说苏秦"求闻达于诸侯"，陶渊明会说苏秦"汲汲于富贵"。

师：正解！当然，这样的人生追求我们也不能说就不对，个人理想吧！只要他的行为能够同时促进社会发展，不危害社会，我们都应该允许这样的个人自由。

师：苏秦的老师是谁？

生：鬼谷先生。

师：问题太简单哈，其实我是想说，人家苏秦"东周雒阳人"，出国到齐国读书，遇到了有名的教师鬼谷子。也算是个留学生了。人家也是遍观群书的人，还闭门读书。这里我们注意几个词语："期年""自伤""虽""伏"。

师：这第一部分，我们可以说苏秦是一个什么样的人？

生：勤奋刻苦的人，"闭室不出，出其书遍观之""伏而读之""期年"。

生：目标明确的人，"取尊荣"。

生：落魄失败的人，"出游数岁，大困而归"，还被家里人不理解，看不起。"皆少之""弗信"，反正就是没找到工作的人。

师：那个时候的观念是怎么认为的？

生："周人之俗，治产业，力工商，逐什二以为务。"就是当农民或者做商人。

师：但是，苏秦却选择了另外的一条道路，那就是"读书人"。刚才大家概括得不错。下面我们看看苏秦后来的发展。请朗读第三段，读两遍。

师：这个自然段，是苏秦衣锦还乡（其实是路过）的场景。我觉得和前面第二段有几个地方是对比，你们找找看。

学生文中勾画，并探讨，见表1-22。

表1-22　不同人物对苏秦的态度前后对比

人物/动作	前	后
家人	"兄弟嫂妹妻妾窃皆笑之。"	"苏秦之昆弟妻嫂侧目不敢仰视,俯伏侍取食。""嫂委蛇蒲服,以面掩地而谢。"
周显王	"显王左右素习知苏秦,皆少之。弗信。"	"周显王闻之恐惧,除道,使人郊劳。"
苏秦	"出游数岁,大困而归。"	"北报赵王,乃行过雒阳,车骑辎重,诸侯各发使送之甚众,疑于王者。"
从者一人	"子之与我至燕,再三欲去我易水之上。"	"独未得报,乃前自言。"
"笑"	"兄弟嫂妹妻妾窃皆笑之。"	"苏秦笑谓其嫂曰。"

生：第一处是"兄弟嫂妹妻妾窃皆笑之"和"苏秦之昆弟妻嫂侧目不敢仰视，俯伏侍取食""嫂委蛇蒲服，以面掩地而谢"就是家里人对他的态度改变了，变得敬重，甚至可以说是谄媚。

生：第二处是周显王的态度变了："显王左右素习知苏秦，皆少之。弗信。"和"周显王闻之恐惧，除道，使人郊劳。"

师：非常好，大家把最有特点的词语勾画出来。

生：笑、侧目、俯伏、少、弗信、恐惧、除道、郊劳。

师：非常好。那还有对比吗？

生：以前穷困，现在发达了。"出游数岁，大困而归。""北报赵王，乃行过雒阳，车骑辎重，诸侯各发使送之甚众，疑于王者。"

生：我觉得其实第二段的"笑"和第三段的"笑"也是对比。"兄弟嫂妹妻妾窃皆笑之""苏秦笑谓其嫂曰"。（其实这里还可以深入分析两个笑的含义）

生：从者对苏秦的态度也是。"子之与我至燕，再三欲去我易水之上"和"独未得报，乃前自言"以前人家穷困时离开人家，现在人家发达了，就前来要奖赏了。

师：所以，苏秦对社会人生百态有一句太经典的总结，可以说是总结了人性本质："此一人之身，富贵则亲戚畏惧之，贫贱则轻易之，况众人乎！"

师：很好。我觉得这几段里，还有一个很有意思的问题，那就是苏秦的志向选择问题。当我们的人生遇到选择的时候，该怎么办。大家看：周人的习俗就是人应该选择做农民或者商人，做读书人就是离经叛道不合规矩——"今子释本而事口舌，困，不亦宜乎！"这是家里人的看法；苏秦怎么说的？"且使我有洛阳负郭田二顷，吾岂能佩六国相印乎！"这就是观念的差异，梦想还是要有的，万一实现了呢！你们觉得还有什么原因让苏秦实现了理想？

生：是他的个人刻苦努力奋斗。

师：对，这个逆袭来自自我奋斗。然而，苏秦成功之后，更让我敬重。大家找找，苏秦做了哪些事情让人感慨？

生：知恩图报。"散千金以赐宗族朋友""遍报诸所尝见德者"。

生：滴水之恩，涌泉相报。"初，苏秦之燕，贷人百钱为资，及得富贵，以百金偿之。"

生：还有以德报怨。有个曾经离开他，对他不好的人，就算"望子深"，也给了钱，只是放在了最后一个。

师：也就是说，苏秦确实是个有情有义并且宽容大度的人。注意"望"，是埋怨、责怪的意思。所以嘛，我就很喜欢。其实，苏秦"取尊荣"的人生目标，在于尊荣的，不在于恋栈。和他一样羡慕荣华富贵的人很多，我们看看李斯，他也有一句人生名言。大家一起来朗读这个段落。

学生朗读。

师：哪一句？

生：于是李斯乃叹曰："人之贤不肖譬如鼠矣，在所自处耳！"

师：对，李斯面对老鼠发出的喟叹，也显示了李斯的人生观。"一个人有出息还是没出息，就如同老鼠一样，是由自己所处的环境决定的。"也就是说，李斯非常看重环境，担忧自己的位置，所以一旦有威胁自己位置的人，那就免不了下杀手。

生：所以他的同学就遭殃了。

师：那我们看看他怎么看待同学关系的。

生：秦王特别仰慕韩非，还派兵攻打韩国，目的是得到韩非子，"李斯、姚贾害之，毁之。""李斯使人遗非药，使自杀。"毒杀同学，哎！

生：我觉得李斯之所以不顾同学之情，还因为他的妒忌心很强。"非为人口吃，不能道说，而善著书。与李斯俱事荀卿，斯自以为不如非。"

师：荀卿指的是荀子，其实荀子是儒家学派的。李斯完全没有"仁"的儒家精神，并不在于老师，而在于李斯的本性吧！我们再看看苏秦对于自己同学张仪的看法。

生:"张仪者,魏人也。始尝与苏秦俱事鬼谷先生,学术,苏秦自以不及张仪。"也就是说,苏秦也认为自己的游说之术比不上张仪。

师:同样是感觉自己能力才华比不上别人,那苏秦是怎么做的?

生:苏秦帮助张仪到秦国去,然后张仪最后也获得了成功。

师:请用课文原句来说。虽然,苏秦在下一盘很大的棋局。大家把这三个自然段朗读两遍。然后我们来梳理总结。

学生朗读。填表。

苏秦帮助张仪的过程、目的,是不是有点小心机?(见表1—23)

表1—23 苏秦帮助张仪的"小心机"

项目	苏秦		张仪	
	原句	大意	原句	大意
目的	"苏秦已说赵王而得相约从亲,然恐秦之攻诸侯,败约后负,念莫可使用于秦者"	希望张仪到秦国被任用,暗中帮助自己	"此在吾术中而不悟,吾不及苏君明矣!"	自己应该想到但是没有悟到

是不是有点让人莫名惊喜?(见表1—24)

表1—24 苏秦帮助张仪的"惊喜"

项目	苏秦		张仪	
	原句	大意	原句	大意
过程	"乃使人微感张仪"	让张仪到赵国来见苏秦	"张仪于是之赵,上谒求见苏秦"	果然来了
	"诚门下人不为通,又使不得去者数日。已而见之,坐之堂下,赐仆妾之食。因而数让之"	激怒张仪,让他下决心离去	"自以为故人,求益,反见辱,怒,念诸侯莫可事,独秦能苦赵,乃遂入秦。"	气愤地到秦国去了
	"乃言赵王,发金币车马,使人微随张仪,与同宿舍,稍稍近就之,奉以车马金钱,所欲用,为取给,而弗告。"	派人暗中带着车马金钱帮助张仪去见秦王,让他能够被任用	"张仪遂得以见秦惠王。惠王以为客卿,与谋伐诸侯。"	张仪成为秦国客卿

续表1-24

	苏秦		张仪	
过程	"苏秦之舍人乃辞去""臣非知君，知君乃苏君"	功成身退，告知真相	"为吾谢苏君，苏君之时，仪何敢言。且苏君在，仪宁渠能乎！"	答应要求，发誓协助

果然配合完美（见表1-25）。

表1-25　苏秦张仪互助配合

项目	苏秦		张仪	
	原句	大意	原句	大意
结局	"苏君忧秦伐赵败从约，以为非君莫能得秦柄，故感怒君，使臣阴奉给君资，尽苏君之计谋。今君已用，请归报。"	阻止秦国攻打赵国，激怒张仪去秦国，暗中帮助其被秦国任用。顺利完成	"张仪既相秦，为文檄告楚相曰：'始吾从若饮，我不盗而璧，若笞我。若善守汝国，我顾且盗而城！'"	明白了苏秦的意图，答应帮助苏秦，于是转移秦国注意力，准备攻打楚国

师：我们再看看这对是怎么互相评价的（见表1-26）。

表1-26　苏秦张仪互相评价

苏秦评价张仪	张仪评价苏秦
苏秦自以不及张仪（自愧不如）	自以为故人（自认为是好朋友）
张仪，天下贤士，吾殆弗如也。今吾幸先用，而能用秦柄者，独张仪可耳。然贫，无因以进。吾恐其乐小利而不遂，故召辱之，以激其意。	嗟乎，此在吾术中而不悟，吾不及苏君明矣！

师：我们探讨几个小问题。首先，苏秦为什么要这么曲折的帮助张仪呢？

生：帮助别人，不仅仅是要明白其需要什么，更重要的是要考虑到别人对你的帮助的感受。

师：可是张仪来赵国就是摆明了想请苏秦帮助的啊，人家乐意自己接受帮助嘛。

生：因为除了要给张仪面子之外，苏秦还有自己的想法。

……

在这一讲里，我们看到了几对同学的相爱相杀，苏秦张仪可以说是相爱，韩非李斯可以说是相杀，而庞涓和孙膑可以说先爱后杀。

在《老子·韩非列传》里，还有可以类比特洛伊战争的故事，核心就是为了另一个男人。

"人或传其书至秦。秦王见《孤愤》《五蠹》之书，曰：'嗟乎，寡人得见此人与之游，死不恨矣！'李斯曰：'此韩非之所著书也。'秦因急攻韩。韩王始不用非，及急，遣非使秦。秦王惊之，未信用。李斯、姚贾害之，毁之曰：'韩非，韩之诸公子也。今王欲并诸侯，非终为韩不为秦，此人之情也。今王不用，久留而归之，此自遗患也，不如以过法诛之。'秦王以为然，下吏治非。李斯使人遗非药，使自杀。韩非欲自陈，不得见。秦王后悔之，使人赦之，非已死矣。"

为了一个人才，秦始皇竟然动用军队去攻打一个国家……

（史记中有很多故事，其实蛮有趣的，如果你串联起来的话……）

在这场相对较漫长的文言文学习中，我们一直处于一种好奇的探索之中。从教师的角度看，除了对学生的学习活动提出具体合理的要求，还要对学习过程做出及时中肯的评价和具体有效的指导，提供及时的应该的帮助，能够带领着学生开展学习活动。有人认为，一个优秀的教师应该让学生每天都带着一些有思考价值的问题离开课堂。即便学完一个章节或一门学科的知识后，也应该让学生带着一些与该学科有关的仍需要进一步钻研的问题走出课堂，使他们的学习兴趣得以长期保持。而我们这样学习文言文，就是想激发学生对《史记》的阅读兴趣，更进一步的是激发阅读文言文的兴趣。读的本质是一种互动，一种休闲和游戏，是一种盲人摸象式的探索与尝试，更是一种终生的本能行为或阅读习惯。

五、工夫在诗外——回归"训练""杀猪"得法

陆游说："汝果欲学诗，工夫在诗外。"实际上在这一系列的群文阅读中，我们的"裸读"，不是为讨学生欢心而故弄玄虚，而是在这些阅读之后，专门把这些中考题型另行给学生集中研究的。只是，我们通过这样的方法，让学生不是为题而题，而是在"读懂"、理解的基础上，去进行中考的训练。根据研究，学生理解不了、感受不到、欣赏不着的地方，往往就是课文中最紧要的地方，即某一

特定文本的特质所在之处。

而学生要形成所需要的阅读能力，教师必须做两件事情：

第一，培养学生用合适的方式看待特定的文本；

第二，指导学生在这种文本中去看什么地方，从什么地方看出什么东西来。

我们的后续是，在读懂的基础上，根据不同类型文体的特点，学生自行拟题，并尝试做出答案。即使是文言文，也可以按"套路"出题。在学生拟题之后以及设置答案之后，再和中考真题进行对比，研究异同之处。

当然，我们也通过定时测验，来检验学习的效果。教师批改学生的作业，不仅仅是给学生打一个分数，不仅仅是给学生判一个成绩，更重要的是，通过学生的作业样本来检验自己课堂教学的效果，来探测学生学习的经验，来为以后课堂教学的改善，寻求切实的落脚点和入手处。

这样的群文阅读，我们在整个初三阶段将进行有规律的训练，让每一个类型的中考文段都有涉及，让学生熟悉各种类型的文章并能够自设题目自拟答案，力争具有出题人的思维方式，来化解面对文段阅读的恐惧之心。

"瑟瑟发抖"： 阅读兴趣的养成

每次遇到喜欢读书的人，山人都感到"瑟瑟发抖"，太可怕了！

2017年中考直升考试前，一位同学在积累本上写道：自从喜欢上阅读，每周末，我都要阅读两个小时课外书，没有因为直升考试的到来而停止。

阅读，成为我们的习惯，成为我们在忙碌生活中品味宁静生活的最好方式之一。有人说，因为太浮躁了，所以静不下心来阅读。山人以为，似乎这位仁兄因果关系没有找对。应该是阅读，让人宁静下来了。

前面说到的同学能够在紧张的升学考试前，依然保持一种淡定的心态，从容不迫，阅读的力量应该是其中一部分吧。这位同学在直升考试中获得一等奖学金，进入了高中实验班。

家长淡淡地说：我女儿不是什么学霸，只是运气好罢了。

在山人看来，喜欢阅读的人力量是很强大的，至少能够在关键时刻，依然保持气定神闲。山人也看到不喜欢阅读只喜欢刷题的人，总是在关键时刻让阅读能力限制了自己的想象力。

坊间流传这样一句话：高手过招，最终比拼的是语文。

山人以为，语文的比拼，最终是看阅读能力。所以，几年以前，山人在坚持辅导学生写作的同时，开始了阅读习惯的培养。初一初二阶段，学生每年平均阅读量可以达到近300万字。山人以为，有着几十本高质量的书籍做支撑，语文大厦的基础应该是比较牢固的。

那阅读应该怎么来大规模地开展呢？山人的实践经验，就是充分给予时间，开展"白色阅读"——纯粹的阅读，让学生在阅读课上"一人一书一杯水"！教师不要唠唠叨叨，更不要轻易发表自己对某本书的评论，就让学生阅读！也不要动不动就是记笔记，就是写读后感，累不累啊？

请问老师，你每年阅读过几本书？请问家长，你每年阅读过几本书？只听你们唠唠叨叨，说读书的好，可是你们自己阅读了吗？这就是差别！山人是要和学生一起阅读的。正所谓行动才是最好的说明！

至于家长常常唠叨的要写读后感，其实是需要阅读达到一定的程度以后，在我们的探讨与激发中，学生自然愿意用文字的方式记录下自己的思考。山人也看到，身边喜欢阅读的同事，在文字表达上的功底都不差。

有时候，教师和家长都比较着急，也把这种急功近利的情绪带给了学生，学生常常说：老师，我读了好几本书了，怎么还是写不出来东西啊？几本书就写出来了？你好厉害！

山人这些年来的文字，可不是读了几本书就写出来的；更不是看了几篇碎片化的在公众号、微博之类上的文章，就写出来的。山人以为，读整本的书，才是系统化学习的最好方式。更何况，山人更喜欢纸质书，"大丈夫坐拥书城"，实乃快哉快哉！

孩子，你慢慢来！但知行好事，不必问前程。你所读过的书，总是会慢慢地融汇在你的气质里，流淌在你的语言中，成为你不可或缺的一部分。

喜欢阅读的学生和山人交流起来总是很愉快的。特别是都拥有积极向上的思维模式，都拥有宁静致远的人生规划的学生。当然，山人也在用自己的方式，在班级中潜移默化地培养这种阅读的习惯。

有些学生的阅读面广，加上家庭教育境界很高，学生也去观过世界，山人也会从交流中，深受启发。当然，也会觉得是一种幸运，是学生促进了自己的成长。

有人说，小孩子就是要多玩耍，才会有幸福感。山人不完全赞同这样的说法。玩耍，是成长的一部分，因为玩耍也是探索世界的一种方式，和同龄人玩耍更是培养自己的人际交往能力，是融入社会的一种最好方式。

小孩子的幸福感，也会来自感受到自己学有所获，感受到自己更加强大的喜悦。学习，甚至是艰苦的学习，也是一种成长的必需品。合理的就是训练，不合理的看成是对自己的磨炼。希望我们每个愿意面对困境的人，都能够明白这一道理：那些不能将我们击倒的，终将使我们强大。

阅读，让我们从现实的浮躁中暂时脱离，开始与智者对话，与智慧碰撞，不再受到时空的约束，而能够体察到这个世界的种种奥秘。

阅读面要广，不能只局限于文学类的，其实读得越庞杂，越容易从不同的角度来思考问题，越能够多侧面地了解历史与人性，让自己的思维模式调整到开放模式。开放的思维，往往就容易产生"灵感"，积极面对问题、解决问题。

营造阅读的环境，就是把唠唠叨叨的督促，变成轻松安静的陪伴。

很喜欢简书上的这一段文字：

"我害怕阅读的人。我祈祷他们永远不知道我的不安，免得他们会更轻易击垮我，甚至连打败我的意愿都没有。我如此害怕阅读的人，因为他们的榜样是伟人，就算做不到，退一步也还是一个，我远不及的成功者。我害怕阅读的人，他们知道'无知'在小孩身上才可爱，而我已经是一个成年的人。我害怕阅读的人，因为大家都喜欢有智慧人。我害怕阅读的人，他们能避免我要经历的失败。我害怕阅读的人，他们懂得生命太短，人总是聪明得太迟。我害怕阅读的人，他们的一小时，就是我的一生。我害怕阅读的人，尤其是，还在阅读的人。"

这下子，我看到阅读的人，不禁"瑟瑟发抖"。

烧脑： 阅读的层次

　　习惯了浅阅读的人，是很难接受烧脑作品的。就犹如现在很多人了解历史的方式，不是阅读著作，而是通过看电视剧，尤其是宫斗剧，把戏说的故事，当成了历史的真相。

　　真正决定人与人之间差距的，是一个人的思维方式。如果我们长期都讨厌深层次的思考，只想过"平淡的生活"，什么都让别人思考好了，我们"只需要行动"，那么我们就会逐渐地失去思考的能力。

　　生活中也常常见一些人，无论多么简单的事情，他都只听命行事，就算是发现了不合理或者不高效的地方，他也不愿意思考一下，及时汇报或者及时改变。美其名曰"按规定"，实际上是呆板和偷懒的表现。在布置工作中，我们常常只会告知做什么，达到什么效果，这中间的行动过程，一般是不会详细介绍的，也没有必要介绍。这就要求我们，要运用自己的智慧来解决行动方案的细节问题。

　　当然，作为布置工作的人，也有几种选择，有些时候不适宜告知行动的目的和意义，有些时候是可以告知我们做事的初衷，希望达到的效果，让做事的人在行动中，以此为标杆，灵活处理遇到的事情。头脑中时刻有事情需要达成的目的感，有效果意识，善于根据实际情形，及时调整思路改变方法，做事情的效率就会大大提高。

　　当然，这需要人的责任感强，需要有主动完成任务的习惯，要有善于观察思考的意识。善于思考，还要敢于行动，立即行动。没有行动，无论你有多么好的想法，都是白搭。又要"烧脑"，又要行动，自然就不太轻松了。但是，我们会发现，真正动脑筋做事情的人，是为了寻求高效率做事的方法。

　　阅读，也是有层次之分的，有些学生永远都在"故事会"级别里面，没有故事没有情节的，就看不下去。有些学生却能够阅读更为复杂的作品，能够从这些烧脑作品中，得到收获。实际上，也是让自己的思维能力得到了提高。这就是为什么在给学生推荐作品时，山人除了一般的纯文学的作品，也会逐渐推荐带有思辨色彩的书籍，甚至鼓励学生多读杂书，天文地理、政治经济类的都会有。

　　教科书上的知识，只能是最基础的，是常识性的知识。纯文学的作品，学生所获得的又多半是欣赏，不容易让人的思维进行复杂的运作。一般的文学作品，学生阅读的时候，往往只注重情节或语言，阅读速度很快，留下深刻印象的方面较少。而经典的作品，往往需要我们反复阅读、反复思考，终见其中奥妙。

学生阅读面越广，所知道的知识就越多，如果能够通过阅读更"烧脑"的作品，引导学生综合思考，那么这些知识才能真正地融入了学生原有的认知结构中。换句话说，也许这才是让自己的知识"固化"的方式。

当然，实际阅读过程中，烧脑作品阅读起来，速度比较慢，因为太艰深，甚至一个句子读了半天根本不知所云。山人的办法是，先一个字一个字认下去，不要回头，读完作品。如果觉得必须要理解，那就重新再读一遍。一般来讲，当你读了几本这类作品，渐渐地就能够有所悟了。以后读起来，也不会如第一本那样生涩那样痛苦了。

山人第一次阅读法律类作品的时候，真是痛苦；第一次阅读经济类经典著作时，真是读得咬牙切齿。如今，再读这些作品，竟然有淡淡的喜悦之感！熟悉，就容易产生亲切感，也就不会有那么大的心理恐惧。其实，在阅读过程中，如果把一般的娱乐作品，和"烧脑"作品交叉阅读，则效果好很多，既不显得累，又会扩展自己的阅读面。

山人这些年来，阅读面已经发生了很大的变化，从当初的大众文学作品，到如今变得更为专业和"小众"书籍，并且乐此不疲。

让我们在"烧脑"的路上越走越远！

愿意与你分享：梦想与书

阳光依旧，照亮桌前那些美好的句子。

"这世上有两样东西是别人抢不走的：一是藏在心中的梦想，二是读进大脑的书。"

喜欢这个句子，是因为它说出了我仅有的两样东西。楼下大学就要搬走了，取而代之的将不是宁静的校园，而是喧闹的商业场所。所有一切都可能在岁月中变得陌生，变得模糊而无趣，行走在人生路上的时候，有多少东西可以带走？

藏在心中的梦想，似乎可能在岁月流逝中，在世界迷离诱惑中，渐渐遗忘。就是我们常常说的，因为走得太远，而忘记了当初为什么出发。然而，无论如何，当你为着自己的梦想在不断地努力时，当你被梦想激励而忘却旅途疲劳困倦的时候，别人是抢不走的。每个人出生时，都是原创，但是走着走着，就成了盗版：你要学习刘亦婷，长大后你要成为比尔·盖茨，成为乔布斯……那还是你吗？心中的梦想，属于自己的梦想，坚守她，那么你就是你，你永远是你，你就是原创！

读进大脑的书，强盗都抢不走的。这话在小时候就听爷爷奶奶说过，可谓耳熟能详了。然而，我们是否记得把这样宝贵的财富，在年轻的岁月里多多地积累？我们常常忙着回忆"书到用时方恨少"，却忘记了现在就把书装进自己的脑袋，以备不时之需。

读进自己脑袋的书，当然是别人无法抢去的。不过，山人很愿意和别人分享。这个年头，有多少人愿意聆听别人唠叨呢？书吧里的人，主要是聊天、打牌、抽烟，不是来阅读的。高升桥书虫吧里，倒是读书的人很多，不过太嘈杂，感受不到读书的宁静。记得有个暑假，常常在那里消磨时光，发现读书成本太高，消费的物质资源，都够自己买几本书了。于是，渴望打造属于自己的读书空间，有阳光，有音乐，有咖啡，有逍遥椅，有愿意分享读书的人。

让自己喜欢读书，其实也不是难事。有的人对书本有一种恐惧症，那是因为对书的体验不佳。如果感受到读书的乐趣，感受到读书对我们生活产生的积极的影响，感受到书其实离我们的生活很近，那我们就会不由自主地爱上读书。

因为恐惧，所以我们选择了远离；因为远离，所以我们对书本越来越陌生。就如，怕蛇的人，一直远离蛇。如果你不小心就成了动物园的饲养员，每天和蛇打交道，渐渐地也就因为熟悉而不再恐惧了。

　　这也是查荣茨的"接触效应"的表现，如果是人际关系，可以因为多接触而增加喜欢的程度，所谓日久生情；其实，读书也是一样的。当我们抱怨没有时间读书的时候，是否习惯于把书束之高阁多年了？买书只是一时激情而已，看书只是口头说说而已？把书放在你身边，从每天的熟悉出发，从每天的几页开始，尝试着和书成为朋友。见面的机会多了，对书的了解多了，自然而然就不再恐惧了。

　　学生时代，那些特别讨厌的科目，其实就是因为远离而恐惧，因为恐惧而越来越远，最后错过了热爱的机会！每天看一看，旧书不厌百回读，熟读深思子自知，那些公式定理，那些含义深刻的文段，也在不知不觉之间就领会了。这小小的获得、小小的体会，反过来激励着我们继续探寻、继续阅读。熟悉，就不会恐惧，就不会陌生，就成为知音。当每天的阅读成为习惯，你就在积累着无尽的财富，那是别人抢不去的财富。

每天只做一点点：阅读量安排

为什么我们安排每天朗读五则文言文，而不是每天背诵五则？因为从小任务做起，然后接受这件事的事实，你便会发现小小的一步并没有开始想的那么难，也会发现继续下去也不难。想一想，如果要求每天背诵一则，听起来很了不起，但实践中有多少学生能够做到？相反，如果仅仅是朗读，则难度变为字音的准确以及能够每天坚持。这是个小目标，只要稍加督促就可以做到。

每天只做一点点，并不是降低了难度，而是极高的难度，是培养良好习惯，是化繁为简，是化难为易，是先养成习惯，再将其培养得更强、目标更高。从现实来讲也更具有操作性，少量多次，间隔反复，不正是熟读成诵的前奏吗？这是务实的表现，是真正做事的方法。相信，通过约三十天的朗读，学生的文言文语感一定会增强，即使这些课外文言短篇，无法背诵，但也是极熟悉的了。熟悉了文字，就会在下一次遇见的时候，关注其他的重点，也就是更深入理解课文了。

安东尼·罗宾说："塑造你生活的不是你偶尔做的一两件事，而是你一贯坚持做的事。"也许，这次朗读活动，更大的收获在于培养一种敢于在家朗读的习惯，并因此让部分学生，从此愿意尝试不同的学习方法，探索自己能力的边界，打破思维定式，从而养成开放思维，打开视野，向更自律地学习迈进。

这种"不可思议的方法"，就叫作"微习惯"，从小事开始和消除巨大的期待值带来的压力，是我们取得成功的秘诀，而且效果很好，所以我们要尽可能保持。你可以通过每天只做一点点的方法，获得意想不到的成功。只要开始行动，你便有机会做得更多，当行动成为习惯时，你会在不知不觉中达到曾经觉得可望而不可即的目标。

一点点，你可以的。重点来了，每天坚持，你能够做到吗？

自律学习与习惯养成方法

自律的学习，需要有严格的时间观念，在制订学习计划的时候，应该细致且有执行的可能性。

比如，给自己规定每天学习 2 小时，就不能太笼统地安排"2 小时"，考虑到精力高度集中的情况下，长时间学习容易带来疲倦感，应该把这 2 小时进行合理的分解。比如，采用 30 分钟一段的方式。在计划中，时间规划为四段："1 学习 30 分钟""2 学习 30 分钟""3 学习 30 分钟""4 学习 30 分钟"。定好闹钟，完成就划去一项。这样就把学习变成了四个时段，在学习时间容易被打断的情况下，专注地学习 30 分钟是完全可以做到的。除非特别紧急的事情，远离手机，不受干扰。而且，这样也方便把这个时间分配到全天的不同时候，既灵活有效，又充分考虑到自身学习专注度的需要。做到学习的时候，能够全情投入，大大提高了效率而又不容易感到疲惫。每次"消除"一项任务，都在积累"成就感"，学习的信心倍增。

事实上，"学习"这个安排，还是比较抽象的，如果我们对自己近期的学习内容有具体的安排，那么在填写学习内容的时候，还可以描述为："学习'民事诉讼法'30 分钟""学习'诉讼文书写作'30 分钟"或者"阅读《遥远的救世主》30 分钟"，这样可以把自己的学习范围作明确安排，避免了学习的随意性。

持续不断地学习，才能够让自己养成良好的学习习惯，也让自己的专业知识学习在有计划的执行中形成积累效应，构建自己的知识系统。

化繁为简，从最简单的着手，立即行动。

有一种说法是，为了养成自己的良好习惯，要从"微习惯"做起，就是把某个学习目标分解，把细分的目标再次规划为可以轻易上手的行动计划。这样，自己的执行力就会更强。即使是厚厚的一大本专业书籍，也可以在规划中，让自己一页一页地完成——当然这样说太低估我们自己的潜力了。这里想要表达的是这样的一种观念：枯燥乏味的专业书，也是可以啃完的，就从"认字"开始，坚持读下去，到后面很多概念也就明晰了，一些不理解的专业词汇，反复出现就不那么"打脑壳"了。

有人提出了这样的一种看法：把目标降低，低到可以直接就能上手去做，让自己行动起来，保持一个行动力，避免持续性拖延，只要行动了，我们的大脑也会下意识地坚持。这不仅仅是针对学习，实际上对于我们要完成的所有任务，都可以采取这样的方式。"开卷有益"，至少你打开了书本，认认真真看完了第一页，接着再看一页，就是胜利。要写文章，打开电脑，敲出第一行字，就是胜利。

在养成慢跑习惯的时候，你不是忙着购买各种跑步装备，其实不是最重要的。你要做的是，首先到达运动场，站上跑道，迈开步子——即使是小碎步，动起来。前几次跑步，不必一定要跑多久，跑多远。跑跑停停，走走停停都可以，至少你行动起来了。要坚持下来很简单，就是到达运动场，小碎步跑起来。先做到这一点，坚持下去。

如果开始的阶段，计划很宏伟，跑得累得遭不住，恐怕后面好长一段时间你都自我安慰"等我身体好了再去跑"，这样其实完全不是养成好习惯的方式。前面的一段时间，到达运动场，动起来最重要，跑到自己感觉满意了就可以，在这样的环境中，你会感受到运动的愉悦感的。连续运动一段时间以后，你慢慢地适应了跑步的节奏，喜欢这种轻松但是又有一定运动量的活动，自然而然就会坚持下去。

阅读习惯的培养也是如此，先翻开书，看上两页再说——有些人说一看书就要打瞌睡，那就看两页吧！慢慢地，你就会发现要多看几页才会打瞌睡——没关系，坚持看两页再打瞌睡！别怕嘲笑，别自我放弃！坚持一段时间之后，你就会有新的收获！

所以，我们不能被自己的"梦想"给"吓死了"，有些目标看起来遥不可及，但是你认真思考后，把目标分解下来，分解到你当前可以做的每一个小动作，然后开始第一个动作，坚持下去。这样就慢慢接近目标，你也不会因为目标太过遥远而中途放弃。因为你所做的每一件事情都会带来成就感，你也在享受前进过程中的乐趣。

急功近利，往往欲速则不达。不如放宽心，但知行好事，不必问前程。在这个过程中，要保持慎独的思想，凡事独立自主，不要总想着可以依赖别人。你当前的行动，正在塑造着你的未来。你把目标分解之后，常常做的基础工作，就是铸就你未来的坚固的基石。

记住，把你最宝贵的时间和精力用在你真正值得关注的事情上。

第二部分

红汤锅（麻辣锅）：征战考场必杀技

板块一： 再也不用担心你的作文了

　　这一系列文章，凝聚了诸多不传秘籍，以及学长学姐们当年作文学习的心路历程。通过对语文学习心态培养、习惯养成等方面的阐释，让你掌握作文进阶秘诀！

激发写作热情，轻松辅导作文
——班级文学社辅导方案

内容提要：主要介绍班级文学社的组建、运作方式，以及如何辅导学生的作文。强调给学生搭建写作的平台，创造体验成功的环境，培养学生作文写作能力、修改能力，鼓励学生读书和积累，以办班级报纸来巩固写作成果。同时介绍了自己辅导中获得的一些经验。

关键词：班报；修改；积累；培养

一、背景介绍

这是在班级基础上组建的文学社，本人作为语文教师兼班主任，对学生情况有较深刻的了解，对学生有充分的选拔、支配的权力；同时在人际资源上有可供调配的能力，因此文学社的组建以及相关事务的处理更容易。本方案就是对这次活动的总结。

如果是学校的文学社，由于成员的分散性，师生间共同的时间较少，则组建以及开展活动要困难一些，但是方法大同小异，也可以借鉴。

二、组建

（一）人员选择

选择 5 名学生，要求：①有较强的责任心，对文学社活动很感兴趣。②语文基本功较好，有一定的写作基础，文笔在班级中处于中上水平。③周末回家有较自由的时间上网，且家长支持学生参与活动。

（二）主办班级报纸《雨虹》

（1）刊物名称的确定，编委会讨论，拟出若干名称，与指导老师一起挑选出满意的一个。

（2）稿件来源，编委会成员每次必须写至少一篇，指导老师从班级作文中选择优秀的作文，考场作文。

（3）文章录入，将稿件分发给编委会成员，利用周末回家时，输录、上传汇总。

(4) 校正修改，将文章打印成校稿，由编委会成员逐一修改，校正。

(5) 排版、出版，由主编汇总以后，分类排版。然后由家长协助印刷。

三、活动辅导过程

(一) 创设一个让学生作文成功的环境

文学社稿件收集以后，是为了给学生一个学习的机会。教师以一个引导者、朋友的心态来欣赏作文，最重要的要学会理解和尊重学生对生活的认识和情感体验。教师不是批改作文，而是欣赏作文，不以挑剔的眼光来审视学生在作文中表现的思想和感情。可以指出作文的问题所在，并帮助其找出原因，给予"范围""方向"性的修改指导。作为指导教师，最主要的是发现、发掘学生在作文中所表现的语言表达、思维发展的优势和特长，并帮助其发展。我很少对作文"精批细改"，最响亮的口号是"只改错别字"。最忌讳把教师的观点强加给学生，让学生的作文过于成人化而失去青春朝气。

教师以欣赏的意识和心情来评价学生作文。看到优秀的作文，甚至只是"璞玉"，也表达自己的欣赏甚至激赏之情。可以是在课堂上公开表达，也可以私下和学生交流，引起学生情感的共鸣。欣赏的眼光和心态，易于通达学生的心灵，让学生感受到尊重、理解的快乐，往往会影响学生的写作态度和精神生活。

对学生的作文的评价要恰如其分，富有个性。对于有潜力的学生的作文，无论好坏，都应该正面肯定习作的可贵之处，并以充满激情和希望的语言，增强他们不懈努力的信心，让学生乐于接受，并努力去修改作文，激发学生积极参与文学社活动，并从中感到乐趣。

这样，学生参加文学社就不会感觉又进入了作文培训班的压力，也不会觉得是班主任和语文教师给予的负担，不会产生为文而文的念头。相反，会感觉到参加这项活动，是展示自己的才华、表现自我的平台，是一种成功的体验。

(二) 作文修改能力的培养

文学社选择的作文，不是给教师增添额外的改作业的负担，而是体现教师作文"放手"的技巧。指导教师嘛，当然就是动动嘴为最高境界了。把批改作文的权力交给学生，既能够激发学生的积极性，又能够使学生互相借鉴间接增强学生作文的能力。首先要从编辑开始培养，其次逐渐地推广到任何有佳作的学生。

第一，原作者初步修改。对于发现的佳作，教师先对该作文提出表扬赞赏，然后顺势提点修改的建议，让学生自己先修改。并指点出修改的要求，最基本的是标点符号、错别字、病句、语言润色。并叮嘱学生尽可能保持原作风貌，不可全盘推倒重来，目的在于减轻学生心理负担，提高对作文的认可度，保持写作的信心。

第二，文章录入以后，打印成样稿，然后再由原作者校正并第二次修改。经过作者修改的作文最终形成报纸的备用稿件，集中以后，交由编辑们逐一轮流修改，这时候的要求就要更高了，而且指定一定的修改标准。借鉴的标准如下：

（1）文章的格式正确。标题、段落等符合要求。

（2）错别字修改。勾画出来，并将正确的字写在旁边。当然这其中有的是原稿就未改出来的，有的是录入错误。

（3）病句修改。在病句下划上横线，写出病因在何处，既可以做出修改，也可以交原作者修改。

（4）标点符号错误。强调句号、引号、感叹号、问号等几种符号的使用。

（5）标题与文章选材和中心是否搭配。可以修改题目以适应中心，也可以调整材料以适应题目。选材注重是否围绕中心、是否符合生活实际、是否有典型性。

（6）文章结构。要求层次段落清晰、过渡自然、开头和结尾照应。

（7）表达方式、修辞手法等的运用是否符合要求。

（8）语言是否简练、通顺、准确。

对于后四条，在修改的时候要求编辑们特别的慎重，以免造成对文章原意的损害。教师重在辅导学生熟练修改，从修改中体会出作文的方法。

（三）作文写作与文学素质培养相结合

由于是班级文学社，创建的目的并非只培养文学爱好者，而是期望通过有声有色的活动，推动班级语文学习的氛围，提高语文学习的兴趣，提高学生的写作能力。因此，作品的选择与课堂作文训练多有同步。

1. 仿写训练

我们在课堂教学中，往往会在新课结束以后，要求学生就某点发表自己的看法，写成小作文。这种仿写片段的练习，切莫单纯地当成作业，完成以后就算了。而是从欣赏的角度出发，对学生的习作进行品评，鼓励写出新意，写出独特的体验。教师要提供相应的指导，由于作文比较的短，练习的目的也很明确，所以很易修改和品评。有出彩的语句、文段要及时地鼓励、选用，可以激发学生的写作热情。

如，我在学习了一篇文章以后，可能会让学生写点读后感，对于这样的短文，也有可能被报纸选用；在学习了诗歌、散文诗以后，就集中为学生讲如何欣赏现代诗、散文诗，比较课文的主题思想、写作手法、意象选取等，既是对本单元的教学总结，也进行了作文的指导，还让学生模仿写作，更增添了学生的兴趣。

这种方式，避免了学生独自创作的时候在命题以及技巧上的盲目性，也达到了对课文的深入理解，常常有很多的佳作出现。在教学中，这种小练习的机会很多，可以让学生保持一种写作的心态，并不断地锻炼技巧，从实践中悟出写作方法。

2. 每周一篇作文训练

我将课本要求的作文训练题，以及本期相关参考资料中的作文题目全部集中在一起，进行分类整理，制订写作培训计划。这种方式，没有抛开学习的阶段性特点，让文学社的活动和教学计划同步，达到一举两得的效果。每周写作大作文一篇，字数要求不少于800字。

每次作文之前，我都要进行辅导。命题后辅导的作用在于：帮助学生梳理记忆材料。学生作文不同于一般的成人写文章，更不同于创作。它不是产生在有感而发的，不是在预先积累了很多材料后自己命题而作的，而是一种外来的，出于外在要求而写的。他们原来的记忆储存是潜在的，零散的，这就要通过辅导激活记忆，诱发联想、想象，拓展思路，才会使学生感到有话可说有材料可写。

通常是对某类作文题目进行分析，把握这类题目的特点，掌握审题技巧，如审标题，注意题目的限制性；审文体，明确表达方式的选择；审写作要求，包括注意事项、提示等。然后学生讨论如何可以写得更好，以多审题、精写作作为宗旨。

3. 指定学生写作

为了丰富报纸的版面内容，往往需要一些学生写作指定的内容，如反映校园生活、反映对某件班级事件的看法等的文章。这时，要特别注意激发学生的写作兴趣，指导方法、耐心点评，协助修改。在这种单独的交流中，完全可以"与学生侃写作"，加强师生交流，拓宽学生的写作思路，提高写作技能。同时也让学生感受到了老师的关心，有了"我能写好作文"的信心，对写作的热情又高了很多。

（四）做好阅读与积累，练好内功

1. 阅读

大量的事实证明，阅读是增长知识的有效办法之一。要提高语文水平，培养能力，发展智力，光靠教材的阅读是远远不够的。学生由于学习压力较大，没有更多的时间大量阅读，我就采取了鼓励读"元典"的方法，就是要求学生至少选择一本有代表性的名著进行阅读。比如初中阶段我要求在四大名著中选择一本，认真地研读，熟悉之后，写作一些读后感。可以选择评价人物，也可以评价写作技巧，还可以研究其中的环境描写等。这样，学生可以有一定的底气来谈论文学，欣赏文学，借鉴写作。

在今后的指导中，我还准备让学生阅读古典经典名著，或者研究某个作家，让学生有机会接触更深刻的思想，提高自己的见识水平。在教学中，我也注重结合教材，向学生推荐作家作品，或者就作家作品提出新的看法，引导学生以现代人的眼光来思索、鉴别，让古典作品焕发新的光辉，也启发学生个性化的阅读这些古典名著。

对于文学社的编辑，他们的阅读兴趣一般都比较的强，我更多的不是限定他们的阅读方向，而是提醒思考阅读的收获，阅读后有新的发现，有新的感受，并把这种感受及时地记录下来。在报纸的版面中，特别的留足这种阅读感悟文章的位置。也给了其他学生鼓励，榜样作用明显。

2. 积累

教师还应要求学生每个学期背诵一定数量的古诗词，要求学生在阅读中摘抄妙文佳句，多做一些笔记和卡片，这对增强学生的词汇量，激发思维，丰富语言，大有好处。

我知道，如果全班学生都准备积累本，即使我每周批改，也未必能够起到作用。因为总是有学生在走过场，是敷衍了事的。因此，除了教学需要外，我一般不会这么去增加自己的教学负担，增加自己生气愤怒的机会。做积累的分成了两拨：一拨是喜欢写作的同学，我选择了班级喜欢写作的同学（没有编辑），给他们说，他们的作文很有发展的潜力，但是在基本功上仍然需要夯实，于是提供了学习的方法，那就是积累，让一名责任心强的学生每周收积累本，老师每周都根据情况写上自己的评语；第二拨是班级中学习成绩较好，很有发展前途的学生，作为班主任对他们的鼓励，希望他们也进行积累，提高语文的水平，在平时也多对他们进行作文指导。这两拨学生各自有自己的想法，但是对于积累都比较的认真，每周都认真地做好，老师也省心。在他们的积累本上，老师通常结合其在学习上的表现，评语中提出希望，指出方法，或者解答疑惑，总之让学生感到了对他们的关心和帮助。

积累的内容，一般都是老师指定加自由选择。指定的如：初中阶段要求背诵和掌握的诗歌，课文中出现的诗歌以及教学补充的诗歌；教学中出现的名人名言、典故；教师分类挑选的写作材料等。这些资料，部分由学生自己查找，另一部分由教师整理复印给学生。学生也可以自由选择，但是必须在指定的内容完成以后，根据自己的兴趣爱好选择。根据班级的情况，这些学生通过积累和反复的温习，确实能够起到促进作用。教师的积累要求同教学是相配合的，不仅对写作有用，也起到了对课堂学习的巩固作用，考试成绩逐渐地提高了。

四、 文学社活动中的一些经验

班级的文学社是从初一下学期开始的，每学期出版报纸3期，大概一学月可以出版一次。后来报纸的版面扩大了，质量有了很大的提高，连编辑们在修改的时候，都觉得现在的作文比以前好多了。学生的写作积极性很高，有时一次作文收上来，教师查阅的时候，觉得很多的作文都可以发表，难以割舍。积累了一些经验，现在分享如下。

（一）不要急于求成

记得第一期报纸出版时，几乎都是编辑的作品，版面也很小，质量更不高，在班级中也很难选出像样的作文来。常常为了填满版面，只好把基本合格的作品拿来凑数。这时候，我没有责怪学生，更没有批评编辑们不努力。相反，我开始更多的关注编辑们的写作，并指定一些有潜力的同学为小报写作，通过鼓励、提拔，让他们从写作、修改、发表中感受到成功。这样不断地努力，到第三期报纸的时候，我们的作品就基本上达到了要求，同时也不再闹稿荒了。编辑们在教师的鼓励下，能力得到了提高，看着报纸受到教师同学的称赞，干劲也越来越大。教师一定要有耐心，相信通过培养，一定会成功的，不要把这种活动办成面子活，办成教师争名的工具。

（二）注意多发现和培养写作苗子

班级文学社是通过文学社带动学生写作，带动学生学习语文。因此，除了编辑们外，教师要多发现和培养写作苗子，扩大稿件来源。其实，就是把文学社做大、做好。班级文学社除了编辑们是教师钦点的，是固定的外，其他成员是不固定的，也可以说没有成员，只有领导班子。几个编辑的文章显然是不够的，这时，就要鼓励学生写作。首选的对象应该是班级作文突出的学生，平时练习、考试中有了优秀的作文，多鼓励、"怂恿"学生修改。我们的宗旨是班级任何人的优秀作文，都有机会上报。我选择了两拨人做积累，其实也就是把这些学生看成了文学社的成员，虽然他们中不是每个人每一次报纸上都有作品发表，但是对于这些学生的作文，给予更多的关注，给予更多的发表的机会，就能够提高他们的兴趣。现在班级中有近20人在做积累，加上编辑，近30个学生团结在一起，为写作"疯狂"。每次报纸上的作品，大概有近30人的贡献，基本上达到了锻炼写作、普及写作的目的。

（三）及时出版刊物巩固写作成果

报纸如果没有及时的出版，时间一长，学生见不到自己成功的果实，就会失去兴趣。因此，我要求编辑们克服困难，及时的整理、修改、排版和出版。在这点上，得到了家长们的大力支持，特别是我们主编同学的家长，每次都认真指点孩子排版，有时候甚至亲自操刀上阵，让版面设计更美观。报纸出版后，我在家长会的时候，发给家长看，让家长也鼓励自己的孩子多写作，让孩子的作品得到家长的认同和称赞，这样学生的写作热情又得到了提高。当报纸成为学生了解班级写作情况的窗口，成为同学写作成功的见证后，也可以激发其他学生的写作欲望，成为下一个写作苗子。

我们创办刊物，还向其他班级赠送，向领导赠送，让班级报纸的影响力扩大。为此，又鼓励学生说，为了不丢我们的面子，大家一定要努力，写出高质量的作文，结果激发了学生的争强好胜的心理，是很好的激励方法。

（四）编辑们的固定联系

除了在班级中，编辑们可以随时联络外，我们还专门开通了一个QQ群，作为网上编辑、排版等的地方。学生自己输入文字以后，就把作品上传到共享，主编汇总、排版，大家都可以在共享中下载来修改，提出意见。同时，也是大家交流写作感受的地方。在QQ中，我一般都不以教师身份自居，还常常和他们说笑话、开玩笑，让学生感受到老师亲切和蔼的一面。我们刊物的编辑出版工作往往就在周末的聊天中完成了。

有时候遇到有的编辑没有及时输入文字，还可以在聊天中善意的提醒，或者发动大伙"教育"，然后大家就继续努力，完成工作。整个活动显得轻松、自在。

五、 总结

在学年结束的时候，我们把所有最优秀的文章收集在一起，并努力做到每个学生都有文章，出版了一本《虹色少年》作文合集，学生都非常高兴。

班级文学社，不仅很好地活跃了学生的课外活动，也展示了学生的才干，当然对班级文化的建设也起了很大的促进作用。学生可以体会到成功的快乐，可以感受到老师的关心与帮助，可以学到更多的知识，提高自己的能力。

班级文学社，也起到了凝聚班级力量的作用，使班级变得更加的团结，更加的自信。作为语文老师和班主任，其实也更轻松，更愉快，何乐而不为呢？

像你期待的评语那样写作文

善思、能说、会写才是真英雄

在写作的时候，人们都想认真地写出一个完美的开篇，于是花很多时间在文章的第一段或第一页，写了改，改了写，而不是先完成整篇文章再进行修改。这种方式过于浪费时间。

又或者，我们在写作的时候，总是想着迎合别人的需要，冥思苦想，结果让文章失去了自己的特色，失去了自己的灵魂——因为它已经不是你思维的结果，而是别人逻辑的文字堆砌。笔者赞同欧阳修的看法：文章多写多修改自工。那么如何去修改呢？最容易记住的，莫过于自己对于文章的评价点——这也是我们头脑中"美文"的标准。既然如此，那么就从转变我们自己对文章的认识观念出发，写写自己"喜欢"的文章。

笔者在作文教学中，设置了这样的一堂作文课。

环节一：给自己的作文写一段评语

师：同学们，你们每个人都拿到了一张空白作文卷，面对这堂作文课，是不是有些恐惧？（学生：嗯……）可能后面听课的老师也有些恐惧，要是这堂课就是大家写作文，那枯坐一节课多无聊！你们这么想，就对了，因为这就是套路。好，我们进行第一步，拿到试卷，慎重地写下自己的名字。

生：写名字谁不会？

师：之所以慎重，是因为你面对的就是自己的直升考试作文卷，你落下的任何字迹都将成为你分数的见证！所以，要慎重，名字要工整、漂亮，要写得自信乐观却又谦虚谨慎。

（学生写完名字，抬起头。老师巡视了一下，有些学生还是写得龙飞凤舞）

师：有些同学觉得，自己名字闭着眼睛都能写出来，所以不用慎重。实际上是没有领悟老师的用意：从写下第一个字开始，就认真对待自己的直升考试卷，认真对待自己即将完成的满分作文，认真对待自己的人生篇章。下面，大家深呼吸，看着这张空白的试卷，想象自己已经认认真真地写完了，阅卷老师正微笑着阅读试卷，打出了满分！那么，你期望老师给出的满分理由是什么呢？换句话说，老师对作文的评语是什么呢？（静默），好，那请在作文纸的最后三排，慎重地写上：

"评语：本文是一篇_____。"

请补充完整老师的评语。

（学生写评语）

教学设想：以面对空白试卷，想象满分作文，然后写评语的方式，来激发学生的兴趣，把学生引入对优秀作文应该达到的标准的思考。而这篇作文是"空白"的，那么这就是学生对自己写作文的潜意识的要求，也就是一个学生对优秀作文应该具备特点的自身认知水平。

思想决定着行动，那么这一初步的思考，就已经显示出各自认知水平的不同，我们通过自己对学生个体的了解，也可以看出认知水平的不同，作文实际水平也确实不同。

所以，开篇就有"激趣"的特点，不走寻常路。

学生写出 50 字的评语，对自己作文认知也有了明确的认识。为后面的提高和升华找到了比较的基础。

环节二：指导评语写法，对照格式重写评语

教学设想：我们展示了教师常用的评语方式，也展示了优秀作文常常用到的评语，其实质就是让学生对优秀作文的特点有更深刻的认识。

模仿是学习的第一步，因此不仅有"通用型"的评语，也有"实用型"的针对不同篇目的具体评语。二者结合，让学生的学习由浅入深，逐步提高。

具体评语的生动有趣，也激发了学生的学习兴趣。

环节三：以中考标准为同学的作文写评语

教学设想：本环节展示中考作文评分标准，从学生自我认知，提升到阅卷老师的标准，不仅是让学生知道"我怎么写"，更重要的是"别人怎么评"。

全班整体朗读数遍中考 A 类试卷的标准，让学生把标准铭记于心，作为写作的方向和标杆。

然后实践，学生批阅同学作文，并写出评语。

身份角色的转变，也是考验学生思维转换的过程，加深对优秀作文的认识。

环节四：修改自己作文

教学设想：这一环节，回归自己作文的修改。面对同学们对自己作文的评价，再根据自己对优秀作文的新的认识，给自己的作文定出"优秀"的标准，重新修改。

本环节增加了常用作文修改符号的复习，并要求运用到对自己作文的修改当中。

前一环节只给同学作文写评语，而不是修改，就在于自己的作文自己更清楚怎么去修改，也更适合自己"涂鸦"。

通过修改自己的作文，全面掌握新标准下作文的写作，这是修改——提升。

环节五：课后作业

自拟题目，写一篇作文。

师：同学们，这节课一开始我们写了一则对自己作文的评语，虽然是想象的满分作文，却也表达了我们的期待。那么，根据本节课环节一写的评语，请大家再次修改自己对满分作文的评语。然后根据评语，来写一篇作文。

教学设想：在前面四个环节之后，学生对于自己作文的评语——"标高"有了新的认识，那么就在这一新的标高下，面对空白作文卷，重新写作一篇作文，实践自己的满分作文理念。

此一环节，既是巩固，更是创新，是对自己作文在更高平台进行思考的具体体现。

字数不用愁：作文中的生长点

题目设计：根据下列提示，丰富情节，生动描写，展示主题。

一次暴雨天，"我"接到外卖员的电话，外卖员称自己可能会迟到并向"我"表示歉意，外卖送达后外卖员再次道歉，"我"见他全身湿漉漉的，就为他送上了毛巾。

由此指出，多一分谅解，多一分礼貌，可以化解不必要的矛盾，可以让社会更和谐。

如何把作文写得精彩，除了语言功底外，还有日常生活经验的积累，让你的作文更合情合理意蕴深厚。

分析一下，我们可以把提示分为几个点，这样可以分别发挥联想和想象，进行适当的扩写。在随后的点评中，我们将直接说第几点，以利于理解。

①一次暴雨天，②"我"接到外卖员的电话，外卖员称自己可能会迟到并向"我"表示歉意，③外卖送达后外卖员再次道歉，④"我"见他全身湿漉漉的，⑤就为他送上了毛巾。

我们来看看节选的学生作文：

例一：

窗外的雨倾盆而下，雨滴砸在地面上发出巨大的声响。突然一阵铃声响起："您好，这里是团团外卖，现在外面在下暴雨，而且在堵车，外卖会比较迟点送到，不好意思。""没事没事。"我对他的处境表示理解。

点评：环境描写，作者是注意到了的，营造了暴雨的氛围，暗示了外卖可能会迟到。简短的对话，直截了当，不啰嗦。外卖员的电话内容具体明确，而且理由充分，足以让人认可。不足：送外卖的小哥一般不会开车，所以骑电瓶车一般不怕堵车，但他们怕某些路段或者涵洞积水太深，只能绕道而行，请作者务必注意。话说，这个时候外卖小哥还送餐，已经不错了，有时候恐怕根本没有接单的！

例二：

一开门，见外卖员不停地道歉，我连忙扶住他，让他赶紧进房。他却十分不好意思,把手中热乎乎的外卖递给我,转身准备离开。我叫住了他,递给他我已经准备好的毛巾,让他擦一下头发,但被他拒绝了。"谢谢您的谅解,但我还有其他单子,您的心意我收下了,再见!"

点评:点③"不停地道歉"描写不具体,完全可以用语言、神态、动作描写以增强生动形象性。点④直接省掉了,咋回事?后面递毛巾是什么?不过,外卖小哥倒是挺有礼貌的,说话也有水平。这里就要提到合理性了:你扶住他干吗?他要摔倒了吗?让他赶紧进房干吗?这么热情,还递给他"我已经准备好的毛巾",天呢,你老爸老妈回家你都没有这么热情周到!这是个送外卖的小哥啊!看看,小哥都被你吓着了,所以尴尬而又不失礼貌地拒绝了你!

另外,这个还是"热乎乎的外卖",还真的奇怪呢,看来没有耽搁多久?这样的话,还真的看不出你是个宽容的人哦!

例三:

　　一名外卖员,头发湿漉漉的,还滴着水,衣服也被打湿了,紧贴着肉。只见他怀里还抱着我的外卖,看到我,连忙把外卖递给我,不停地说:"对不起,对不起!"正当他转身离去之时,我急忙跑进屋子,拿了几张纸巾,塞在他手里。"快擦擦吧,感冒就不好了。"我催促道。"谢谢。"说完,便去了。我站在原地看着他离去的背影,感叹道:"真敬业啊!"

点评:其实小作者语言表达挺好的,总体而言比较生动。点③和点④描写生动具体。合理性方面,"拿了几张纸巾"就比例二的"准备好的毛巾"要真实得多了。想一想,纸巾用完可以丢弃,但是毛巾你还回收吗?你送给他吗?总觉得怪怪的。而且陌生人用过的毛巾,你真的不敢再用啊!所以这个点需要改变题干的提示才行。

其次,人家"转身离去之时",你什么也没说就跑进屋子了,会不会等你出来,外卖小哥已经不见了?这个点需要修改一下,比如添加一句"你等等"。

例四:

　　大概过了10分钟,门外有人敲门,我心想,这谁啊,这大晚上的。但我还是打开了门,我惊了,外卖员的全身都湿漉漉的,但他还是面带微笑对我说:"给,小朋友,这是你的外卖。对不起啊,我迟到了。""叔叔,你等一下。"我飞快地跑去厕所拿了两张干毛巾,递给叔叔并说:"叔叔,这么大的雨天您还来送外卖,应该是我说对不起,是我麻烦您了,您进来揩一下身体，一起吃个饭吧！""不了不了，我还要送外卖。"他再三推辞，但抵不过我的热情，只好留下和我一起吃饭。

点评："大概过了10分钟"，时间太短，不值得你生气发火！点④没有铺开描写，如何让人感动？"去厕所拿了两张干毛巾"，而且还是两张，同学们都笑了。小朋友太热情了，你就吃个外卖，还喊外卖员一起共进晚餐，是不是一个人在家不太安全啊？想找个人解闷？人家是送外卖的！不是来聊天的！你这么做有点不厚道了，耽误人家送外卖啊！人家的时间就是金钱，懂不懂？

"妈妈没回来，回来也不开！"儿歌都耳熟能详，还是要注意安全，不要和陌生人说话，更不要大晚上邀请陌生人到家里来一起吃饭！再说了，外卖员可能也心里嘀咕，这是唱的哪一出啊？会不会有危险？

总的来说，描写还是可以的，只是有些合理性方面要注意。

以上的几个例子，是在写作中需要特别注意的。当然，我们这次的写作重点依然在描写生动上，同时兼顾主题和合理性。后面的几个例子，总体上来说要好一些，同学们可以自行评价一下。

例五：

突然，一阵急促的门铃声响起，我连忙跑去打开门。一看，是外卖员。只见他身着黄色衣服，全身上下都被大雨冲刷了个遍，鞋子也被浸湿了，手中的外卖却只有几滴水。雨水顺着他的头发淌在他的脸上，他却依旧扬起笑脸，一边说着"不好意思"，一边将外卖递给我，还喘着粗气。我接过外卖，对他说了句"您等等"，随即跑进屋里，抽了几张纸巾，递给外卖员。"谢谢！"他接过纸巾，感激地说，然后就转身离开了。

例六：

"叮咚叮咚"，我听到门铃声后，立马跑去开门。只见外卖员全身都打湿了，头发上都滴着水，衣服拧一下都可以出来很多水的样子。他一边喘着粗气一边说："不好意思啊，雨下得有点大，原本的路被淹了，就只能绕路走，实在不好意思啊！"说完，他从怀里拿出外卖解释道："我怕外卖被打湿就一直抱在怀里，虽然还是……"我安慰道："没关系的，你辛苦了。"

例七：

我从房间给他拿了一张毛巾，他先是一愣，回过神来又给我说："谢谢!"我说:"没事。你也不容易,身上都打湿了,小心感冒了,一定给你好评!""谢谢您的理解,只要您满意就行,我先走了。""那你把雨衣带上吧。""那我怎么还你呢?""没事,就送你了。""谢谢!"随后,动作轻柔地关上了门。

总结:生活经验很重要,我们身边的故事,经历过的事情,都有值得我们写下来的。当然,如果是我们没有经历过的,那在联想与想象的时候,就尽量多考虑生活经验,合理地进行情节设计,恰当地运用自己的语言表述形式。描写的生动性和合理性,都很重要的。

而前面提到的这几个点,实际上就是"生长点",是可以进行发挥的,可以生动起来,增添字数的!

这个技巧,你学到了吗?

任性： 古人论阅读与写作

说起写作文，有多少人勇敢地说：我有才，想怎么写就怎么写，想写什么就写什么，就这么任性！

说起来都是泪啊！可是，想要泪如雨下倒是容易，想要下笔千言而不离题则实属不易。倒是苏轼比较任性：吾文如万斛泉源，不择地皆可出。在平地，滔滔汩汩，虽一日千里无难。及其与山石曲折，随物赋形，而不可知也。所可知者，常行于所当行，常止于不可不止，如是而已矣！其他，虽吾亦不能知也。（《文说》）

你问我怎么写作？为什么写出来这么好？苏轼：我不晓哒！反正我写作就是这样哒，文思如泉涌！挡也挡不住！我只晓得想停就停，想写就写！我只晓哒这些了，其他的我就不晓哒了！

东坡先生，你可不可以不这么任性？不就向你这位大文豪问问写作的事情吗？

算了，这孩子，太任性！我们去问问你的恩师欧阳修吧！

顷岁，孙莘老识欧阳文忠公，尝乘间以文字问之。云："无它术，唯勤读书而多为之，自工；世人患作文字少，又懒读书，每一篇出，即求过人，如此少有至者。疵病不必待人指摘，多作自能见之。"（苏轼《东坡志林》）

还是人家欧阳修老先生慈祥耐心："无它术，唯勤读书而多为之，自工。"

第一，多读书。读书养气，读书多了，自然底蕴就有了。腹有诗书气自华，读书破万卷下笔如有神。我们对这些谆谆告诫耳熟能详，然而我们有没有真正地读书呢？好些家长也希望语文老师"多指点孩子写作技巧"，然而却很少提到多培养孩子认真读书，多看书。不是他们不知道阅读是写作的基础，而是他们都希望"速成"——这就是时下的浮躁之风带来的影响。

欧阳修早就看出来了，很多人都觉得写作没什么可以写的，字数凑不够，但是又懒得读书，每写一篇文章就希望是"大作""佳作"，实际上很少有人能够达到。没读书，就犹如蚕没有吃到足够的桑叶，要在最后吐出晶莹洁白的丝是不可能的。

第二，多写作。多写的道理自不必说。只是世人的诟病就是，每一篇作文出来，都希望老师要"精批细改",似乎老师勾画圈点得越多,就越是好老师。不得不承认,这样善于"过细"批改的老师,至少是一个兢兢业业的老师。但是,绝对不是高明的老师。"疵病不必待人指摘,多作自能见之。"有老师觉得,要是我不批改,不是显得我多没有水平?实际上,你批改了,写了很多,也不见得你有水平!最多不过是眼高手低,欣赏水平到了,写作水平其实还差得远!当然,这个也有所谓的应付检查的需要,所以不得不"改"。学生"多作",自然就会发现自己的不足了。作为教师,那重要的就是善于指导学生多作,善于激发学生的写作热情,研究写作的热情,以及交流探讨的热情。

说起这样的任性,其实还多着呢!下面的几位,水平当然有目共睹,而其任性,我们更可见一斑:常说现代人离不开手机,随时都盯着屏幕,有些古人也是哈,上厕所都离不开书,仿佛没有看书就拉不出来一样!这是"病",得治!

  钱思公虽生长富贵,而少所嗜好。在西洛时尝语僚属,言平生惟好读书,坐则读经史,卧则读小说,上厕则阅小辞。盖未尝顷刻释卷也。

  谢希深亦言:宋公垂同在史院,每走厕必挟书以往,讽诵之声琅然,闻于远近,亦笃学如此。余因谓希深曰:"余平生所作文章,多在'三上',乃'马上'、'枕上'、'厕上'也。盖惟此尤可以属思尔。"(欧阳修《欧阳文忠公文集·归田录》)

这是欧阳修《归田录》记载的,是他的同事们的癖好。还总结出了"三上"的写作经验!

"余平生所作文章,多在'三上',乃'马上'、'枕上'、'厕上'也。"就这么简单,就这么任性!其实就是有没有用心,有没有这样的习惯。目前看来,我们倒不是说一定要上厕所都挟一本书,但是这种让自己身边随时都有一本书的习惯,也是棒棒哒。比如,家里随时放一本书,寝室放一本书,在教室也放一本书,你不用天天到处背着书了——如果你不太喜欢背书包的话。对,你也就是"三书"了!当你等人的时候,当你做某事刚好有一个空档的时候,都可以开卷展读。日积月累,当然就储存了不少的"水源",等你需要写作,就可以"不择地皆可出"。

自从开展了班级阅读活动以来,我们尽力保证每周至少有100分钟的在校阅读时间,规则简单:把桌子上的其他的东西都收下去,只保留要看的书,以及笔记本、笔和水杯。干净整洁,清清爽爽,专注于做一件事情。据家长反馈,有些同学不仅在学校里认真阅读，而且回家后也习惯了看一看书。其实这就是一个习惯，当然班级阅读之中，有一种浓浓的阅读氛围，大家都静悄悄地看书，很有感觉。

然而，就提高语文的成绩而言，阅读显然没法"速成"，我们有没有一种静待花开的心态，是非常重要的。只有坚持，才会有希望。上次和一位教师交流，他说曾经有一位语文教师特别注重学生的语文阅读，语文课作业少，讲课精当，开始的时候，不甚起眼，然而到了初二之后，学生在语文上就开始发力了，理解领悟能力、写作能力有了质的提高。

学生在这样的氛围之中，也越来越沉得住，静得下，有思考，才会增长见识，增长才干。三年，没有败坏语文的"胃口"！

山人佩服的是，这得忍受多少质疑的目光的灼烧，多少讨伐的口水的淹没？沉下去，才飞得起来，飞得更高。而这种"我行我素"，不也是一种任性吗？

个性的学生，来自有个性的教师带来的成长氛围！

板块二： 麻辣语文宝典你值得拥有

满满的干货，拿走别客气！作者压箱底的答题技巧及分析解说，倾囊相送！这一系列文章，既探讨了语文学习提分的可能性，又分享了语文学习中的多种题型的答题技巧，背后的原理，去除了语文"玄学"的面纱，坚信语文答题的规律与规范的重要性。

聊聊提分可能性
——窗帘为什么是蓝色的？

"窗帘为什么是蓝色的？"

  原作者：窗帘真的是蓝色的。

  教师："蓝颜色"的窗帘象征作者强烈的被压迫和被束缚的抑郁的思想感情。

  学生：我的分析和语文老师的没有交集，和原作者的意图完全重合！呵呵！

  山人：当作品完成的时候，它已经不完全属于作者了，应该允许别人用多种方式去解读！

  学生：考试规定硬性答案自然就没有意义了，不属于作者不属于阅读者属于出题人。

语文阅读考试的目的是什么？且不说所谓的新课标、老课标的说法，但是就我们人类对知识的学习的目的来说，就值得我们给学生好好地作解释，而不是单纯地对事情是试题的答案进行争论。想想，我们人类对知识的学习，其实所学过的东西大部分在生活中是用不到的，从某种角度来说，就是一种浪费，一种无用功。我们遇到实际问题的时候，有多少是按照书本的指点来做的？如果真的按照书本的来做，一定会失败。

那么，我们处理实际问题的智慧来自什么？难道仅仅是某个人的天赋？其实，我们学习的知识，在这个时候是起了作用的，但是不是那么的明显，因为我们的书本知识对你解决实际的问题起到了一种暗示，一种思维的方向。也就是我们学习的任何科目，不是直接提供解决问题的方法，而是提供一种思维的方式，我们的学习，是培养学生的思维，锻炼提高学生的头脑。刀不磨要生锈，脑袋不用要"秀逗"。科学研究证明，经常使用的头脑会更灵活，思维的火花就会更多，知识越多，如果善于联想善于综合，那么所提供的解决问题的方式就越多。

而语文的文段阅读呢，其实就是培养我们的一种智慧，看过柯南的都知道，要善于从细节来发现问题，找到线索，从这个角度来说，解答语文问题，就是一种高级的娱乐活动。这种高级的娱乐活动，培养的就是一种叫作"社会智慧"的东西。社会智慧，就是能够感知别人和自己的意图和感受。话很纠结，通俗地说，就是学会理解别人，学会懂得别人的意图。考试，就是要理解出题人的意图嘛！而出题人的意图，不外乎是人类的意图嘛，有什么神秘的？

也就是说，最让学生头痛的语文文段阅读，其实是一种高级的头脑运动，是一种培养思维能力的有效方式。换句话说，你就理解为中国版的柯南推理嘛！而对于平时我们学习的推理方法（解题技巧），运用好了，那么就很容易理解社会的一般需要，社会的一般观念了。"窗帘本来就是蓝色的"，推理一下嘛！

其实，我们选择窗帘的时候，有没有偏好？一定有，那其实反映了一个人的性格特点。也就是说，窗帘为什么是蓝色的？其实在作者之前就已经确定了，不是作者的意图可以左右的了。这就是一种潜意识，一种必然啊！我想，柯南也会这样说的！

语文作为长线学科，有没有"捷径"可走？

爱不起来，恨不下去，这就是对语文的感觉。

——无感

语文成绩的提升，依靠的是长期积累，是日积月累，不是赶急可以完成的。因此，当错别字连篇的文章出现在我们面前，当看不懂考试题目的意思而抓耳挠腮的情境出现在考场上，我们既难过又茫然无措。

其实我们都知道，语文综合素质高，对各科的学习都很有帮助；我们甚至深刻地知道，语文素养深厚对将来的人生发展有着不可忽视的重要影响，但是我们仍然因为这个依靠"日积月累"的功夫而无法迅速提升的学科感到抱歉——对不起，既然不是一天可以学好的，那我还是放弃吧！

对于语文学习，我们可以这样来看待它的组成：

长线学科，就是这样的让人烦恼。喊天天阅读看书，没时间啊！喊天天背诵记忆，没兴趣啊！总之，天天做的事情，就是麻烦——除了吃饭睡觉之外。

其实，对于有阅读习惯的人来说，语文学习并不麻烦。

黄庭坚说："一日不读书，尘生其中；两日不读书，言语乏味；三日不读书，面目可憎。"

"微习惯"的养成，是很好的一种进入学习状态的方法。"微"的意思是说，不要给自己树立太宏伟的目标，订一个小目标就好了，每天实现了目标，就开开心心地做其他的事情去了。

比如，每天阅读2页书即可，那就这个小目标，看2页，时间一到，你就可以关上书，心安理得地去刷抖音，看视频，不必有愧疚感。当然，你也可以再读几页，总之2页以后的都是你奖赏自己的！

比如，每天朗读10分钟，就10分钟，中途不准接受任何打扰，你想一想，你又不是日理万机，有啥重要事情，也可以在10分钟后来解决。所以，专注于朗读，10分钟即可。不管是诗歌还是文言短文，不管是名言警句还是优美文段，如果觉得不够过瘾，那就把没有读完的短文读完，把没有读完的文段读完，总之做一个"完成式"，这样比较有成就感。当然你觉得还可朗读一下，有点"停不下来"，再读10分钟也可以。但是，你不能因为今天读了10分钟，明天就可以偷懒不读了，记住，明天还是要朗读！即使你今天朗读了60分钟，明天的10分钟还是不可以省掉！坚持天天朗读，才是基本要求。

就前面举的例子，你会发现，微习惯就是"低目标"，但是长期积累，核心问题是每天坚持。能够做到这一点，你会发现，坐下来阅读、朗读，静心下来还是很容易的。

当然，还是有人更关注：语文学习有没有捷径可走？

如果你坚持要一个答案，那还是可以说，有一些可以辅助的办法，帮助你在语文考试的时候能够可靠地提分。那就是"答题技巧"，也就是我们所说的套路。

比如说到语言运用，很多人觉得比在现代文阅读"更无定法"，简直不知道从何入手。这里有一些技法，你可以看看——原来也有套路。你需要注意的是，这里的套路不是死的，而是一种基本的技法，当你熟练掌握之后，就可以进行灵活运用，更具有个体特点——比如语言个性化、格局更高大。举个例子，对于"开场白""串词""结束语"，这里有一个基本模式，掌握了的话，不怎么上台主持的同学都可以说几句，成为老练的主持人。

又比如说，现代文阅读（记叙文），看看这些答题套路，是不是很眼熟？眼熟还不够，要熟能生巧，要能够给别人讲方法，又能够从文章中找到答案。组织语言，准确地回答问题，尽量分点回答，踩点回答！

最笨却最有效的捷径，就是把它们背诵下来，时不时复习一下，经常在做练习题的时候运用，直至不用思考也能够运用套路表达出来。差不多是说"闭着眼睛答题都答得到基本点"，才算是练好了"凌波微步"，可以自由驰骋策马奔腾了。

成语病句、诗歌鉴赏、文段阅读、语言运用等，都是有一定的技巧的，可惜的是有些同学似懂非懂，好像老师讲过，又好像没有讲，自己好像学过但是又没有学准确。问题就出在，不愿意把自己放低到背诵的基本要求上，自恃"理解了"然后"凭感觉答题"，如果你真的要走捷径，那就一定要踏踏实实背下来，把基本步法掌握好。不然的话，邯郸学步，不如不学！

坚持阅读与朗读，坚持间隔反复复习答题技巧，有了牢靠的基本功，翻山越岭走南闯北都没问题的。这里顺便推荐一位资深语文名师提供的"考试九条军规"给大家，算是对走捷径的一种补充。

语文学习的捷径，你学到了吗？

初中最后一学期了，语文还有救吗

当这个疑惑提出来的时候，山人就知道，这是在为自己放弃做好心理准备。就像日常生活中，我们遇到某个事情需要做决定，于是不断征询别人的意见，张三的建议不符合自己的想法，于是就征询李四的，最后王五说的跟自己想的一样，心中释然，"按照"王五的建议行事。如果成功了，那就说自己果然聪明，料事如神；如果失败了，那是因为王五的建议太臭，原本自己也不想这样的，就是这个时候太容易相信别人了，丝毫没有想过，张三李四不也提出过英明的建议嘛？

实际上，当你不断征询别人的意见时，你不是在寻找答案，而是在寻找支持你的答案，所以最终的行动其实是你自己的行动，是你自己内心已经就有的决策。成功与失败，都在于自己，尤其是失败了更不能推卸责任。

初中最后一学期了，语文学习还有没有救？持这样疑问的人，实际上已经对语文非常功利化了，所以之前应该没有重视过语文的。且不说高手过招最终是在语文学科的说法是否正确，就满分150分的科目来讲，你就没有理由放弃！也不必说这还是中考，将来的高考语文学科仍然是你成败的奠基石，你觉得这一学期就不必认真学习语文了吗？

语文学习重在积累，重在平时，尤其是一如既往地坚持阅读和写作，肯定会让你的功力大增，在语文学科考试中游刃有余。但如果我们确实到这个时间点了，才"幡然醒悟"，怎么办呢？

语文学习的"救场"技巧，还是有的，虽是末技，却也不可偏废。

一、先从课内来，对于不太爱阅读和刷题的同学，只有先培基固本，抓住那些"送分题"

比如，中考一般有拼音、词语、成语、病句、课内文言文选择题，诗词背诵默写，以及名著阅读（碰哈运气）。可以自己准备一本笔记本，把课本中相关知识做一个整理归纳，每次模拟考试前都拿出来认认真真读背一下。课内文言文的注释、课文后面的词语、课下注音等，都在朗读之列。少量多次，间隔反复，最终过目不忘。

二、研究技巧，精选精练，以少胜多的题型

(1) 现代文阅读。记叙文、说明文、议论文，都有常考题型和答题技巧，要善于研究比较各种文体答题技巧的异同，打通题型之间答题模式的壁垒，能够"借用"的要善于借鉴，必须保持文体色彩的要牢牢记住。"记少不记多，不记常态记变态"，融会贯通后，就能够做到信手拈来。比如，三种文体都有可能考到"题目"（见表 2-1）。

表 2-1 不同文体常考"题目"

文体	记叙文	说明文	议论文
题目作用	1. 使用××修辞手法，形象生动，新颖别致，吸引读者阅读兴趣 2. 作为线索贯穿全文 3. 奠定了文章感情基调 ……	1. 点明本文说明对象。说明对象的××特征。揭示说明内容 2. 运用了××，形象生动，新颖别致，激发了读者阅读兴趣 ……	1. 点明本文中心论点 2. 提示本文论述范围 3. 运用××，引起读者阅读兴趣，并引发读者的思考 ……
以上为不完全归纳			

比如这样，你就发现作为题目，常常都会为了"吸引读者阅读兴趣"而变得"巧妙"。说明文和议论文的标题又和"说明对象""中心论点"常常有直接关系，因此可以作为首要考虑的范畴。总之，经过不断的比较和筛选，正确率极高的答案就浮现出来了。

当然，最好是以此为答题模式，再刷题验证一下。

(2) 诗歌鉴赏、语言运用等题型，虽然小题分值不大，考察能力点也有不同，但其中也是有很多的相通之处的。比如说诗歌鉴赏常常用的修辞方法、表现手法，既已经在现代文阅读中得到了锻炼，更会运用到语言运用的仿写中；而现代文中的概括能力，在新闻概括、材料分析等题型中，也是极其需要的。因此，我们这样的归纳总结，就是不断重复复习的过程。而且，在语言运用中，山人创造了"文字搬运工"的方法，简单来说就是善于从题干、文字材料中提取有用信息，编上序号，然后组合起来就可以了。特别适合那些"创新"能力不够强的同学。

(3) 课外文言文，更需要的就是"多见识"，曾经有个学生，中考前两个月，每天花 20 分钟时间（大课间）来做一篇课外文言文，最终考试成绩超出我们的

预料，而该同学也顺利升入重点高中。山人还有一个建议就是，每天朗读两三则，让自己消除那种对课外文言文的恐惧感！

当然，这些都还是要边总结，边实践，不断验证自己的。

二、作文写作

作文写作还有救吗？稳中提升就是你的目标，至于怎么救，且听下次分解。

与其四处咨询是否有救，不如操起笔来，开始整理和记录。我们应该立马开始，而不是永远的"准备开始"。

之所以担心"没救"，只不过是感觉时间紧迫，怕付出"划不来"。实际上，人生没有白走的路，你走的每一步都算数。你所做的每一点对语文的改进，都会对你产生积极的影响，都是有效的！

行动吧！只有你内心确认这样做有效，你才会毫不动摇地坚持下去，也才会有意料之外、情理之中的收获！

小目标： 初三语文目标的制定

进入初三，有的人信心满满，有的人忐忑不安，有的人依旧懒散，有的人不断改变。怎么做，才让这奋斗的一年，有质的飞跃？王子曰："先定一个小目标。"

第一步，要知道你要去哪里，不然就会漫无目的。千里之行，始于足下。出发之前，总得知道自己的目标是什么，不至于迷途失道。每个人自身能力不同，家庭期望值不同，但希望不断进步的目标是相同的。而"不断进步"这个词语，表达得非常模糊，缺少衡量的方式，容易成为怠惰的借口。我们来一个实际一点的，比如可以量化的学科分数，可以预见的直升目标——也要化解为分数。换一句话说，初三的分数也许不能决定我们未来是否成功，但是可能确定我们未来成功的起点在哪里。

第二步，就是要优选出最适合自己的学习方法。这方面，找个"老司机"带带是很有必要的，毕竟经过多年中考的历练，"老司机"警惕性、预见力都比较高，加之技术熟练，可以提供多方面指导。比如，本校直升考试的学科特点，历年考试效果，自己所带班级在这方面的实践经验等，都成竹在胸，随时可以调用相关知识和技能。更能够精心设计练习，以少胜多，选择通向目的地的最佳路径，少走弯路，不至于临阵慌乱。

第三步，说走就走，不要犹豫。宁可在行进的路上，不断地优化学习方法，也不要"万事俱备只欠东风"，东风不来，这辈子就别想前进了。很多时候，师生谈话的时候，慷慨激昂，欢欣鼓舞，跃跃欲试，然而最后一句"我再思考一下"，然后就没有然后了。初三学习，时不我待，有好的点子，有行动的目标，最好第一时间就去做，执行力才能够保证你的梦想成为现实。更不要去猜测"万一失败了呢"，都还没有行动，就把自己的梦想扼杀了，岂不可怕？

举个"栗子"给大家"尝尝"：语文学习。既然是小目标，那就不要动不动就问"如何提高阅读能力""如何提高作文水平"，那些东西，需要日积月累，一时半会提高不了（但是并非没有办法提高），对于很多语文学习困难户来说，培养阅读兴趣、写作兴趣，那是宝宝心中的苦。我们来点可见范围内的提升：

（1）背诵默写的 6 分要妥妥地拿到手。直升中考都有默写题，三选二的 2

分，整诗默写 4 分，考查范围在学期内，是本册课文中的诗词，以及附录诗词十首，算起来真的不多。只要记得到学校食堂在哪里、厕所在哪里、宿舍在哪里的学生，都可以背下来。只要会认字会写字的，都可以抄得准、写得起。唯一需要做的就是，你有这样的决心，做到反复背诵，反复默写和订正，固化在脑袋里，最终可以随时调用，随时满分。一周时间，每天完成一部分，周末再反复来两次，以后每周定期默写一遍，可以确保一学期无忧，如果有兴趣翻检六本课本的诗词歌赋来背诵，确保直升中考这道题无忧。你值得拥有！

（2）拼音字词两道选择题 6 分认真到手。拼音字词，就在于细致而已，最好的方式就是多朗读，六本语文书，课下注解中的拼音收集起来，抄在积累本上，闲着就拿出来朗读一下，既练习了普通话，又促进了记忆，到时候随口而出，不需要想起，又从不忘记。课后词语，难写的也不多，耐心归纳整理一下，闲时看看，用时不慌。当然，喜欢阅读的同学，对于选项中出现的错别字，天然地敏感，自然不在话下，但是特别提醒课文中的一些特殊用法，需要仔细辨识一下，或者找老师核对确认一下。这叫作具体问题具体分析。

（3）名著阅读建立根据地，再行拓展。名著阅读先要熟悉课本上的名著导读，然后再搜罗这几本书的历年中考题，整理出一个范围。如果还有余力，还是建议看看原著。不过，这类题型，有时候防不胜防，所以姑且先建立堡垒——熟悉能够掌握的，再行拓展——其他的根据个人判断，碰碰运气。当然，一般较为灵活的考查方式，就是根据选段先确定作品、人物，然后喊你评价，其实熟悉了前面的知识，这些也"有话可说"，捞上一点分数也是可能的。毕竟这 4 分的题，还是有范围的。

（4）课内文言文，熟悉课文熟悉注解，反复记忆，12 分哦！大概就是四道选择题，或者三道加翻译（变来变去的考查方式），实质是一样的。课下注解提供词语解释和运用两道题的范围，还提供翻译题的答案，熟悉课文理解。其实没有那么难，不就认真听讲的意思嘛？当然做题时候的仔细比较表述中的细节问题，同时思辨能力也重要，宗旨就是不要慌，看完题干，看完选项再斟酌选择答案。

（5）病句和成语选择题，那就多做题吧！久病成良医，不是吗？

这些都是小目标，你完全可以实现的。有了底气，做其他的题型也更有信心。至于说到说明文阅读、议论文阅读，那也都是套路。记叙文、课外文言文阅读，嗯，看你的语文感悟能力。作文吗？欧阳修说，"无它术，惟勤读书而多为之，自工"。就是作文要多读多写多改，久了则自然工整。

与其整天哀叹，不如行动起来，把语文积累本用好、用足，成为知识的海洋，成为考试的宝典，一本在手，直升中考不用愁！

考试，勿被熟悉迷惑

为什么再次出现的题就如曾经那样又做错了？为什么这样的错误总是一错再错？是天意还是命运？

通常，人们做出各种判断，是依据记忆中易于使用的信息，也就是说，信息越容易记起，就更倾向于作为判断的依据。这叫作"可用性启发法"。这就是为什么复习中，我们要求学生多记忆正确答案，尤其是复习选择题的时候。记得考驾照的理论考试的时候，就是只记忆正确的答案，把选项的内容填到题干的空空中去记忆，多看几遍，熟悉了，选择的时候就非常快。反正我是看了一个晚自习后，第二天考99分的那种。记忆对于文科的学习来说，是很有效的方法。反之，如果你还去记忆错误的答案，那么在考试中，由于精神高度紧张，很可能你就不知道记忆中哪个才是正确答案，纠结半天可能还是选错了。

总结：复习简单题型时，只记忆正确答案，做到"本能反应"，无须思考！

有时，我们会惊喜地看到"熟悉"的题，于是在题都没有认真读完的状况下，就立马开始答题，考完后还沾沾自喜，以为捡了大便宜。可惜的是，经同学提醒，才发现某个关键信息被忽略了，这道题"似是而非"！

在尚不确定具体状况的时候，人们就抓住问题的某个特征直接推断结果，而不考虑这种特征出现的真实概率以及与特征有关的其他原因，这种思维方法叫作"代表性启发法"。原本这是一种非常有效的方法，可以省去我们很多时间，迅速抓住问题的本质而推断结果，解决问题。但是，有时候也会造成严重的偏差，那就是如果其中的某些细节有了变化，我们没有迅速地把握住，没有跟进措施，那么就会犯刻舟求剑的错误。如何避免？遇到熟悉的题，先不要得意忘形，而是更小心地看看，有没有与众不同的"陷阱"，正在等你入网！如果确信就是原题，那么可以放心大胆地用已知方法来解决；如果有变化，（一般都会有变化）那么就得具体问题具体分析了。

总结：难题重现，此事必有蹊跷！

对于你不喜欢的科目，你是不是远远躲避？是不是将这门学科的所有资料都压在抽屉底部？是不是万不得已才拿出来瞄两眼？反正不喜欢，何必去触景伤情？而你喜欢的科目，往往都是在第一时间去完成作业，去做好准备？甚至会把其他科目的学习时间，都拿来学习这门"爱好"？以至于就算把自己的娱乐时间用来学习这门喜爱的科目，都觉得是一种快乐？

人们有时会更加喜欢自己所熟悉的事物，而相对不喜欢自己不熟悉的事物。也许这就是我们所说的"日久生情"，你越不喜欢，越逃避，最终就更不喜欢。熟悉，能够让我们降低恐惧心理，最终从容应对，因为你熟悉了其脾气，知道如何去克服了，哪还有什么可怕的？这就是说，如果我们某些科目学习得不太好，不仅不要逃避，反而要多去看看，多去熟悉，日久天长，你就不用害怕了。

同时，人们往往以自己熟悉与否来作为自己判断的依据，这一心理机制被称为"熟悉性启发法"。熟悉性可能是无意识的，就是你每天无意识地参与其中，就会将它视为事物更好的判断依据。

这个原理和前面的"可用性启发法"有些类似，但是又有不同。这里我们强调的是，既然熟悉的东西，我们思维中往往无意识地把它作为判断的依据，那么我们就可以再脑海中多储存一些"经典例题"，把一些经典例题吃透，并且善于"举一反三"，让这个"一"，产生很多种变化，而万变不离其宗，那么就不会害怕了。

记少不记多，这是我们学习中的重要原则。一些重要的原理、法则，都蕴含在某些经典例题中，把经典记住，就等于记住了此类题型的根本。《笑傲江湖》中的"独孤九剑"，就是以此成为经典的。这在理科的学习中，也许优势更为突出。

文科中呢？也是有的。比如，语言运用题中，记住一个比较经典的"情景对话"，你就知道对话的要点，如称呼、语气、要点、针对性、条理性等；记住一个"仿句"，你就知道仿句要注意修辞、句式、前后连贯等要求了。

总结：玩转经典，以无招胜有招。

学习中，不是让你去记住有多少错误，而是需要多记住什么才是正确的。正确的，能够引导我们的思维，矫正我们的行为。多看正确的，才是有效的方法。

与其废寝忘食，不如巧妙地掌握方法，把握学习的本质——改变我们的思维方式，锻炼我们解决问题的能力，让我们能够适应这个社会多变的特点。"丰富环境"中锻炼出来的人，更具备适应能力；做习题、看书拓展，以及旅行、实践，都是营造一个"丰富情境"，让我们在学习应变中变得更加强大！

留心"关键词"才能抓到分

非不能也，乃不为也；非不为也，实乃不善为也！

——题记

　　语文学习的细心，很多人都局限于写字的时候要仔细，尽量不出现错别字；或者就是在摘抄语句的时候，尽量完整，不要出现错漏现象。这些是语文的仔细的一个方面，但是更重要的是审题的仔细、组织语句的仔细。

　　本次考试中，就出现了学生在审题上的不仔细严谨，导致本来可以做好的题，却张冠李戴做错了。

　　语言实际运用题中，读题是很重要的，可以了解答题的方面，答题的格式和内容。

　　第一小题，"在下面的横线填上适当的语句，使之前后连贯通顺"。这道题是仿句训练，其例句是"我会为自己付出了很多努力但成绩就是不见起色而烦恼"，除了我们常讲的要注意仿句中的修辞、句式结构、主旨、前后连贯等，在学生的回答中，发现最大的问题就是学生没有抓住例句中的"但"这个转折，结果仿句花样百出，丢分严重。

　　第三小题，"请根据所给的上联，化用古诗文名句，对出下联，表现成都市北湖之美"。上联是"青城山幽深秀美"。有些学生的断句能力简直让人无语：成都/市北湖/之美，看来是个外地来的学生了，居然有个"市北湖"。在这道题的题干中，对于学生的答案做了提示，最基本的是"北湖"作为下联写作的核心。许多学生就忽略了这点，结果什么都江堰的、峨眉山的都有了。当然，在下联的应对之中，其实还有个高级的条件，就是"化用古诗文"，但是对于初一的学生来说，确实有着难度，教师在改卷中就做了放松。包括对平仄格律也做了放松。

　　第四题有两个问题，一个是情景对话的常见题型，另一个要求对"校园文明建设"提建议。有学生没有注意"校园文明"这个关键词，以为是"对学校有什么建议"，结果写的是"希望学校食堂的饭菜做得更好吃一点"。看来是个吃货，一心关注吃的问题，有选择地忽略题目关键词了！

答案与"包装"

一般来讲，我们在课堂上都是害怕被抽问的，因为我们怕回答错误被别人嘲笑，我们怕自己的发言不合常规而被批评教育，上纲上线。我一直希望课堂是一个可以讨论的地方，是一个可以畅所欲言的地方，是我们各种思想碰撞出火花的地方，首先我们就要保证发言的人拥有完全表达自己的观点的权利，我们应该对发言的人表示我们的尊重。

我们怕学生的回答出格，是因为我们缺乏自信，我们不敢让别人来评论自己的答案。就如当我们坚信某种主义的时候，我们对待不同的意见的态度，很可能就表现了我们对自己的自信程度。事实上，我们"坚信"的很多的教育理念，都是"时尚"，是时尚就可能过时，唯有把"人"放在首位，帮助人成长，那才是教育的永恒意义。

以前，我们把学生发言的回答，看成是对这个学生对错的评价，因此我们都怕自己出丑；如今，我们要改变为这是展示我们的认知程度的地方，闻道有先后，不必为自己的发言是否合规而担忧——重要的是你敢于表达自己的看法，你的发言是经过自己的认真思考的结果。我们一般允许一个问题几个学生先后发言，甚至在课堂上进行争论——目的是引导学生去思考，不是给予他们一个最终的答案。而事实上，在老师的引导下，甚至是开玩笑的调侃中，学生逐渐地就会思考得更加的全面，更加的深入，最终的结果一般还是不会跑出我们的预期范围的——当然有的时候，我们会得到更为令人惊喜的结果。

我们如果培养了这种良好的思维方式，和我们对思考的积极鼓励的态度，那么对于有些问题，学生自己就会去找到答案的，在课堂上完全不必面面俱到，把教参的所有研究都"和盘托出"，都灌输给学生。你都教会他怎么去钓鱼了，还用得着自己去钓鱼来送给他吗？所以课堂上，我们主要的精力是研究重点，把关键点打通，然后那些小据点就由学生自己去扫荡去清除就可以了。此谓事半功倍。对于学生来讲，这样的课堂，也会显得比较轻松，因为重点突出，探讨深入，有充分的时间在课堂上来理解领悟。

有句话是这样说的：与其千招会，不如一招熟。课堂上就练熟了那么几手绝招，遇到问题就不会心慌慌，沉着冷静，见招拆招，甚至一招制敌。教师就是要用自己的专业素养，去训练学生掌握这种思维的武器。

在我们这次的试卷中，学生最大的问题就是，不懂得"包装"自己的答案，让自己的答案显得更加的"专业"。

在包装之前，你要明白人家的"需求"——出题教师的意图、题目的要求。比如最简单的诗歌默写题，题干的要求有"注意写上题目和作者"，但是我们有的同学就没有注意到这一点，常常忘记写作者，当然丢分不可避免了！这是最基本的要求，与我们的知识水平无关，只与我们的细致专注度有关。

又如："请用简练的语言，概括一件小事的起因和结果。"题干的要求很明确，写出"起因""结果"，我们思考的方向就是记叙文六要素中的两个要素。记叙文六要素为：时间、地点、人物、事件的起因、经过、结果。本来很简单的题，但是我们有同学没有注意到这一点，以为是"请用简洁的语言概括这一故事"，于是就回答成了"一句话概括故事内容"了。其实这道题比概括故事内容更简单——只不过就是写故事内容的一部分而已——稍微需要"切割"一下内容即可。

答题的时候，切割是多么的容易，把故事切割成三段嘛！现在只要你写出首尾两段就可以，比你写全部内容少了很多嗷！但是，我们同学没有注意到这一点，好多的人都把故事完整地概括了！这不是画蛇添足吗？

当然，答题的时候，包装是必不可少的，比如这道题，需要的只是简单包装——只要你认真地注明："起因：……结果：……"就可以了，还可以加上序号如"①起因……②结果……"老师在阅卷的时候自然是再清楚不过了，而你有了这样的思维方式，那么在文中去找答案也非常的容易，答案轻松搞定！

这里就让我们要准确地辨别是"概括某一要素"，还是整体回答"故事内容"。作为现代文阅读的第一小题，一般来说都是送分题，非常简单。比如这道题不过就是理解并运用记叙文六要素而已。更进一步的，与之类似的题型，还有情节概括题——出现在小说类试题中。

比如，小说有三要素，其中一项就是"情节"，而情节一般分为四个部分——开端、发展、高潮、结局。现在的考题已经从以前考察"分段"，归纳"段落大意"升级到比较模糊的"情节概括"了。

比如前面的题，还可以有另一种叙述方式：请概括写出这个故事的开端和高潮部分。当然，更多的时候，是让你做填空类型题，即题干中已经给出了四个阶段中的任意部分的概括，让你仿照这一方式来填写其余的部分。既然是"仿照"，那么我们在包装上就要注意，比如说前后的主语是否需要一致？概括语言是否有字数限制？一般情况下，我们的建议是：文中找词语来组合，这样显得你对文本非常的熟悉，同时也表明"答案不在你脑海中，答案只在原文中"。特别是在概括的时候，尽可能用短语构成。经过这样的包装，那么你的答案就比较符合出题老师预设的模式了。

事实上，小说中的情节分四个阶段，就是记叙文中的"事件的起因、经过、结果"的再次划分——把"经过"这一部分细分为"发展、高潮"。小说原本就是属于记叙文嘛！这就叫作一通百通，看你怎么来融会贯通！

在这次的试卷中，我们还看到，考查了"环境描写"这一知识点，当然在出题的方式上可能有一些不同，其考查的核心能力却没有变化。比如，"文章环境描写精当，请你找出文中第三处和第四处环境进行描写，说说它们各自的作用"。事实上，这道题的难点倒不是具体这一处环境描写的作用，因为我们都清楚地知道环境描写分为自然环境和社会环境，而自然环境描写的作用不过就是交代故事发生的时间、地点、烘托人物的心情、营造某种氛围等；社会环境不过就是交代故事发生的时代背景等。好多同学的失误在于：①无法准确地判定"第三""第四"处在哪里；②就算是找正确了，但是没有把环境描写的句子做简单的摘录，而在回答作用的时候，使用了特别空洞的词语——如"这里的环境描写很好地烘托了人物的心情"——我的天，究竟什么样的心情？你让我去猜猜猜吗？这就是答题不够具体，下大包围的毛病。当然，更有同学是"冒菜式"地答题，直接就是"这些环境描写……"其实吧，他根本就找不到那些环境描写的句子在哪里！这样想蒙一点分数，是太低估教师的水平了！

这道题的答案也是需要包装的：首先，要写出"第三处，……（原句），作用是……"，其次，如果这几处的环境描写有一些共同的作用，你可以在最后的时候来做一个总结。但是肯定不能"冒菜式"地一锅煮，否则老师分不清楚你的答案的针对性。实际上，有条理地答题，更容易厘清思路，获得得分点。

再比如《喜旺的年》这一篇阅读题，也有这样的考察点："文中第①③⑥段对雪的描写，在表达情感上有什么作用？"一般来讲，不同的段落中，随着故事的发展，所遇到的环境描写所表达的感情还是有区别的，那么你肯定不能冒菜一锅端了。还是老方法，分别回答，列出"第①段的……表现了……的心情"，以此类推。如果这几个自然段的雪景描写，也有着一些共同的地方，那么最后来一个总结，这样就完美了。

当然，在课堂上，我们还继续研究了小说中的人物描写在试题中的考查方式。作为教师，要善于在各种纷繁复杂的出题方式中，化繁为简，找出规律，也让学生抓住重点，举一反三，达到对答题技巧的深刻理解。

而答题技巧，不过就是学会如何包装我们已经知道的东西而已。

板块三： 答题技巧总篇

"上士闻道，勤而行之。""虽有至道，弗学，不知其善也。"希望您是一个勤学善学的读者，当然也可以"大笑之"，不过，笑过之后还是要紧接着学习的。毕竟，这是考试实践中得出的答题之道，有着其不可忽视的实用效果。尤其是诗歌鉴赏技巧、现代文答题技巧（记叙文、说明文、议论文）、语言运用答题技巧等，可谓"招招制敌"，得分"手到擒来"。

一、现代文阅读

（一）记叙文阅读技巧略解

市面上有关记叙文阅读答题技巧的书籍很多，而且都很详细，更有相关篇目作为示范，是很值得选购一本来边看边学边做的。在这里，《麻辣语文》所给予的是最简单的东西，但值得你死记硬背下来。如果你再结合学校老师的指导与训练，相信会对这些抽象的东西有更深刻的体会和领悟。运用之妙，存乎一心。

这些重要技巧，以较为形象的图片方式展示，这里就不过多地做解释。当然，这些都是在考试中常见的，请务必引起重视。

"标题作用"，一定要结合文章内容，分点进行回答。我们一般的建议是，你把这主要的七种可能性，分别去套用，看看哪些比较合适。实际上，这也是我们做题的思考方向，有助于我们的答案更完整。比如，如果你回答"贯穿全文的线索"，那么就要回答"标题中×××是贯穿全文的线索"；如果回答"概括了文章主要内容"，就要回答"概括了文章××××的内容"。一定要具体，要有与文章相结合的内容（如图2-1至图2-18所示）。

标题作用（妙处）
1. 运用____（比喻、拟人等）手法，生动形象，设悬吸读（送分）
2. 贯穿全文的线索
3. 揭示叙述对象
4. 概括了文章主要内容
5. 暗示了文章主旨
6. 一语双关（既指……又指……）
7. 交代故事发生时间、地点、环境、背景

标题含义
1. 表层含义（字面义）
2. 深层含义（比喻义、引申义）

图2-1　记叙文——标题作用及含义

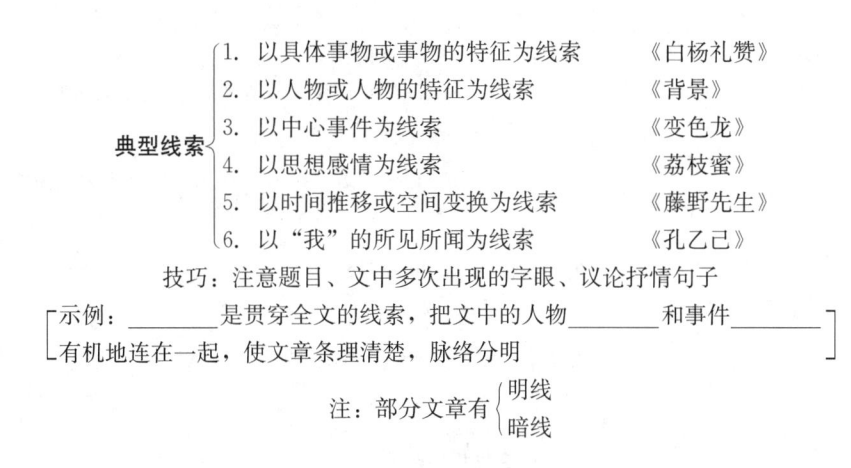

典型线索
1. 以具体事物或事物的特征为线索　《白杨礼赞》
2. 以人物或人物的特征为线索　《背景》
3. 以中心事件为线索　《变色龙》
4. 以思想感情为线索　《荔枝蜜》
5. 以时间推移或空间变换为线索　《藤野先生》
6. 以"我"的所见所闻为线索　《孔乙己》

技巧：注意题目、文中多次出现的字眼、议论抒情句子

[示例：_____是贯穿全文的线索，把文中的人物_____和事件_____有机地连在一起，使文章条理清楚，脉络分明]

注：部分文章有 { 明线 / 暗线 }

图 2-2　记叙文——线索

"段落作用"答题的时候要注意这样几点：首先，是审题，题干中如果只说"某某段有何作用"之类的，则要分别从"结构上""内容上"进行回答；其次，如果题干要求是明确的结构上或者内容上，初按照题干的要求回答其中一种即可；最后，在回答内容上作用的时候，关键点在于概括，与作用联系的段落都需要分别概括。

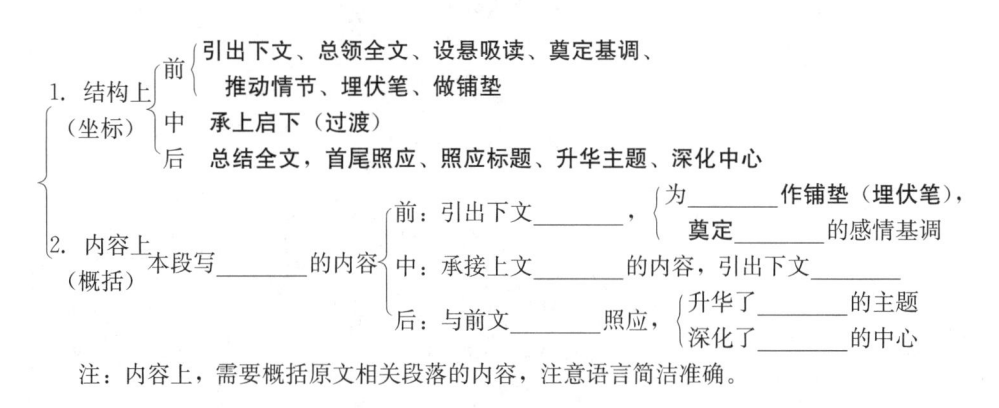

1. 结构上（坐标）
   前：引出下文、总领全文、设悬吸读、奠定基调、推动情节、埋伏笔、做铺垫
   中：承上启下（过渡）
   后：总结全文，首尾照应、照应标题、升华主题、深化中心

2. 内容上（概括）本段写_____的内容
   前：引出下文_____，{ 为_____作铺垫（埋伏笔）/ 奠定_____的感情基调 }
   中：承接上文_____的内容，引出下文_____
   后：与前文_____照应，{ 升华了_____的主题 / 深化了_____的中心 }

注：内容上，需要概括原文相关段落的内容，注意语言简洁准确。

图 2-3　记叙文——段落作用

```
┌ 第一人称      便于直抒胸臆（亲切感、真实感）
│ （我）        ①便于直接抒情；②能使读者产生一种真实、亲切感
│
│ 第二人称      便于情感交流（拟人化）
┤（你、你们）   ①便于抒发作者的感情；②拉近与读者的距离，便于沟通交流；
│              ③把物拟人化
│
│ 第三人称
└（他、他们）   便于叙事和议论，不受时空限制（客观性），自由灵活
```

图 2-4　记叙文——人称作用

```
┌ 顺叙（事情发展先后）        有头有尾，条理清晰
│ 倒叙（先结果，再从头叙）    设悬吸读，使之生动（①制造悬念，更能引人入胜；
│                                              ②避免叙述的平板和结构的单调）
│
│ 插叙（中途插入相关事）  ┌ 1. 回忆往事，追述过去 ┐ 补充情节
┤ （文中）（基本事件之外）┤ 2. 交代来历，人物身世 ┤ 丰富形象
│                        └ 3. 作解释，表变化     ┘ 突出中心
│                       （①补充交代了……情节，使文章内容更丰富；
│                         ②衬托了……；③与……照应；
│                         ④更好地表现了人物……的性格）
│
│ 补叙（补充交代）(基本事件    表达主题，结构完整，
└ （文中或文末）  之中，关键）  行文跌宕，出人意料
                                          ↓（作用）
```

示例：写_____的内容，运用了_____的记叙顺序，_____。

图 2-5　记叙文——顺序及作用

```
┌   谁      +      事件       （必要时可加时间、地点）
│ （对象）        （做什么，怎么样）
│                 （动词）  （结果）
┤
│ 例：鲁提辖   +   拳打    镇关西
└  （人物）        （事件）
```

1. **语言简洁**　人名（代词）+动词+宾语
2. **仿照例句**　（主语尽量一致）

```
        ┌ 谁  +  做什么       +       结果
   模式 ┤
        └ 谁  +  地点（时间）  +  做什么  +  结果
```

图 2-6　记叙文——概括事件

情节 { 开端　③引起故事的原因　　　　注意事项
　　　 发展　④受何因推动，激化矛盾的　1. 例子的表述形式（结构、字数）
　　　 高潮　①最精彩　　　　　　　　　2. 主语尽可能前后一致（题干要求）
　　　 结局　②人物的最后命运　　　　　3. 原词组合（文中词语）

概括方法
　　　　　　　　　谁　＋　事（做什么，怎么样）
　　　　　　　　　（①②③④为思考顺序）

图 2－7　记叙文——情节概括

方法：外貌、语言、动作、心理、神态、肖像
示例：

这里运用_____，（描写方法）通过_____等词语，
　　　　　　　　　　　　　　　（表现描写方法的词，如动词、修饰词）

→ { 生动准确（细腻）地写出了_____的**性格**（心情）
　　　　　　　　　　状况
　　　生动形象写出了_____的**特点**，表达了作者_____的**感情**
　　　　　　　　　（性格、形象）

图 2－8　记叙文——人物描写

{ 1. 外貌（容貌、姿态、服饰）
　2. 动作（个性化动作）　　　　展示精神面貌，体现人物性格
　3. 语言（个性化语言）　　　　表现思想、精神品质、性格特点
　4. 心理（内心感受、意向、　　挖掘思想感情、刻画人物性格
　　　愿望、思索、思想斗争）　揭示人物内心
　5. 神态描写
　6. 肖像描写

示例：运用_____描写通过_____等词语，生动形象刻画了_____的_____特征（性格、心情）

图 2－9　记叙文——人物描写作用

"心理活动"，特别注意如果是要求代入角色，描写某人的现场心理活动，则回答中"题干人称"应该是角色的名字，注意心理描写使用第一人称，以符合要求。另外，还需要在前后文中，发现能够暗示人物当时心理需求的词语，把这些词语恰当地组合起来，就可以成为题目的答案。使用文中的词语，更能够体现出结合原文，贴近其思维活动的特点，也更真切准确地表现人物现场的心理活动。

1. 描写人物**现场**的心理活动
示例：
　　　　　　　　　（联系上下文，扣住人物思想感情）
＿＿＿＿想：我＿＿＿＿＿＿＿
（题干人称）（第一人称）（从文中勾画出词语组合）
2. 心理**描写**及作用
示例：
运用了心理描写，通过＿＿＿＿等词语，生动细腻地写出了＿＿＿＿的心情，表现了＿＿＿＿的性格（形象）

图 2—10　记叙文——心理活动

环境
　自然环境（景物描写）
　　1. 交代时间、地点
　　2. 渲染氛围
　　3. 烘托心情
　　4. 提供背景、推动情节
　　5. 暗示中心，表现人物性格（形象）
　社会环境
　　1. 交代时代背景（典型环境）
　　2. 暗示人物命运

↓

示例：①描写了＿＿＿景，＿＿＿＿＿＿（作用）
　　　　（概括内容）　（添加文中具体信息）
②描写了＿＿＿的环境，营造了＿＿＿的氛围，抒发了＿＿＿的感情，突出了＿＿＿的主题
　　　　　　　　　（渲染了）

图 2—11　记叙文——环境描写

问：1. 分析加点词表达效果
　　2. 赏析句子（从……角度）

析
1. **修辞**：比喻、拟人、排比、夸张、反复、对比、对偶、反语
2. **人物描写**：外貌、语言、动作、心理、神态、肖像／**环境描写**：自然环境、社会环境
3. **关键词**：从动词、形容词、叠词、大词小用、贬词褒用等

示例一
这是一个＿＿＿句
　运用＿＿＿修辞手法，＿＿＿地写出了＿＿＿特点，表达了＿＿＿
　　　　　　　　　　　　　　　　　　　　　　　　　（感受）
　运用＿＿＿描写人物，＿＿＿写出＿＿＿心情（性格），表达了＿＿＿
　描写了＿＿＿的环境，营造了＿＿＿的氛围，＿＿＿＿＿＿
　　　　　　　　　　　　　　　　　（环境描写作用解度）

示例二
＿＿＿一词本义是＿＿＿，在文中指＿＿＿，生动准确地写出了＿＿＿的特点，表达了＿＿＿

图 2—12　记叙文——语言赏析

顺序
1. **按方位**：由远及近、由内到外、由上往下、从前到后
2. **按时间**：春夏秋冬　景物形成过程
3. **按整体和局部关系**：全景→局部→全景

赏析
1. **景物特点**　　细部、局部：变形、变色、变味
2. **从感官**　　　视觉、听觉、味觉、嗅觉、触觉等特点赏析

图 2-13　记叙文——景物赏析

1. **对比**　　　将____和____形成鲜明对比，突出人物（事物）____的特点
2. **象征**　　　文中____象征____，使文章立意高远，含蓄深刻
3. **伏笔**　　　对即将出现的____事件做暗示，为情节发展作铺垫
4. **照应**　　　文中____和____前后照应，使文章结构严谨，主题更鲜明，
　　　　　　　　故事情节更严密
5. **烘托、渲染**　表现了____的环境，营造了____的氛围，抒发了____的感情，
　　　　　　　　突出了____的主题

图 2-14　记叙文——常见表现手法

1. 句式
   1. 疑问句　设悬吸读
   2. 设问句　提问思考
   3. 反问句　加强语气
   4. 感叹句　抒情强烈

   这是一个____句，起到了____的作用

2. 修辞作用
运用了_____手法，_____写出_____特点，表达_____感情

3. 重点词语
"_____"一词，写出_____特点，表达_____感情

4. 表达方式（记叙、议论、说明、描写、抒情）
运用_____表达方式，写出了_____特点，交代了_____（事件）
　　　　　　　抒发了_____感情
　　　　　　　点明了_____主旨

图 2-15　记叙文——句子含义

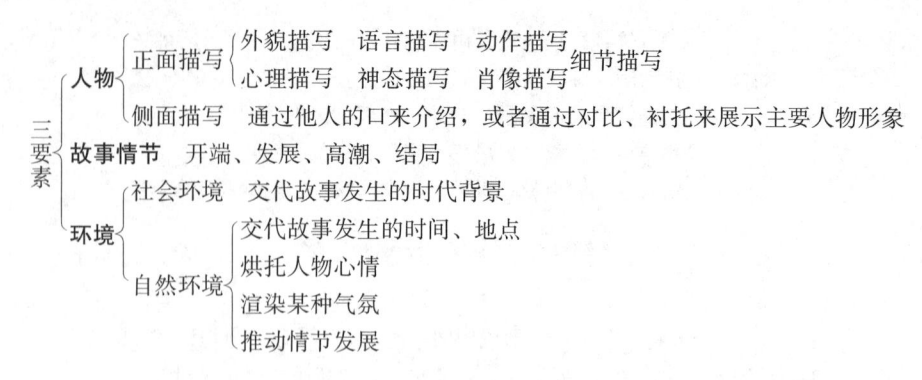

```
            ┌ 人物 ┬ 正面描写 ┬ 外貌描写  语言描写  动作描写 ┐
            │      │          │ 心理描写  神态描写  肖像描写 ├ 细节描写
            │      │          └                              ┘
            │      └ 侧面描写  通过他人的口来介绍，或者通过对比、衬托来展示主要人物形象
三要素 ┤ 故事情节  开端、发展、高潮、结局
            │      ┌ 社会环境  交代故事发生的时代背景
            └ 环境 ┤          ┌ 交代故事发生的时间、地点
                   │          │ 烘托人物心情
                   └ 自然环境 ┤ 渲染某种气氛
                              └ 推动情节发展
```

图 2-16　记叙文——小说知识储备

```
         ┌ 无私奉献、爱岗敬业、有责任心、默默无闻、一丝不苟、认真细致、
"教师" ┤ 对学生良苦用心
         └ 教育有方、善良睿智、循循善诱、和蔼可亲、尊重学生、理解学生

         ┌ 淳朴善良、勤劳朴实、宽厚仁慈、省吃俭用、勤俭节约、
"父母" ┤ 工作勤奋、热爱劳动、艰辛努力、热爱生活、教子有方、
         └ 善解人意、理解孩子、关爱孩子、尊重孩子
```

图 2-17　记叙文——小说人物形象常用语

```
              ┌ 1. 和谐关系 ┬ ①教子有方→子女健康成长
              │             └ ②子女理解父母→父母安享晚年
三观要正 ┤
              └ 2. 变化关系 ┬ ①父母缺爱心→子女倔强成长→和解
                            └ ②子女叛逆→父母有爱→浪子回头
```

图 2-18　记叙文——父母之爱

记叙文常考考点答题技巧实例

针对前面提供的答题技巧，为了方便读者理解和运用，我们选取了其中的部分常见题型，进行答题语言表述的"标准示范"。在规范答题的基础上，我们再灵活运用，希望能够起到举一反三的作用。这里特别提醒，黑体字部分之间的是我们"填写"的内容，也就是在文中"搬运"或"概括"的内容，黑体字是我们的答题框架，能够引导我们去寻找"答案"。有一些标志性语言，需要我们不厌其烦地回答出来，括号内的内容是答题的温馨提示。

【例1】《一碗汤的温度》

⑥曾经的我，"饿过劲"了。求而不得，于是索性不求——不用因此承担得

不到的绝望。真正的无欲则刚。

⑦但此刻，热汤在口腔里，<u>米粉像一群滑梯上的小孩子，嗞溜嗞溜、排着队下肚</u>。周身都发出满足的低吟。

⑧即使我还一无所有：爱人离开我，事业正低谷，我与世界爱恨交织。未来是紧闭着的嘴，我渴望它吐出祝福又怕会听到诅咒。但，能有一碗热汤粉吃，就是幸福。

问题：有人认为第⑦段划波浪线句写得很好，你认为好在哪里？请简要分析。（2分）

答：<u>这里运用了比喻、拟人的修辞手法，</u>（1分）（先明确写出运用的手法）<u>把米粉比作小孩子，赋予了米粉以人的行为动作，生动形象地写出了米粉的嫩滑、可爱，</u>（被写对象的特点）<u>表达了我吃米粉时满足的感觉。</u>（1分）（作者的感受）

【例2】《敬爱的"号兵"》

求学时代，对负责学生事务的老师，多少总有点畏惧与反感。我中学的训导主任姓沈名咸曾。我们就在"曾"字的边上加一个竖心旁，变成"咸憎"，人人都不喜欢的意思。

沈先生兼任我们公民课。在普遍重视语数外主科的心理之下，对于教公民课的老师，自然又是"另眼相看"。可是因为他是训导主任，大家都有所顾忌。

<u>第一天上课，我们屏声息气地注视他走进课堂，一个个正襟危坐，作出很专心听讲的样子。</u>他穿的是藏青色毛料中山装，线条笔挺。皮鞋擦得锃亮，走在地板上发出"咔咔"的清脆响声。比起穿长袍布底鞋的语文老师来，要神气也洋派得多了。他开口说话前先点名，点一个名字抬头看一眼，仿佛看这一眼就把你牢牢记住似的。他点完名，开始说话了："我的名字你们一定都知道了，我还有另外一个名字，"他转身在黑板上写下"沈浩滨"三个字，接着说，"浩瀚的浩，海滨的滨。是我大学老师给我起的，广大辽阔的意思。我很喜欢这个名字"。

问题：本文的风格平和温婉、亲切自然，刻画人物读到细腻、呼之欲出。请从人物描写方法的角度品析下面句子。（4分）

①一天上课，我们屏声息气地注视他走进课堂，一个个正襟危坐，作出很专心听讲的样子。

答：<u>运用了神态描写、动作描写的方法，</u>（1分）（先明确写出运用的手法）<u>通过"屏声息气""注视""正襟危坐""很专心"等词语，生动形象地写出了我</u>

们紧张（天真幼稚）的样子，（被写对象的特点）表现出我们对沈先生的顾忌（畏惧、害怕）。(1分)（作者的感受）

②他穿的是藏青色毛料中山装，线条笔挺。皮鞋擦得锃亮，走在地板上发出"咔咔"的清脆响声。比起穿长袍布底鞋的语文老师来，要神气也洋派得多了。

答：运用了外貌描写、动作描写的方法，(1分)（手法）通过"中山装""笔挺""皮鞋""锃亮""走""清脆"等词语，生动形象地表现出沈先生的神气、洋派的特点，（特点）（或"表现出沈先生注重仪表、着装干净整洁的特点"；或"表现出沈先生对课堂的重视，工作态度严谨"的态度）表达出学生对沈先生着装的欣赏、喜爱之情（或"表现出学生新奇的感受"）(1分)（感受）

【例3】《猎手》

①从太白山的北麓往上，越往上树木越密越高，上到山的中腰再往上，树木则越稀越矮。待到大稀大矮的境界，繁衍着狼的族类，也居住了一户猎狼的人家。

②这猎手粗脚大手，熟知狼的习性，能准确地把一颗在鞋底蹭亮的弹丸从枪膛射出，声响狼倒。但猎手并不用枪，特制一根铁棍，遇到狼故意对狼扮鬼脸，惹狼暴怒，扬手一棍扫狼腿。

狼的腿是麻杆一般，着扫即断。然后拦腰直敲，狼腿软若豆腐，遂瘫卧不起。旋即弯两股树枝吊起狼腿，于狼的吼叫声中趁热剥皮。只要在铜疙瘩一样的狼头上划开口子，拳头伸出于皮肉之间嘭嘭捶打，一张皮子十分完整。

③几年里，矮林中的狼竟被猎杀尽了。

④没有狼可猎，猎杀突然感到空落。他常常在家喝闷酒，倏忽听见一声嗥叫，提棍奔出去，鸟叫风前，花迷野径，远远却无狼迹。这种现象折磨得他白日不能安然吃酒，夜里也似睡非睡，欲睡乍醒，猎手无聊得紧。

⑤一日，懒懒地在林子中走，一抬头见前面三棵树旁卧有一狼作寐态，见他便遁。猎手立即扑过去，狼的逃路是没有了，就前爪搭地，后腿拱起，扫帚大尾竖起，尾毛拂动，如一面旗子。猎手一步步向狼走近，眯眼以手招之，狼莫解其意，连吼三声，震得树上落下一层枯叶。猎手将落在肩上的一片叶子拿了，吹吹上面的灰气，突然棍击去，倏忽棍又在怀里，狼却卧在那里，一条前爪已经断了。猎手哈哈大笑，迅雷不及掩耳将棍再要敲狼腰，狼狂风般跃起，抱住了猎手，猎手在一生中从未见过受伤而发疯的恶狼，棍掉在地上，同时一手抓住了一只狼爪，一拳直塞进弯过来要咬手的狼口中直抵喉咙。人狼就在地上翻滚搏斗，狼口不能合，人手不

放松。眼看滚至崖边了，继而就从崖头滚落数百米深的崖下去。

（全文共 12 段）

问题1：划波浪线的第③节在文中有何作用？（4分）

答：结构上：承上启下（或过渡作用）。（2分）（分两方面回答，首先是结构上，然后是内容上，明确写出来，让阅卷老师知道你清晰的答题思路）内容上：（分别概括与之相关的各段的内容）本段写狼被猎尽，承接上文猎手杀狼数量之多，猎杀本领了得，引出下文猎手失去对手的百无聊赖（或空落、无聊得紧），为下文突遇对手波澜陡起做铺垫。（2分）

问题2：请从表达方式的角度鉴赏第⑤节划横线的句子。（3分）

答：运用了动作描写的方法，（也可以说是细节描写）（1分）通过"拿""吹吹""击""在"等词语，生动形象再现了猎手面对狼时的气定神闲、技艺高超；（1分）（被写对象特点）又通过侧面描写，写狼"卧""前爪""断了"，生动准确地写出了猎手的手段娴熟残忍。（1分）（被写对象特点）

【例4】《落在童年的雨》

①陪儿子从培训机构出来，暴雨已经下了近半个小时，它还在撒着怒气，丝毫没有就此罢休的苗头。

②雨水顺着马路由高坡向低处流淌，淹没了井盖，洗净了驶过的车轮，我的思绪随着雨水上涨，漫延到我的童年——

③那个骄阳似火的暑假，田野里到处散播着丰收的喜讯。父母亲望着南边犯愁，他们必须赶在那团乌云飘来前，将水稻割完，把脱粒的稻谷平铺在晒谷场和屋顶平台上，利用乌云裹挟而来的强烈热浪和强劲疾风，草草地让稻谷迅速脱水，收拢后堆放在避雨的角落。

……

⑦那一刻，我懂得了父母的艰辛，懂得了生活的不易。那场雨后，我慢慢长大，慢慢变得少年老成，那年我10岁。

⑧"爸爸，我们打电话给妈妈，让她来接我们吧。"雨还在下，我和儿子站立在楼道里。一个想法急切地跳了出来，"儿子，要不我们冒雨走回家吧？"他愣了一下，然后欣然接受。

⑨我拉着儿子的手，漫步走在雨中。雨水肆无忌惮地泼洒，湿透的衣衫紧紧裹着我们的身体，雨水浸透衣服，渗入身体的每一个毛孔，清爽却带着一丝凉意。

（选自《散文选刊》，作者李零，有删改）

问题1：作者在文中插叙了哪件往事？请简要概括。

答：10岁那年，(时间)"我"和父母（人物）在暴雨中（环境或地点）收获稻谷的故事。（做什么）

问题2：请从修辞手法的角度对第①段进行赏析，并说说本段在全文结构上的作用。

答：①这一段运用拟人手法，通过"撒着怒气""不罢休""近半小时"等词语，生动形象地写出暴雨的猛烈（或大）和持久（或时间长）。（被写对象特点）

②结构上，这一段照应标题，并引出下文插叙的内容，为下文故事做铺垫。（注意题干要求是"结构上"的作用）

问题3：文章以"落在童年的雨"为题目有什么好处？

答：①设置了悬念，吸引读者的阅读兴趣。（送分点，务必捧场叫好！）②题目概括了文章回忆童年往事（具体）的主要内容。③含蓄提示了童年苦难对人生的成长有重要作用（具体）的主旨。④交代了故事发生的时间（童年）、背景（雨）。

（二）说明文阅读答题技巧

说明文考察的题型其实并不多，因此务必背诵下来我们汇总的这几种。下面对部分重点内容进行必要的提示说明。

说明文考查"首段作用"，其实是送分题。说明文，其目的就是把事物或者事理说清楚，让你"明白"，如果没有说明白，那就是作者的问题了。一般来讲，我们答题中需要注意的是，你首先要做的是概括第一段的内容，既是让自己明了第一段中的潜在信息，也是表明你在认真做题，增加答题的范围；其次，必答的就是"激发读者阅读兴趣"这句老掉牙却又常常能得分的话，不管是不是真的"有趣"，但"有分"就是有效的；最后就是引出"说明对象"这一栏，一定要把具体的说明对象写出来。注意我们答题模式里，横线上是应该填写内容的。至于第三种作用，并非所有的首段都有作用，你可以根据情况来回答。（如图2—19所示）

1. 写____的内容，**激发读者阅读兴趣**（吸读）⎱
2. ____的内容，**引出本文说明对象**____ ⎰（基本款）
3. 运用____的**说明方法**，从____方面说明**对象**____**特点**（升级版）

附：1. 设问句：设悬引思
　　2. 引用古诗文等：增强文学性（描述性、抒情性语言，常用修辞）

图2—19　说明文——第一段作用

有关"说明方法"的考题，我们要注意到，尽量在文中去勾画圈点，使用文中的词句来组合。这里提供的是完整表述形式，在考试的参考答案中，有的出题老师给出的答案，是比较简略的，但核心"采分点"是相同的。记住不同说明方法的关键术语，一般来讲，"采分点"为：具体说明方法、说明方法作用术语、事物具体特点。有的句段有多种说明方法，在回答作用的时候，先列出使用到的说明方法，然后既可以分别说作用，也可以在适当的时候综合表述作用（如图2-20、图2-21所示）。

方法：**举例子、列数字、打比方、作比较、下定义、作诠释、分类别、画图集、引资料、摹状貌**

打比方	把……比作……	生动形象地
列数字	列出……等数字，	具体准确地

模式
运用了＿＿＿＿的说明**方法**，＿＿＿＿说明了（事物具体）的特点

举例子	举……的例子，生动具体地		（一般在划线句
作比较	把……和……作比较，突出强调了		附近或段首）
	（结合具体内容）		

图 2-20　说明文——说明方法

名称	作用	常见语言标志
1. 列数字	准确具体	数词（概数、确数）
2. 举例子	具体地、深入浅出	"例如""以……为例""如"
3. 下定义	科学、准确、简明	……是……，这就是……，叫……
4. 作诠释	通俗易懂	这是因为，其原因（原来）是，指的是……这就叫……
5. 分类别	条理清晰	有几类（种），一种是……另一种是……
6. 作比较	突出强调了	而，比……和……两种东西比
7. 打比方	生动形象	像、是、当作、好像
8. 画图表	直观形象	图表、柱状图、箭头图
9. 引资料	具体准确、更权威	引号，据说，某某说，有……为证
10. 摹状貌	生动准确	形象的语言描绘或运用拟人等修辞手法

图 2-21　说明文——说明方法关键术语

"语言准确性"，需要提醒的就是，有些词语在不同的语境中，可能所特指的

意思是不同的，因此会归入不同的作用范围。还有一句话是必答的："体现了说明文语言的准确性（科学性）。"另外，注意如果是问"可否删换"，则要添加"如果删（换），则与事实不符"这一表述，注意是"事实不符"，不是"与原句不符"（如图2-22所示）。

1. 表约数：约、大约、近、上下、左右
2. 表数量：1/3、30、30%、多数、绝大部分、全部、少部分、极少数
3. 表程度：最、至多、几乎、全部、
   极其、挺、比较、尤其、相当、很、十分、非常、更、稍微、略
4. 表时间：目前、当时、刚才、刚刚、
   迄今为止、正在、将要、立即、已经、一向、渐渐……
5. 表范围：大多数、大部分、遍及、一般、整个、全、都、仅仅、只
6. 表频率：常常、经常、通常、总是、有时、偶尔、屡次、往往
7. 表推测：可能、也许、大概、有可能、据说、至少、据推测

效果：本义+语境义+效果（体现了说明文语言的准确性）

表述（1）：××是_____的意思， 这里限制_____， 在文中指_____，
　　　　　　　　　　　　　　　　 修饰_____，
体现了_____

（替换类）（2）　表态 +本词效果+删（换）效果+与事实不符+效果
　　　　　　　　（不能）　　　　　　　（代入表述）

图2-22　说明文——预言准确性

"说明顺序"这一考点，一般来说，我们提醒学生注意的是，如果是逻辑顺序，可以把具体类型表述出来，如"由主到次的逻辑顺序"，若考试过程中拿不定具体类型，则可以笼统回答"逻辑顺序"。在回答某些段落"可否调换"时，建议先分别概括各段内容，再来回答可否调换的具体原因。（如图2-23所示）

```
         ┌ 时间    古今 四 季次序
    顺序 ┤ 空间    外内、上下、前后、远近、整体到局部
         └ 逻辑    主次 ┌ 原因 结果 现象 本质 →
                        │ 特征 用途 一般 个别 →
                        └ 概括 具体 整体 局部 →
                                具 体
                                  ↓
```

问一：顺序及作用？
　格式：
　　　使用了__说__明顺序，（从__到__）_____，对__加__以说明，条理清晰。
　　　　　　　　　　　　　　　　　　　　　　（事物，事理）

问二：可否调换？
　格式：
①不可。原文采用由__到__的顺序介绍事物，调换后不合逻辑。
②不可。第__段写_____，第__段写__，是以__顺序安排的，　　　（照应上文）
　　　（内容）　（内容）　（说明顺序）
　使说明更有条理性。

图 2-23　说明文——顺序及常见题型

说明文常考考点答题技巧实例

　　说明文的常考考点不多，比较容易掌握，尤其是说明方法，我们需要在语言表述上强调更完整，黑体字的部分，是我们的答题规范表述，其余的就是我们"文字搬运"的结合阅读段的内容，括号内的内容是答题的温馨提示。特别提醒有一些标志性语言，需要我们不厌其烦地回答出来。我们略举一些例子，各位自行揣摩。

　　【例1】《流浪地球》是2019年备受关注的电影，它引发了无数观众对电影中科学设定的热烈讨论。有的说行星发动机不可能实现；有的说要引爆木星推走地球，有更好的办法……回头想想，到底什么才是地球不得不流浪的原因呢？

　　问题：文章开头从电影《流浪地球》说起，有什么作用？（2分）

　　答：①文章开头从电影《流浪地球》说起，**激发读者的阅读兴趣**；（这个要点是送分内容，务必回答）②**引出说明对象"地球流浪的原因"**。（说明对象是什么，务必准确回答出来）

　　【例2】通常而言，即便是同一种植物，冬季和夏季的抗冻能力也不一样。在夏季活动期多不耐寒，在冬季休眠期则更为耐寒。这是因为春夏季节，植物生长旺盛，养分消耗多于积累，因而其抗冻能力较弱。如北方的梨树，在

−30℃～−2℃低温下能平安越冬，在春天却抵挡不住微寒的袭击；松树的针叶，冬天能耐30℃的严寒，夏天如果人为地降温到−8℃就会冻死，就是这个道理。

问题：文段中画线的句子运用了哪些说明方法？有什么作用？（3分）

答：运用了举例子、作比较、列数字的说明方法。举北方的梨树和松树的针叶这两个例子，列出"−30℃～−2℃""30℃""−8℃"等数字，（结合文本，组合内容）生动具体、准确鲜明地说明了"同一种植物，冬季和夏季的抗冻能力也不一样"这一特点。（说明对象的特点务必回答出来，意思对即可）

【例3】人体中存在着一些化学物质，它们之间在发生反应时会产生化学能量。像新陈代谢过程中，葡萄糖和氧分子的反应就有能量释放出来。若稍加利用，这种能量就可以转化为电能。根据这一原理，科学家开始了人体生物电池的研究。

问题：分析文段中加点词"一些"的表达效果。（2分）

答："一些"的意思是一部分，在数量上加以限制，在这里突出强调了人体中存在着一部分化学物质，而并非全部。（本义+作用+语境义）该词体现了说明文语言的准确性、严密性。（这句是正确的套话、废话）

【例4】图形验证码：又叫主流验证码，开始只提供静态的图片，比较容易被某些软件识别；后来变成动态的验证码图片，使得识别器不容易认识哪一个图层才是真正的验证码图片。这种验证码的防垃圾注入几乎可以达到100％，是一个非常有效的验证码创新模式；同时它的动画效果可以多达百种，所以还可以增强网站页面的美观效果。而中国铁路客户服务中心的验证码就属于这种类型。

问题：文段中加点的"几乎"一词能否删去，为什么？（2分）

答：不能删去。（表明观点）"几乎"是"接近于"的意思，起限制作用，在文中说明了验证码防垃圾注入的程度接近于完美，（原文中的意义）去掉后就成了"可以达到100％"，（删除后的改变义）过于绝对，与事实不符。（注意是"与事实不符"或者"与实际不符"，不是"和原意不同"）体现了说明文语言的准确性、严密性。（标志性语言务必回答）

【例5】你不了解的钼元素（选段）

③一经面世，便以坚韧、耐腐蚀、耐高温的优势在军事、医疗等领域受到青睐。

④第一次世界大战中，英国人最初给坦克安装了75毫米厚的锰钢板，但这种坦克过于笨重，表现得并不理想。后来，英国人将锰钢板换成钼钢板，使坦克

的厚度减少了50毫米，这不但没削弱防御力，还使坦克更加机动灵活，在战争中大显神威，这也让钼名扬天下。

⑤钼元素还被应用于医疗实践。比如，锝99是应用最广泛的放射性造影剂，它由钼99衰变而来。钼99是钼的一种放射性同位素，它的半衰期为2.75天，半衰期过后，钼99表变为锝99。钼99的半衰期非常理想，这个时间既保证了钼原子在原料地到医疗场所的运输过程具有足够的稳定性，又保证了锝99的放射性可以在短时间内被激活。在现代核医学中，80%的医疗都用到了锝99，而在当今的美国，每天使用锝99的诊断就达55000多起，所以，钼的重要性不言而喻。

问题：具体分析选文③④⑤段顺序不可以调换的原因。(2分)

答：(先分别概括各段内容)③段总写钼在军事、医疗等领域受到青睐，④段和⑤段分别从军事和医疗领域说明它的应用；(1分)④⑤段与③段"在军事、医疗等领域受到青睐"相照应，(1分)所以此三段不能调换顺序。(共2分)

(三)议论文阅读答题技巧

议论文常考题型答题技巧汇总于此，也很简单明了。其实最重要的是，你应该通过大量的日常阅读，来建立相应的理解领悟思维模式。在答题的时候，基本上套用格式就可以了。我们尽量使用"主流"的表述方式，目的是让你的答案更全面、更完整，以应付不同的阅卷标准，因此常常会发现"参考答案"的表述更简洁更直接。请务必遵循我们这种"化简为繁"，因为它是让你更有把握的得分方式。

"论证方法"，是常考考点之一。与前面提到的说明文考查"说明方法"类似，答题中应注意完整表述，这样不容易漏掉采分点。议论文也是非常明显的可以"勾画圈点"来解决问题的文体(如图2-24所示)。

模式		（段首、段末）分论点、中心论点	
（语言标志）	运用了＿＿＿的方法，	＿＿＿论证了＿＿＿的观点，	＿＿＿
像、如、好像	比喻论证	把……比作……生动形象地	化抽象为形象，浅显易懂
"如""比如"	举例论证	举……的例子，具体准确地	更具说服力
"反之""但是"或反义词	对比论证	把……作对比，突出强调了	
《××》记载	引用论证	引用……的观点，有力地	更具权威性
"某某曾说"	道理论证	逻辑严密，说理充分透彻（结合原文）	使论证更深入

图 2-24　议论文——论证方法及作用

"论证思路"，类似于说明文考查说明顺序。不过，这里需要记住三个关键词："首先""其次""最后"。如图所示答题。也就是说，你的答案里，这三个词是必须要有的，显示出思路的清晰（如图 2-25 所示）。

模式：

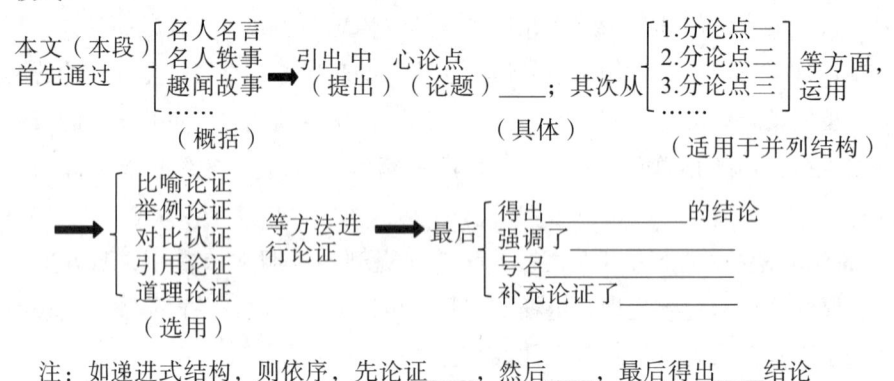

本文（本段）首先通过 ⎡名人名言 / 名人轶事 / 趣闻故事 / …… ⎦ （概括）→ 引出 中心论点（提出）（论题）＿＿＿；其次从 ⎡1.分论点一 / 2.分论点二 / 3.分论点三⎦ 等方面，运用（具体）（适用于并列结构）

→ ⎡比喻论证 / 举例论证 / 对比认证 / 引用论证 / 道理论证⎦ 等方法进行论证 → 最后 ⎡得出＿＿＿的结论 / 强调了＿＿＿ / 号召＿＿＿ / 补充论证了＿＿＿⎦
（选用）

注：如递进式结构，则依序，先论证＿＿＿，然后＿＿＿，最后得出＿＿＿结论

图 2-25　议论文——论证思路

"开头、结尾作用"，如果能够回答前面的论证思路了，其实这个就是送分题。"开头作用"表述形式与说明文首段作用类似。先概括内容，再"吸引读者注意"（吸读），引出具体的论点或者论题。横线上是要填写具体内容的，这样不至于回答空泛而丢分（如图 2-26 所示）。

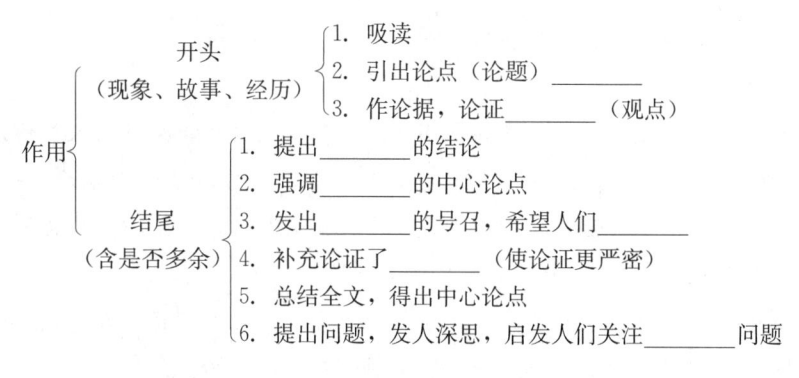

```
                  ┌ 开头           ┌ 1. 吸读
                  │(现象、故事、经历)│ 2. 引出论点（论题）_____
                  │                └ 3. 作论据，论证_____（观点）
        作用 ─────┤
                  │                ┌ 1. 提出_____的结论
                  │                │ 2. 强调_____的中心论点
                  │ 结尾           │ 3. 发出_____的号召，希望人们_____
                  └(含是否多余)    ┤ 4. 补充论证了_____（使论证更严密）
                                   │ 5. 总结全文，得出中心论点
                                   └ 6. 提出问题，发人深思，启发人们关注_____问题
```

图 2-26 议论文——开头结尾作用

"论点寻找"实际上是学习议论文最重要的一环，就是你要迅速找到本文的中心论点。这是回答后面诸多考题的基础。我们这里特别提醒，要注意"常见语言标志"，从文中尽量寻找现成的句子。如果考题要求你"概括"，则在原文基础上缩句即可（如图 2-27 所示）。

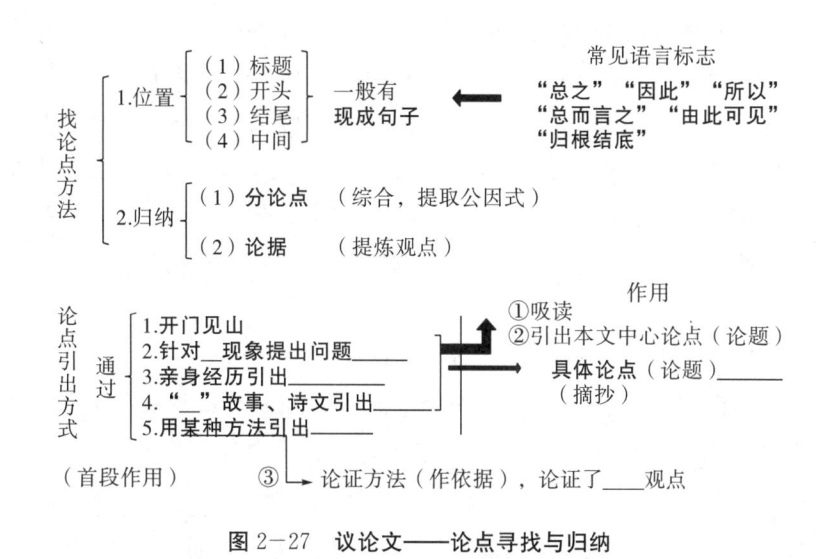

```
                    ┌ (1) 标题                          常见语言标志
          ┌ 1.位置 ┤ (2) 开头    一般有      ←      "总之" "因此" "所以"
          │        │ (3) 结尾    现成句子           "总而言之" "由此可见"
找论点方法┤        └ (4) 中间                        "归根结底"
          │
          │ 2.归纳 ┌ (1) 分论点    （综合，提取公因式）
          └        └ (2) 论据      （提炼观点）

                                                 作用
          ┌ 1.开门见山                       ① 吸读
          │ 2.针对__现象提出问题_____       ② 引出本文中心论点（论题）
论点引出  │ 3.亲身经历引出_____      →      具体论点（论题）_____
方式   通过┤ 4."__"故事、诗文引出_____              （摘抄）
          │ 5.用某种方法引出_____
          └                       ③ → 论证方法（作依据），论证了____观点
(首段作用)
```

图 2-27 议论文——论点寻找与归纳

议论文常考考点答题技巧实例

议论文考点也比较固定，我们把握住答题的思路和模式，如同说明文一样，有一些基本的、常用的"话术"，然后积极从文中找到相关的信息，补充填写即可。以下的例子，读者朋友可以多品味其中的黑体字部分，回顾前面所述的答题

技巧。括号中的内容是答题的温馨提示。

【例1】

①《明史》中记载：一日早朝，明太祖朱元璋问群臣，天下何人最快活？大家众说纷纭，或曰金榜题名者，或曰功成名就者，或曰富甲天下者，不一而足，却皆未获赞许，唯独大臣万钢回答"畏法度者快活"时，朱元璋点头称是，称其见解"甚独"，并说"人有所畏，则不敢妄为"。

②敬畏，是一种人生态度，也是一种行为准则。心存敬畏，方能行有所止。

问题：选文以《明史》中所记载的史料开头，有何妙处？（4分）

答：举出朱元璋对大臣万钢"畏法度者快活"的回答点头称是的事例，（先概括本段的内容）①激发读者的阅读兴趣，引起读者的注意和思考；（送分点，万能语言）②引出本文的中心论点心存敬畏，方能行有所止（或论题"敬畏"）；（具体论点或者论题要写出来）③充当事实论据，使论证有说服力。（这是第一段同时也是举例论证的情况下，作为论据使用）

【例2】

人生的兴衰际遇、顺境逆境往往由不得自己，但怎样作为则取决于自己。苏东坡曰"用舍由时，行藏在我"，他被贬岭南惠州时几乎无职无权，依然积极建议太守王古引泉水解百姓之急，且提交了水管制造方案：水管用大竹管做，竹管接口处用麻缚紧，外面涂上厚漆，以防漏水……他还叮嘱王太守，切莫让人知道方案出自他手，以免节外生枝影响了民利。重用自己的大关节处，往往是在人生的低回处。胸中有情怀，什么处境中都能重用自己。倘若无抱负和坚守，则很容易自我放逐。

问题：选文运用了什么论证方法？有何作用？（3分）

答：运用举例论证的方法。（先明确论证方法，拿到基本分）举苏东坡被贬岭南惠州时积极建议太守王古引泉水解百姓之急并出谋划策的事例，（结合具体内容）具体有力地论述了"人生的兴衰际遇、顺境逆境往往由不得自己，但怎样作为则取决于自己"的观点，（观点要写出来）从而进一步证明了中心论点。（常用的"话术"）

【例3】

④人生的艰辛苦难是一种磨蚀，欢乐和盛誉何尝不更是一种磨蚀？余秋雨曾认为作家更应是一位行者，沿途的风景会让作者以及作品更有内涵。经历磨蚀，才会从容温和，才会厚重敦实。诺贝尔文学奖对莫言来说未尝不是人生的磨，然

而他经历这种欢乐和盛誉却能宠辱不惊,平静美好。而相反,拿破仑被战争的胜利冲昏了头脑,没有能经受住成功的磨蚀,最终兵败滑铁卢,抱憾终身。世事也会如此,人们有时在严酷的环境经受折磨,能平安度过危机,反而在安逸的环境掉以轻心,酿成悲剧。由此看来,"胜不骄"也是一种磨。

问题:文段画线句子除用了举例证法外,还用了什么论证方法?请分析其作用。(3分)

答:用了对比论证的方法(1分),用莫言和拿破仑的经历作对比,证明了"欢乐和盛誉也是一种磨难"这一分论点,从而有力地证明了中心论点(2分)。

【例4】

⑥耐心成就意志之美。哲人说:"无论何人,若是失去了耐心,就失去了灵魂。"耐心考验人的毅力和定力。古往今来,滴水穿石也好、铁杵磨成针也罢,愚公移山也好、精卫填海也罢,难在耐心、贵在耐心、成也在耐心。俗话说,慢工出细活。我们做很多事情,往往要靠绣花功夫、工匠精神,而离开了耐心,这些都无从谈起。好的人生需要文火慢炖、细水长流,这也正是对人的意志品质的锤炼和塑造。

问题:请分析选文第⑥段的论证思路。(3分)

答:本段首先提出本段论点(全文分论点)——耐心成就意志之美;(1分)然后,运用引用论证、举例论证等论证方法(讲道理,摆事实等方法),引用哲人的话和举滴水穿石、铁杵磨成针等例子进行论证;(1分)(论证方法要写出来,并结合内容进行简洁的概括)最后强调论点:通过文火慢炖、细水长流,人的意志品质得到锤炼和塑造(耐心成就意志之美)。(1分)

【例5】

③因为经典关注的是事物本质的东西。对于同一个轰动一时的新闻事件,经典总能深入其中,烛照事件背后人性的晦明;而平庸的作品只会对那些热闹的戏剧性的过程趋之若鹜,对于故事之外的东西,它没有耐心,更没有能力去做更深入的分析。《安娜·卡列尼娜》和《包法利夫人》都取材于当时沸沸扬扬的桃色事件,这类故事都足以吸引眼球,受到报纸花边新闻的追逐,但在这些地方人们发现不了那些驱动故事萌生和发展的动力。只有列夫·托尔斯泰和福楼拜这样的作家,凭借他们天才的洞察力,精确地描绘了一个人的热情和梦想、挣扎和无奈,揭示了人性的丰富和局限。经典就是这样,瞩目事物的内部,触及事物坚硬的内核,揭示出生活的本质。

问题：请简要分析第③段的论证思路。

答：本段先提出观点：经典关注的是事物本质的东西；接着分析对于同一新闻事件，经典和平庸作品有不同的关注点，突出经典关注的是事物的本质；然后以两部名著为例加以论证；最后，再次强调经典关注的是事物本质的东西。（递进式结构使用这种表述方法）

【例6】

③磨，缔造辉煌。痛苦、失败是一种磨砺。克服困难往往就是成功的契机，坚忍不拔的努力迟早会有所收获。数十年的跋涉困苦是对李时珍的磨蚀，正因如此，才会有《本草纲目》的诞生，才会有他在医药学上的成就；十年辛苦是对曹雪芹的磨蚀，于是才有了《红楼梦》的问世，才有了中国古代文学的又一座高峰；官场的黑暗和残酷的现实是对郑板桥的磨蚀，于是才有了住寒舍、画青竹的一方净土，才有"扬州八怪"之首席。

④人生的艰辛苦难是一种磨蚀，欢乐和盛誉何尝不更是一种磨蚀？余秋雨曾认为作家更应是一位行者，沿途的风景会让作者以及作品更有内涵。经历磨蚀，才会从容温和，才会厚重敦实。诺贝尔文学奖对莫言来说未尝不是人生的磨，然而他经历这种欢乐和盛誉却能宠辱不惊，平静美好。而相反，拿破仑被战争的胜利冲昏了头脑，没有能经受住成功的磨蚀，最终兵败滑铁卢，抱憾终身。世事也会如此，人们有时在严酷的环境经受磨折，能平安度过危机，反而在安逸的环境掉以轻心，酿成悲剧。由此看来，"胜不骄"也是一种磨。

问题：文章第③段和第④段能否调换顺序？结合文本分析理由。（3分）

答：不能。（表态）理由：第③段写痛苦、失败是一种磨砺，第④段写"胜不骄"也是一种磨；（分别概括内容）第③段和第④段之间有递进（逻辑）关系（1分），（点明段落间的关系，核心理由）也照应了第④段"人生的艰辛苦难是一种磨蚀，欢乐和盛誉何尝不更是一种磨蚀？"这句话。（理由之一，不同的文本语境下根据情况来判断）（困难和苦难是人生的一种磨难，然而欢乐和盛誉更是人生的一种磨砺）（他们之间存在层次上的递进关系）（2分）。（这种表述形式也可以）

二、成语病句

（一）成语判断口诀

"成语错误"，也有多种辨识方法，这里只提供了本人归纳总结出的"顺口溜"，对于常见成语的含义及用法进行了汇总。如果配合相关的试题，则更容易

掌握。个人建议是，多朗读，不必死记硬背。请大家根据成语的意思，自行体会。（如图 2-28 至图 2-30 所示）

天伦之乐有亲情	鳞次栉比指船屋	巧夺天工是人造
相敬如宾是夫妻	错落有致真有趣	鬼斧神工纯天然
举案齐眉两口子	星罗棋布多而广	自命不凡超自信
破镜重圆夫妻见	叹为观止用眼睛	妄自菲薄太自卑
青梅竹马小伙伴	戛然而止听声音	前仆后继牺牲了
卿卿我我在热恋	忍俊不禁已含笑	前赴后继紧跟到
海誓山盟乃恋人	责无旁贷有责任	杳无音信没消息
峰回路转有出路	刮目相看凭进步	可歌可泣事悲壮
山重水复见光明	另眼相看瞧得起	万人空巷是盛况
山穷水尽没办法	豆蔻年华美少女	十室九空太荒凉
走投无路是绝境	老气横秋年轻人	抑扬顿挫声调好
狭路相逢仇恨深	楚楚动人是女生	跌宕起伏情节妙
萍水相逢陌生人	安居乐业是人民	虚张声势假得很
栩栩如生死变活	不约而同没商量	患得患失真无能
惟妙惟肖是假货	异口同声有灵犀	忧心忡忡心事重

图 2-28　成语口诀 1

蠢蠢欲动指坏人	一贫如洗穷得慌	空前绝后是唯一
跃跃欲试是好人	相形见绌显不足	措手不及无防备
沧海桑田变化大	差强人意还可以	手足无措举止慌
翻天覆地很彻底	玩火自焚烧自己	大方之家见识广
向隅而泣独流泪	济济一堂聚人才	川流不息马路上
乐此不疲爱干事	等量齐观物有别	进退维谷陷两难
津津乐道说不停	一视同仁人不分	安之若素太超然
娓娓动听人爱听	生灵涂炭人遭难	无动于衷逃责任
滔滔不绝说不完	见异思迁爱不专	袖手旁观不关心
强聒不舍讨人厌	醍醐灌顶受指点	门庭若市真热闹
义愤填膺藏胸中	茅塞顿开思路通	门可罗雀人稀少
怒不可遏难抑制	恍然大悟才明白	不言而喻道理浅
怒发冲冠很极端	珠联璧合靠结合	当务之急已目前
令人发指太危险	相得益彰显双方	五彩缤纷色繁多
囊空如洗指没钱	无独有偶可配对	姹紫嫣红花娇艳

图 2-29　成语口诀 2

凤毛麟角贵而少	置若罔闻装耳聋	鱼目混珠假乱真
寥若晨星数量稀	见风使舵看颜色	美轮美奂屋堂皇
白驹过隙时间快	捕风捉影无根据	蓬荜生辉乃自谦
稍纵即逝易消失	含沙射影有指向	汗牛充栋书籍多
怨声载道属群众	无所不为干坏事	浩如烟海文献全
耿耿于怀在心中	无所不能本事多	筚路蓝缕创业艰
事倍功半收效小	重蹈覆辙再翻车	鱼龙混杂一锅端
事半功倍费力少	首当其冲受害者	罄竹难书罪恶多
瓜田李下起嫌疑	道貌岸然伪君子	不知所云说什么
忘乎所以失分寸	慷慨解囊为捐钱	火中取栗成工具
各有千秋特长多	望梅止渴空安慰	明日黄花已过时
吹毛求疵是故意	不堪设想要变坏	
妙手回春是医生	魂牵梦萦是思念	
巧妙绝伦技高明	梦寐以求是心愿	
无与伦比真完美	良莠不齐质难分	

图 2-30　成语口诀 3

（二）病句判断技巧

病句的辨识与修改，其方法是很多且很细致的。这里展示的非常简单，是在考场上快速辨识的方式。"信号词"，是说如果句子中出现了这些词语，那么我们就要引起重视，极有可能这些词语中包含了"陷阱"。就犹如老中医把脉一样，把"脉象"弄清楚了，才可能对症下药（如图 2-31 所示）。

1. **介词**：通过、经过、使、令、让、对于、由于、关于、把、被、和、在……中、对（主语残缺、主客颠倒、语序不当）
2. **动词**：主谓、动宾、状动（注意动宾中及物与不及物）（搭配不当）
3. **否定词**：防止、禁止、切忌、杜绝、以免、以防、避免、缺乏、无时无刻不
4. **两面词**：能否、是否、有没有、成败、好坏、优劣、多少、大小、兴衰（亡）、存亡、高低
   隐性双面词：影响、作用、信誉、颜面
5. **关联词**：只有……才、只要……就、不管、尽管
6. **并列短语**：和、与（语序）
7. **数量、范围、程度词**：大约、左右、余、上下、减少、下降、都、贬值、缩小、降低、以上、增加（降低等不用倍数）
8. **歧义词**：保管、没有、和、新生、前去、走（多义词、短语）

图 2-31　病句——信号词

"句式杂糅"这一"病",其表现如下,可以对号入座。如果在一个句子里出现黑体字的表述时,可以理解为是后面括号内的两个句子杂糅(如图2-32所示)。

1. 本着……为原则　　　　　　（本着……原则；以……为原则）
2. 是出于……决定的　　　　　（是出于……；是由……决定的）
3. 有……组成　　　　　　　　（有……；由……组成）
4. 靠的是……取得的　　　　　（靠的是……；是……取得的）
5. 关键在于……是十分重要的　（关键在于……；……是十分重要的）
6. 以……即可　　　　　　　　（以……为宜；……即可）
7. 是为了……为目的的　　　　（是为了……；为目的的）
8. 对于……问题上　　　　　　（对于……问题；在……问题上比）
9. 由于……下　　　　　　　　（由于……；在……下）
10. 经过……下　　　　　　　（经过……；在……下）
11. 借口……为名　　　　　　（借口……；以……为名）
12. 围绕以……为中心　　　　（围绕……中心；以……为中心）
13. 成分是……配制而成的　　（成分是……；由……配制而成的）
14. 原因是……造成的　　　　（原因是……；是由……造成的）
15. 是因为……的原因　　　　（是因为……；……是原因）
16. 是由于……的结果　　　　（是由于……；是……的结果）

图 2-32　病句——句式杂糅

三、 诗歌鉴赏

诗歌鉴赏答题技巧。

诗歌鉴赏,首先特别希望各位多朗读古诗词,在日积月累中,对诗歌有一种整体感悟力。其次,就是把相关的常见诗歌知识、答题技巧进行记忆。我们对此进行重点内容的归纳,参考后面的图片(如图2-33~图2-40所示)。

以下结合另外几篇关于诗歌鉴赏的文章,各位学生自行体会。

一、草木类
1. 梅花　　　高洁、敢为人先、不畏权贵
2. 兰　　　　淡泊、品德高尚
3. 竹　　　　正直谦虚、坚贞高尚
4. 菊花　　　淡泊名利、不畏权贵
5. 草　　　　思念、离别羁旅之情
6. 落花　　　伤春悲秋、青春易逝
7. 杨花（柳絮、杨柳）　离愁别绪
8. 松柏　　　正气凛然、坚贞高洁
9. 梧桐　　　悲秋、孤独失意者
二、动物类
1. 大雁（鸿雁）　雄浑悲壮（边塞）
　　　　　　　　乡愁思念（游子）
2. 蝉　　　　高洁
3. 猿　　　　悲凉凄清、忧愁幽思
4. 杜鹃　　　悲凉、忧愁

三、器物类
1. 酒　　　豪放洒脱、借酒浇愁
2. 捣衣　　忧国忧民、离妇思人
四、自然类
1. 夕阳（斜阳、落日）
凄凉失落、苍茫沉郁、怀古幽情
2. 流水
时光易逝、情意绵绵（怀古思念）
3. 雨
喜雨：安静祥和、期望幸福
苦雨：孤独愁苦、漂泊沦落
4. 秋
英雄迟暮、思乡怀人、心胸壮阔
5. 月
悲欢离合、时光流逝

图 2-33　诗歌鉴赏——意象

"情感与形象"，是诗歌鉴赏常考考点。可以结合前面的"意象"知识去理解。

一、情感
1. **标题**、**诗眼**、**注释**中表达情感的词
2. 诗中写**景**、**用典**等来分析
示例：诗歌通过描写的景象，表达了＿＿＿＿的感情。
3. 常见感情
(1) 思念家乡、想念亲人、离愁别绪
(2) 忧国忧民、建功立业、壮志难酬、遭贬愤世、怀才不遇、踌躇满志
(3) 不畏艰难、孤傲脱俗、豁达豪迈、恬淡自乐、热爱山水、向往美好
(4) 感叹世事、凄清哀婉、愁苦孤寂、焦虑矛盾、惆怅悲哀
二、人物形象
1. 豪放洒脱、忧国忧民、寄情山水、归隐田园、怀才不遇、壮志难酬、爱恨情长、乐观豁达、慷慨悲壮、忠心报国、踌躇满志
示例：这是一首＿＿＿＿诗，运用了＿＿＿＿的表现手法，表达了＿＿＿＿感情，塑造了＿＿＿＿形象。

图 2-34　诗歌鉴赏——情感与形象

在回答相关问题的时候，我们一般建议首先把该诗句翻译一遍（等同于理

解），然后再进行分析。如果是"虚实结合""动静结合"等手法，则一定要分别表述"虚""实""动""静"，然后再组合回答手法效果。情景交融有四种形式，如果我们拿不准具体的类型，则可以笼统说"情景交融"。

1. 观察立足点：描写角度，如高低俯仰
2. 写景方法：如形、声、色（感官）
3. 手法：虚实结合、白描手法、以动（声）衬静、明暗对比、以小见大、比兴手法
4. 景和情关系：

景和情一致　　　乐（哀）景写乐（哀）情　　正衬（衬托、烘托）
景和情不一致　　乐（哀）景写哀（乐）情　　反衬

情景交融的四种形式：触景生情　　借景抒情
　　　　　　　　　　寓情于景　　缘情布景

图 2-35　诗歌鉴赏——景与情常见方法

回答词语的表达效果时，注意使用"本义""语境义""效果"三个步骤，这样能够更完整地表述，采分点更实在。如"叠词"的运用，采分点一般都会有"音韵美""节奏感"。

一、关键词

1. **动词**：化静为动
2. **形容词**：化抽象为具体，变无形为有形
3. **数量词**：虚数虚化烘托，增强表现力
确数精炼有力，富于趣味
4. **虚词**：疏通文气，活跃情韵，化板滞为流动
5. **特殊词**：（叠词）增强韵律感（音韵美）、节奏感
（拟声词）模拟声音形态　｜　使诗文生动形象
（表色彩的词）模拟形态　｜　画面更生动
6. **词类活用**：化腐朽为神奇，增强表现力、感染力

图 2-36　诗歌鉴赏——词语赏析

第二部分　红汤锅（麻辣锅）：征战考场必杀技 ｜ 173

一、内容情感型

问 { 1. 这首诗描绘了一幅怎样的画面？
2. 表达了诗人怎样的思想感情？
3. 选出解说和分析不正确（正确）的一项

技巧 { 基本型：译诗句（通顺）
升级版：景物＋描述
豪华版：景物＋描述＋联想和想象＋（修辞＋短句）

步骤 { 1. 挑选出景、物词
2. 勾画出动词
3. 各自搭配恰当的修饰词 } 重组（联想、想象）

图 2-37　诗歌鉴赏——三种常考模式 1

二、分析技巧型

问 { 1. 这句诗有什么含义，在表达上有什么好处？
2. 诗歌中运用了某种写法，这样写有什么妙处？

技巧 { 1. 修辞（比喻、拟人、夸张、对偶、排比、设问、反问等）
2. 表达方式（记叙、描写、抒情、议论、说明）
3. 表现手法（对比、衬托、渲染、用典、抑扬、联想、想象）
（情景交融、动静结合、虚实相生）

步骤　手法＋内容＋作用＋情感

图 2-38　诗歌鉴赏——三种常考模式 2

三、语言赏析型

问 { 1. 这句诗哪个词用得好？请说出理由
2. 诗中某个词能否改为其他的词，说说你的看法

技巧 { 1. 寻找有表现力的词，如动词、色彩词等
2. 有运用表现手法的再赏表现手法

考查范围 { 1. 句意的理解
2. 景物、形象、情感的理解
3. 全诗深层含义领悟
4. 全诗名句的感悟

图 2-39　诗歌鉴赏——三种常考模式 3

```
                ┌ 1.挑选出 景、物 词 ┐                    时间：初春
    步骤 ┤ 2.勾画出 动词       ├─（重组（联想、想象））  地点：湖上
                └ 3.各自搭配恰当的〔修饰〕词 ┘             人物：诗人
                                                           事件：乘船过湖
                                                           感受：诗兴大发
```

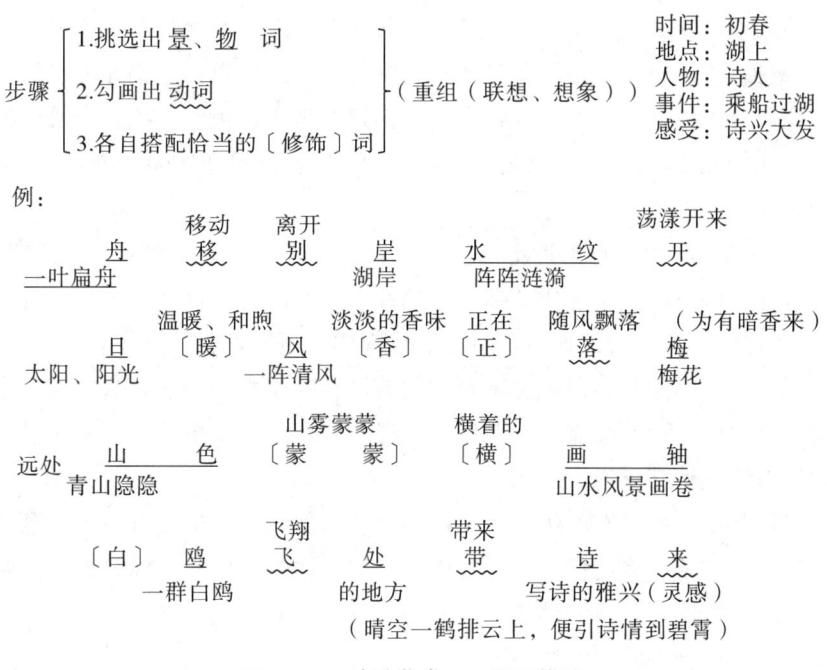

例：

```
                    移动    离开                      荡漾开来
              舟    移      别    崖     水     纹     开
          一叶扁舟          湖岸    阵阵涟漪

                温暖、和煦    淡淡的香味    正在  随风飘落  （为有暗香来）
            且  〔暖〕风    〔香〕       〔正〕  落      梅
          太阳、阳光    一阵清风                         梅花

                        山雾蒙蒙    横着的
          远处   山    色〔蒙 蒙〕  〔横〕  画    轴
              青山隐隐                     山水风景画卷

                    飞翔      带来
          〔白〕鸥  飞   处    带    诗    来
              一群白鸥    的地方    写诗的雅兴（灵感）
                      （晴空一鹤排云上，便引诗情到碧霄）
```

图 2-40　诗歌鉴赏——画面描绘

四、语言运用

（一）仿写

关于仿写，基本答题思路如图 2-41 所示。

题型：仿句式、仿修辞、仿句意

十六字方针

固定模式 ──→ 替换对象 ──→ 同款修辞 ──→ 连贯一致
（句式）   （材料）   （技巧）   （对象）

要点：
　　1.材料的选用，重在平时多积累诗词名句、名言警句
　　2.分析例句，构成特点要了然于胸

步骤：
　　1.勾画出例句中的固定模式　　3.运用同款修辞拟句
　　2.找出可用的替换对象　　　　4.查看前后是否连贯一致

图 2-41　语言运用——仿写

仿写的十六字方针是:"固定模式""替换对象""同款修辞""连贯一致"。

"固定模式",指的是仿写首先要注意例句的句式特点,这是在外在形式上的要求。我们可以把例句中的句式特点先"固定"下来,也就是把这个骨架搭建起来,只要你找准确了,就不用再去思考这个问题了,减轻你的"脑负担"。技巧就是动笔勾画一下!

"替换对象",实际上就是要你注意到"骨架"之外的,需要"长肉"的地方——这样分析下来就是需要"填空"的地方。实际上,这部分才是你可以"创新"、发挥你的个人才智的地方,也最能体现你的语文素养。

"同款修辞",需要你辨识一下,例句有没有使用修辞手法,这个带有隐性特点,虽然有"固定"的强制特点,但为了提醒我们注意,单独列出来,以便于我们造句的时候能够有意识地思考。

"连贯一致",就是有的仿句,是在一个连续的语境之中,有一个主题,或者有共同的陈述对象,你的仿写是为了构成一组排比句。因此,你要关注前后是否连贯一致。

让我们用这种方法来测试一下"十六字方针":

例1:

仿写:我喜欢蓝色,我愿我的胸怀像蓝色的天空一样宽广。

根据我们的直觉,一下子就可以看出固定模式为:

"我喜欢_____,我愿我的_____像_____的_____一样_____。"

其中　(色彩)　　　　(物1)　(色彩)　　(物2)　　(特点)

同时我们也看到,例句使用了"比喻"的修辞手法。因为是独立成句,所以"连贯一致"在这里体现为色彩的某种特点,与"我"的某种特点相一致。

下面是我们的重头戏,如何去找到"替换对象"呢?我们把例句进行解剖,寻找其规律,然后如法炮制即可(如图2-42所示)。

例1　蓝色——天空——宽广——胸怀(蓝色,让我们想到了天空的色彩,天空的特点是宽广、高远,这让人联想到人的胸怀)
"替换对象"色彩　　物2　　　　　　物2特点　　　　　　物1
仿句1:　　白色——雪花(白雪)——洁白(纯洁)——牙齿(心灵)
(白色,让我们想到了洁白的雪花,联想到人的洁白牙齿,或者纯洁心灵)
仿句2:　　红色——火焰　　——热烈(热情)——情感
(红色,让我们想到红红的火焰,"竹炉汤沸火初红"诗句,火焰有着热烈燃烧的特点,联想到人的感情的热烈)

图2-42　语言运用实例1仿写分析

因此，我们就找到了"白色""红色"引出的替换对象。你只要仿照例句的方式，做一些语言的调整，马上就把仿句搞定了。

例2：

结合语境补写句子，使其与前面语句构成语意连贯的排比句。

因为天空广阔，鸟儿才可以自由飞翔；因为草原广袤，牛羊才可以闲庭信步；_____，_____。它们都有一个共同点：就是无私的包容。

首先就是找出固定模式，显然就是画线部分。其次找替换对象，并观察其特点。"连贯一致"上我们可以看到，是构成的排比句体现出"无私的包容"这一核心主题，"同款修辞"当然就是要构成排比了。

我们重点研究"替换对象"：

例2：
因为天空广阔，鸟儿才可以自由飞翔；因为草原广袤，牛羊才可以闲庭信步。
（物1+特点）　　（物2）　（某种行为）　　（物1+特点）　（物2）　（某种行为）

看到鸟儿在天空自由飞翔这一句，马上就可以联想到这样的诗句："海阔凭鱼跃，天高任鸟飞。"于是我们可以看出第一个例句就是从"天高任鸟飞"化用而来，我们当然就顺势从"海阔凭鱼跃"来仿句了。

（物1+特点）　　（物2）　（某种行为）
海洋浩瀚（宽广）　鱼儿　任意跳跃（悠然畅游）

图2-43　语言运用实例2仿写分析

平时多积累诗词名句，真的很有用，他们可以为我们提供现成的语言材料，帮助我们完成这些句子，并且还可以让我们的语句更有意境。实际上，诗句的化用，也为我们作文写作中增光添彩的方式之一。

闲话休叙，让我们再重复一下仿句的十六字方针：

"固定模式""替换对象""同款修辞""连贯一致"。

你有没有学会这样的技巧呢？

（二）对联、宣传语、广告词

1. 对联

有关对联的知识是非常丰富的，但是面对考试来说，没必要整得太复杂，我们只要知道基本的规律即可。一般来讲，考试题会拟出某一联，然后要求你对出上联或者下联，而且还会在题干中设置相关的应用场景，给考生一定范围的提示。

我们的答题思路是分割—配对—组合，即首先把给出的这一联，从词语、短语、意义等角度来进行分割；其次根据提示或者自己的知识积累，找到相类似的内容来进行配对；最后组合在一起，看看是否合适。我们配对的这一联，一般来讲是要求：字数相等，断句一致；平仄相合，音韵和谐；词性相对，位置相同。

我们这里举一些例子，使用律诗中的颔联、颈联，这在律诗中是要求使用对偶句的典型，也就是说律诗中的第二、三联，按照律诗的格律要求，必须使用对偶句。当然，这也是我们学习撰写对联的极好的仿写对象，因此我一般都建议大家在写对联的时候，"仿名联"。比如白居易的《钱塘湖春行》中："乱花渐欲迷人眼，浅草才能没马蹄""几处早莺争暖树，谁家新燕啄春泥"，自行体会一下。

还有一种搞怪题，就是让你把混乱的一堆对联，自行重组配对，并区别上下联，说出理由。我们这里讲一讲如何区别上下联。我们贴对联的时候，正对门的右手边是上联，左手边是下联，门楣上的叫作横批，也就是"自右而左，由上而下"。根据规律，上联的末尾字声调为仄声，也即普通话中的三声和四声，下联末尾字的声调为平声，也即普通话中的一声和二声。由此，你可以根据已经配对选定的两联，观察其末尾字的声调，来确定上下联。

简言如图 2-44 所示：

模式
分割→配对→组合
速记口诀
字数相等，断句一致；平仄相合，音韵和谐；词性相对，位置相同
张贴

自右而左，由上而下	内部
上联：末尾字声调为 v\（仄声）	（一三五不论）
下联：末尾字声调为 -/（平声）	（二四六分明）

建议
仿名联（律诗中颔联、颈联）（对偶句）

图 2-44　语言运用——对联

例 3：

下面的句子不成对偶，请改动下句，使它们组成一组对偶句。

上句：看社会知国情坚定报国志

下句：放眼瞻望未来明确自己肩负的重大任务使自己的爱国心情越来越增强

改为：_____

例4：

中华大地，英才辈出。为了弘扬中华儿女的优秀品质，班级举行了"数风流人物，还看今朝"的主题班会。让我们怀着对中华儿女的崇敬之情来完成下列任务。

为了给这次主题班会拟一副对联，同学们想出了一个上联，请你从下列8个短语中选用4个组成下联。

时代先锋　看今朝　兢兢业业　谱新篇

齐奋斗　　继往开来　盼未来　　勇争先

上联：忆往昔革命前辈开天辟地创伟业

下联：_____

分析如图2-45所示，各位自己去感悟一下。

例3　下面的句子不成对偶，请改动下句，使它们组成一组对偶句。
第一步：分割（短语类型、兼顾音节和意义）
上句：**看社会/知国情/坚定报国志**
下句：**放眼瞻望未来/明确自己肩负的重大任务/使自己的爱国心情越来越增强**
第二步：配对（注意使用缩略语以保持短语般配）
改为：**望未来明重任增强爱国心**
第三步：组合（看表达是否流畅、合理、有意义）

例4　中华大地，英才辈出。为了弘扬中华儿女的优秀品质，班级举行了"数风流人物，还看今朝"的主题班会。让我们怀着对中华儿女的崇敬之情来完成下列任务。

为了给这次主题班会拟一副对联，同学们想出了一个上联，请你从下列8个短语中选用4个组成下联。

时代先锋　看今朝　兢兢业业　谱新篇

齐奋斗　继往开来　盼未来　勇争先

第一步：分割（短语类型、兼顾音节和意义）
上联：**忆往昔/革命前辈/开天辟地/创伟业**
第二步：配对（词性相对、意义相关）
下联：**看今朝　时代先锋　继往开来　谱新篇**
第三步：组合（看表达是否流畅、合理、有意义）

图2-45　语言运用实例3实例4对联分析

2. 广告词、宣传语

广告词和宣传语放在一起，是因为二者的相似之处较多，比如都比较简洁、通俗，都具有较强的目的性——让人知晓并采取某种行动，在写作方法上也是相通的。

广告词的考法主要有两种，其一为赏析广告词，其二为拟写广告词。我们首先从赏析入手，看看好的广告词有哪些特点，赏析的步骤是什么，其后对于如何拟写广告词就非常清楚了。优秀的广告词，往往能够通过巧妙的构思，快速地抓住消费者的心理，促使消费者采取广告商期待的行动。与之类似，宣传语也是为了让受众了解相关内容并采取行动。因此在赏析的时候，我们的步骤是：技巧分析—产品联系—推销效果。如使用了比喻的修辞手法，具体的表述的话，就是：该广告词运用了＿＿比喻＿＿的手法，把＿＿＿＿＿＿比作＿＿＿＿＿＿，生动形象地写出了＿＿＿＿＿＿的特点，激发了消费者的购买欲望，构思巧妙，增强了表达效果（如图2-46所示）。

赏析模式

技巧分析→产品联系→推销效果

考点 { 1. 拟写 2. 赏析 }　　化用（诗词、俗语、成语）；一词多义，反复刺激

1. 技巧（手法）：（常用）比喻、拟人、夸张、对偶 {
①句式对称　（音调和谐，朗朗上口，便于记忆）
②谐音相关　（词浅意深，回味无穷）
③对比手法　（对比鲜明，发人深省）
④拟人手法　（生动有趣）
⑤押韵顺口　（直接简练）
⑥幽默手法　（易被接受）
}

2. **产品**：名称、特征、功能（主题）

3. **推销**（宣传）：消费者心理、构思巧妙

示例：

运用了＿＿＿＿＿＿的修辞手法，＿＿＿＿＿＿地写出的特点，＿＿＿＿＿＿，构思巧妙，能够激发消费者（受众）的购买欲望（注意力）。

图 2-46　语言运用——广告词宣传语

在现实生活中，我们看到的广告语，常常会采取化用实词、俗语、成语等方式，达到通俗易懂的目的，而且常常一词多义，反复刺激，让消费者"过目不

忘""过耳不忘",以及进一步采取购买的行动。我们这里简单列举一些常见的赏析技巧,如常见的修辞手法有比喻、拟人、对偶、双关、夸张等,在这一点上,大家完全可以参照使用记叙文答题技巧里有关修辞手法的表述形式。作为广告常用的手法及效果,如:①句式对称,音调和谐,朗朗上口,便于记忆;②谐音相关,词浅意深,回味无穷;③对比手法,对比鲜明,发人深省;④拟人手法,生动有趣;⑤押韵顺口,直接简练;⑥幽默手法,易被接受。

这里需要提醒的是,"产品联系",指通常在广告词中,会嵌入产品的名称、特征、功能(主题)等,这样更不容易跑题,也就针对性更强。在拟写广告词的时候,最好如此,方能保证少丢分甚至不丢分。"推销效果",表述为"技巧效果"+"吸引并激发消费者购物欲望"。

例5:

下面是美国关于眼镜的一则广告,你喜欢这则广告吗?为什么?

眼睛是灵魂的窗户,为了保护您的灵魂,请您为窗户安上玻璃吧!

在这一则广告中,首先"技巧分析",找出其使用了比喻的修辞手法;其次"产品联系",虽然没有直接说出广告的商品,但是可以推测出指的是眼镜;最后是"推销效果",可以看到其表达了对消费者的身体(灵魂)健康的关心(关注人们的切身利益,更能够引起人们的注意),使消费者乐于接受诱导。换句话说,广告词通过对人们的切身利益的关心,来激发人们对于眼镜的购买欲望。而运用比喻的修辞手法,生动形象,较好地达到了这一目的。

例6:

太平洋保险公司打出了一条精彩的广告语:"平时一滴水,难时太平洋。"请你说说这句广告语好在何处?

对于这道题,我们通过"技巧分析—产品联系—推销效果"的思路,可以明确运用了比喻、对比、夸张的修辞手法,具体表述各位自行分析。我们还可以从中重点了解,广告语是如何把"太平洋保险公司"的名称,巧妙地嵌入广告语中的。另外,"一滴水"与"太平洋"的对比,还揭示了保险的作用。因此,详细分析的话,本则广告语的妙处可以分为三点。

我们把分析过程简化为如图2-47所示。

例5

下面是美国关于眼镜的一则广告,你喜欢这一广告吗?为什么?

<u>眼睛是灵魂的窗户,为了保护您的灵魂,请您为窗户安上玻璃吧!</u>
比喻　　　　　　　表达关心爱护,　　　　提供建议　　暗示"眼镜"
　　　　　　　　　温情
（技巧分析）　　　（宣传效果）　　　　　　　　（产品联系）

例6

太平洋保险公司打出了一条精彩的广告语:"平时一滴水,难时太平洋。"

请你说说这句广告语好在何处?

（技巧分析）

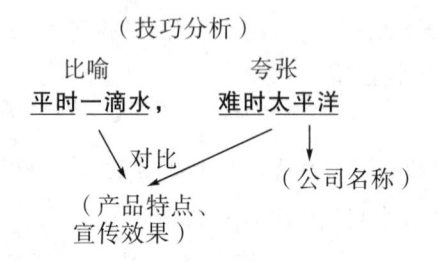

比喻　　　夸张
<u>平时一滴水,</u>　<u>难时太平洋</u>
　　↓对比　　　　（公司名称）
（产品特点、
宣传效果）

图2-47　语言运用实例5、实例6广告词分析

【**例5参考答案示例**】（共4分）参考：喜欢。该广告没有直接说出广告的商品,但已用暗喻（或比喻）的手法间接地告诉了消费者,显示了对人们切身利益的关心,因而使消费者乐于接受这样的诱导。

按照麻辣语文的表达方式为：<u>喜欢。这里运用了比喻的修辞手法,把给眼睛配眼镜,比作为心灵的窗口（眼睛）安装玻璃,生动形象地写出了眼镜的重要性,并且表达了对人们切身利益的关心,激发了人们的消费欲望,达到了良好的广告效果。</u>

【**例6参考答案示例**】广告语与公司名称巧妙结合；揭示了保险的作用；用了比喻、对比、夸张的修辞手法（修辞答到一点即可）,增强了表达效果。

前面都是"赏析"类型的,下面我们来说说拟写广告词、宣传语的方法。审题的时候,我们要注意题干中有关拟写内容的主题,把主题中的关键词圈点出来,然后在拟写的宣传语中重现。之所以强调关键词的重现,在于这样的话就不容易跑偏——始终是围绕着主题来创作的。

当然,有的题目对拟写的广告词、宣传语有字数的要求,这时候你可以先创作,然后再去斟酌删减字数。在这里,我们不建议使用长句,因为长句不利于朗朗上口，不利于传诵和记忆。因此，既可以是对偶句，也可以是普通的短句。

我们以下面两道题为例：

例7：

【湖南省邵阳市】邵阳市创"国家卫生城市"活动开展得如火如荼，某学校计划开展以"共创国卫"为主题的系列活动。

(1) 请你为本次主题活动拟一条不超过15个字的宣传标语。

_____

例8：

【贵州省铜仁市】今年3月份，铜仁市对全市开展"整脏治乱，创建卫生县城"的活动进行了明察暗访。请你为"整脏治乱，创建卫生县城"活动拟写一条标语。

简略分析如图2-48所示。

例7 【湖南省邵阳市】邵阳市创"国家卫生城市"活动开展得如火如荼，某
　　　　　　　　　　　　　　　　　关键词："卫生城市"
学校计划开展以"共创国卫"为主题的系列活动。

(1) 请你为本次主题活动拟一条不超过15个字的宣传标语。

【答案示例】你我共创卫生城市，让家乡更美！

这两道例题，除了字数要求不一样外，完全可以共用相同的宣传标语，你品，你细品！

例8 【2019年贵州省铜仁市】【试题】今年3月份，铜仁市对全市开展"整脏治乱，创建卫生县城"的活动进行了明察暗访。请你为"整脏治乱，创建卫生县城"活动拟写一条标语。
关键词："卫生县城"

【答案示例】①营造良好环境，共创美好家园。②美化环境利国利民利家，保护环境靠你靠我靠他。③创建卫生城市，构建和谐社会。④我为城市保清洁，城市为我保健康。

图2-48　语言运用实例7、实例8宣传语分析

所以，我们建议同学们平时背诵记忆一些常见的宣传标语，考场上就可以进行关键词更换，或者进行改编和仿写。

(三) 句子排序、言外之意、复述与转述

1. 句子排序

关于句子排序的考查，一般都是采用选择题的形式，因此在教学中，根据学

生的反馈，我们一般分为三步走。学生们喜欢凭直觉，然后运用排除法来选择，其成功率也挺高的。但我们老师授课，就不能只"凭直觉"，还是要结合技术手段与文意理解的逻辑来准确辨别。因此，我们采用了"三步走"的方式：首先找出信号词，其次结合选项使用排除法看是否可以选出答案，最后运用文段内在逻辑关系分析来确认答案。（如图2-49所示）

模式

信号词 —排→ 除法 —逻→ 辑关系

1.**常规法**：事情发展、时间先后、先总后分、空间变换
2.**分体裁**：

记　　叙文：时间、空间、事件
议　　论文：观点+论证+总结（提出分—析—解—决）
说　　明文：特点+说明（时间、空间、逻辑顺序）

3.**土法**：①排除法
　　　　②抓语言标志
　　　　　　关联词呼应
　　　　　　暗示性词语
　　　　　　指代意义词
　　　　　　过渡对应关系+陈述对象一致

信号词
　　并列（在后）：同时
　　相反、相对：与此同时、与此相反、反过来说、退一步说
　　主次轻重：首先、其次、再次、最后
　　时间先后：过去、现在、将来
　　表结论：总之、综上所述、由此看来
　　表综合：诸如此类

图2-49　语言运用——句子排序语境填空

例9：

【眉山】下列选项中排序恰当的一项是（　　）。

①人们已认识到，家风是一辈又一辈先人生活的结晶，所以要向后代传递出正能量。
②古人撰写在门框上的"忠厚传家久""持家尊古训"，就是一种传统的家风。
③俗话说"龙生龙，凤生凤，老鼠的儿子会打洞"，是对古今家风的一种诠释。
④家风就是家庭的风气，它是一个家庭的传统和文化。
⑤而今父母懂规矩，知书达理，有这样良好的文化氛围，后人自会获得很好的熏陶。

A. ④①③②⑤　　　　　B. ④③①②⑤
C. ④①②⑤③　　　　　D. ④②⑤③①

分析如图2-50：

例9【眉山】下列选项中排序恰当的一项是（　　）
①人们已认识到，家风是一辈又一辈先人生活的结晶，所以要向后代传递出正能量。（结论）
②古人撰写在门框上的"忠厚传家久""持家尊古训"，就是一种传统的家风。（古）
③俗话说"龙生龙，凤生凤，老鼠的儿子会打洞"，是对古今家风的一种诠释。（对前两句的总结）
④家风就是家庭的风气，它是一个家庭的传统和文化。（先"传统"，后"文化"）（总起句）
⑤而今父母懂规矩，知书达理，有这样良好的文化氛围，后人自会获得很好的熏陶。（今）

A.④①③②⑤　　B.④③①②⑤

C.④①②③⑤　　D.④②③⑤①

图2-50　语言运用实例9句子排序分析

【答案解析】D。第④句为总说句，应放在最前，接着先说"传统"，再说"文化"，因此为②⑤，第③是对②⑤的总结，第①是全文的总结，应放在最后。

例10：
依次填入下面横线上的语句，顺序最恰当的一项是（　　）。
于是我转念想，对于我们，家又何尝不是一只船？_____
①时而风平浪静，时而波涛汹涌。
②但因为乘在这只熟悉的船上，我们竟不感到陌生。
③但只要这只船是牢固的，一切都化为美丽的风景。
④岁月不会倒流，前面永远是陌生的水域。
⑤这是一只小小的船，却要载我们穿过多么漫长的岁月啊！

A. ④①③⑤②　　B. ④③①②⑤　　C. ⑤④②①③　　D. ⑤②④③①

分析如图2-51：

例10 依次填入下面横线上的语句，顺序最恰当的一项是（ ）
于是我转念想，对于我们，家又何尝不是一只船？_____。

①时而风平浪静，时而波涛汹涌   "波涛汹涌"与后文"牢固"相连

②但因为乘在这只熟悉的船上，我们竟不感到陌生

③但只要这只船是牢固的，一切都化为美丽的风景

④岁月不会倒流，前面永远是陌生的水域   "陌生"与后文"熟悉"相对

⑤这是一只小小的船，却要载我们穿过多么漫长的岁月啊
  承接前文"一只船"   "岁月"引出下文

A.④①③②　　　B.④③①②⑤　　　C.⑤④②①③　　　D.⑤②④③①

看懂这些箭头符号，应该就明白前后的句子之间的关系了。

图 2-51　语言运用实例 10 句子排序分析

【答案解析】C。根据语意连贯的原则，可判定⑤句的"这"指代"家何尝不是一只船"，然后根据段末的句式与剩余的四句形式判断剩下四句应为两两对应的转折句式，由⑤句末尾的"岁月"判定后面应为④，由④句内的"陌生"判定转折句为②，由此可判断答案为 C。

【点评】做该题时，要先了解文段的内容，找出写作的顺序，并弄清楚句子之间的关系，方可得出答案。

2. 言外之意

言外之意确实是有点"玄"的意味，大概应该和一个人的社会化程度有正相关的关系。经常生活在社群之中的人，应该不会太难。但如果是一个很少与人交往的人，或者在某方面比较陌生的情况下，理解起来就往往与说话者的原意大相径庭了。特别强调，要注意当时的语境了，只有在具体的语境当中，某些话语才会有特殊的含义，也才会产生"言外之意"。

如图 2-52 所示：

原则
1. 细揣语气，领会感情　　2. 结合语境，巧悟婉言
3. 言此意彼，一语双关　　4. 切入情景，揣摩意图

图 2-52　语言运用——言外之意

我们来一组练习看看。

例 11：

张明匆匆走进教室，习惯地用卫生纸把自己的座位擦干净，随手将纸扔在地上，同学王晓敏看见后说："你很讲究个人卫生哩！"张明不好意思地笑了笑，说："＿＿＿＿＿＿＿。"随手将纸团拾起来，扔进了教室外面的垃圾箱。

（1）王晓敏的话言外之意是：＿＿＿＿＿＿＿

（2）张明该怎样说才得体？＿＿＿＿＿＿＿

例 12：

李大华正在阳台上浇花，楼下的刘阿姨说："小李，你真爱美啊，我刚晾的被单也锦上添花了。"你听出刘阿姨的言外之意是：＿＿＿＿＿＿＿（重庆市中考题）

例 13：

邻居说："你家的小强真刻苦，每天夜里都十二点多了，我们还听见他在弹琴哩！"其言外之意是＿＿＿＿＿＿＿（山东省日照市中考题）

简析如图 2-53，只要语言表述体现说话人的意图即可。

例11
　　　　　　　　　　　　　　　　　　　　　不讲究环境卫生
　　张明匆匆走进教室，习惯地用卫生纸把自己的座位擦干净，随手将纸扔在地上，
　　　　　　　　　　　　　　　　　　行为　　　　　　　　　　　　　　　　行
同学王晓敏看见后说："你很讲究个人卫生哩！"张明不好意思地笑了笑，　　为
　　　　　　　　　　　　　相反言行　　　　　　　　　　　　　　　　　　　变
说："＿＿＿＿公共卫生。"随手将纸团拾起来，扔进了教室外面的垃圾箱。　　化

　　（1）王晓敏的话言外之意是：＿＿＿＿＿＿＿＿＿＿＿。
　　（2）张明该怎样说才得体？＿＿＿＿＿＿＿＿＿＿＿。

例12
　　李大华正在阳台上浇花，楼下的刘阿姨说："小李，你真爱美啊，我刚晾的被
　　　　　　　　　　　给花浇水
单也锦上添花了。"你听出刘阿姨的言外之意是：＿＿＿＿＿＿＿（重庆市中考题）
　　被单被淋湿、弄脏

例13
　　邻居说："你家的小强真刻苦，每天夜里都十二点多了，我们还听见他在弹琴
　　　　　　　　　客气话　　　晚上睡觉休息的时间　　　　　　琴声（噪音）
哩！"

其言外之意是＿＿＿＿＿＿＿＿＿＿＿＿＿＿＿＿＿＿（山东省日照市中考题）

　　言外之意的理解，始终不能脱离语境！

图 2-53　语言运用实例 11、实例 12、实例 13 言外之意分析

3. 复述与转述

复述与转述，在日常生活中常常会遇到。我们也深有体会，有些人叽叽喳喳说了半天，我们都不知道他说了一些什么，还得时不时提醒"说重点"。而有的人三言两语，能够把复杂的事情表述得清清楚楚。这确实就是人和人的表达能力不同造成的。

要点 { 1. 复述：提纲＋关键词（要素）
2. 转述：人称变换＋关键词＋综合

要素示例：
    时间：特殊时间节点转换（如今天、明天）
    地点：是否特别强调
    人物（称呼）：不同场景中的变化

图 2—54　语言运用——复述与转述

例 14：

（安徽）张爷爷患高血压病，近日收到女儿从外地寄来的降压药，但不知怎么服用。下面是降压药说明书中的部分内容。请你从中选取必要的信息，用自己的话转告张爷爷，要求语言简明，表达得体，不超过 30 字。

【性状】本品为薄膜衣片，除去薄膜衣后显白色。

【适应症】用于治疗高血压。

【规格】5mg/片。

【用法用量】成人每日推荐剂量为 10mg，每日一次，早晨服用较好，饭前饭后均可。可以长期连续用药。

简析如图 2-55：

例14（安徽）<u>张爷爷</u>患高血压病，近日收到女儿从外地寄来的降压药，但<u>不知</u>
　　　　　老年人，一般记忆力不好　　　　　　　　　　　　转述目的，
<u>怎么服用</u>。下面是降压药说明书中的部分内容。请你从中选取必要的信息，用
避免画蛇添足
自己的话转告张爷爷，要求语言简明，表达得体，<u>不超过30字</u>。
　　　　　　　　　　　　　　　　　　　　　　表述要求

【性状】本品为薄膜衣片，除去薄膜衣后显白色。

【适应症】用于治疗高血压。

【规格】<u>5mg/片</u>。　转换为"2片"

【用法用量】<u>成人</u>每日推荐剂量为<u>10mg</u>，<u>每日一次</u>，<u>早晨服用</u>较好，饭前饭后均可。
　　　　　　　　　　　　　服用量　　服用方法
可以长期连续用药。

　　　　考虑如下要求：1.针对老年人，表述要口语化、简单易记
　　　　　　　　　　2.关键信息完整，减少干扰信息

<u>参考答案示例</u>：张爷爷，您每天早晨吃一次，每次吃两片就得了。

　　　　　　图 2-55　语言运用实例14 复述与转述分析

例 15：

（贵州安顺中考）语言的实际运用。

周末，王涛和几个同学相约骑自行车去郊外踏青。但不幸的是，回家途中刘明在西山路段意外跌倒，右腿不能动弹且有少量流血。王涛向120急救中心拨打电话求助，然后电话告知刘明的父亲，王涛应该怎么说？

简析如图 2-56：

例 15 （贵州安顺中考）语言的实际运用。
周末，王涛和几个同学相约骑自行车去郊外踏青。但不幸的是，回家途中刘明在西山路段意外跌倒，右腿不能动弹且有少量流血。王涛向 120 急救中心拨打电话求助，然后电话告知刘明的父亲，王涛应该怎么说？
（王涛和几个同学相约骑自行车：身份关系、有关语境称呼及自我介绍）
（西山路段：关键地点）
（右腿不能动弹且有少量流血：伤情，与医护准备密切相关）
（王涛向 120 急救中心：急救送医，注意接收医院名称）
（刘明的父亲：身份关系、有关语境称呼）

(1) 对 120 急救中心：称呼＋告知伤情＋地点＋求助需求。
(2) 对刘明的父亲：称呼＋自我介绍＋伤情＋现状（已拨打 120 求助）＋安抚焦虑＋后续安排

思考如下要素：
1. 考试采分点一般包括称呼及礼貌用语，注意语言得体。
2. 针对不同的说话对象，注意关键信息不可遗漏，如告知 120 急救中心伤者准确地址。
3. 思维要灵活，联系现实来考虑，比如自我介绍能够让刘明父亲相信；刘明父亲可以直接去医院等。

图 2-56 语言运用实例 15 复述与转述分析

【例 15 答案示例】：
(1) 对 120 急救中心：示例：急救中心吗？我同学在西山路段意外跌倒，右腿不能动弹且有少量流血，请你们赶快来救救他，好吗？
(2) 对刘明的父亲：示例：叔叔，您好，我是刘明的同学王涛。刘明右腿受伤了，我已经拨打了 120，请您直接到××医院去看他。

（四）图表解说

图表解说，包括"图"和"表格"。图又分为柱状图、曲线图等不同的形式。解题的基本图示如图 2-57：

核心　文字搬运工

模式
表格题

查看对象 → 比较项目 → 差异最大化 → 准确表述
（主题）　（分级）　　（数据）　　（条理）

模式

柱状图＋曲线图 { 1. 分别比较，分条表述
2. 描述"趋势"
3. 搬运题干及图表中文字 }

用词准确 { 1. 增长趋势：增长（加）了、增加到、增长了××倍、与同期相比，增长……
2. 下降趋势：减少了、减少到、减少了（百分比、分数）（不可用倍数）
3. 程度范围：近一半（约50%）、大部分（约55%～80%）、绝大多数（80%以上）、所有、约X成 }

图2-57　语言运用——图表解说

提起图表题，有些同学马上进入"半昏迷"状态：这是啥跟啥啊！山人根据研究，那就是四步骤：

①查看对象—②比较项目—③差异最大化—④表述准确

以下面这道题为例，对这四个步骤做一些简单的介绍。

例16：

下面表2-2是中国天气网发布的2018年5月1日河北省部分城市天气情况的预报。请概括从图表中获取的主要信息。

2018年5月1日河北省部分城市天气预报。

表2-2　语言运用实例16图表解说

城市	白天			夜间		
	天气现象	风向风力	最高气温	天气现象	风向风力	最低气温
石家庄	雷阵雨	北风3～4级	22℃	小雨	北风<3级	12℃
唐山	阴	东风3～4级	23℃	阵雨	北风3～4级	11℃
廊坊	阴	东北风3～4级	25℃	小雨	北风<3级	12℃
沧州	阴	东北风3～4级	22℃	小雨	北风3～4级	12℃

续表2—2

城市	白天			夜间		
	天气现象	风向风力	最高气温	天气现象	风向风力	最低气温
衡水	阴	北风3～4级	24℃	阵雨	北风3～4级	13℃
邢台	阴	北风<3级	23℃	阵雨	北风3～4级	13℃

首先,"查看对象"指你要认真地阅读题干,了解本题图表的主题是什么,比如上题"2018年5月1日河北省部分城市天气情况"就是图表的主题。我们也可以说图表上的标题"2018年5月1日河北省部分城市天气预报"作为主题,也就是要表述的对象。在这里我们编号1。

其次,"比较项目"指图表中有哪些项目,如本题的"城市""白天""夜间""天气现象""风向风力"等,可以分为"一级项目""二级项目",我们也做相应的编号。

再次,"差异最大化"很重要,它指的是比较的数据内容,哪些比较极端,或者相互之间比较起来差异很大。比如本题中,比较极端的夜间下雨这一项目(编号9),或者是晚上的"风向"都是"北风";也有相对差异大的,如"白天"的"天气现象"是"阴"(编号12),除了"石家庄"是"雷阵雨"。

最后,"准确表述"指的是,在语言表述中,要注意到题干要求的实质是"表达方式转换"还是"信息推断",有没有如"不得使用数字"或者"不超过××字"等。这里对用词准确补充这些必记"话术"。

当我们明确了以上几项内容如何区别和找出之后,我们可以运用"文字搬运工"的技巧了。也就是说在图表题中,如果我们准确找出了这些内容,只有根据要求重新组合就可以了。上面的图表中,就分别做了编号,只要把编号连接一下,就可以组合出不同的信息内容。

当然,我们在提取信息的时候,也是按照信息的重要程度,尤其是从最明显(最极端)到一般(相对比例较大)的顺序进行。在主要内容明确之后,把语言表述通顺即可。

如本题前最极端的就是下雨,不管是"阵雨"还是"小雨",反正是下雨,"风向"也都是"北风"。因此我们组合就是"2018年5月1日河北省部分城市天气情况显示,6个城市夜间天气现象为降雨,风向为北风"。如果用数字化表述就是"1+显示,部分2+4+5+下雨9,6+10"。是不是觉得太简单了?!

你能用自己的语言来表述"1+2+3+5+11+12"吗？你还能找出哪些相对比较特殊的情况？比如"风力""温差"之类的？

这就是"文字搬运工"，把题干及图表中的词语（短语）进行组合，就变成了你要提取的主要信息。

分析见表2-3。

表2-3 语言运用实例16 图表解说分析

对象、主题 ①
2018年5月1日河北省部份城市天气预报

②城市\项目	③白天			④夜间		
	⑤天气现象	⑥风向风力⑦	最高气温⑧	天气现象	风向风力	最低气温
石家庄	雷阵雨	北风3~4级	22℃	小雨	北风<3级	12℃
唐山	阴	东风3~4级	23℃	阵雨	⑩北风3~4级	11℃
廊坊	阴	东北风3~4级	25℃	小雨	北风<3级	12℃
沧州	阴	东风3~4级	22℃	小雨⑨	北风3~4级	12℃
衡水	阴	北风3~4级	24℃	阵雨	北风3~4级	13℃
邢台	阴	北风<3级	23℃	阵雨	北风3~4级	13℃

（差异最大化：东阴）

分析：横线表示具体内容，以序号来标示。"文字搬运工"，就是把这些内容搬运过来。差异最大化部分，需要我们对比之后概括出来。

参考答案：

1. ①+显示，部分②+④+⑤+下雨⑨，⑥+⑩"
2. ①+②+③+⑤+⑪+⑫（你能够用自己的语言来表述吗？）

【例16参考答案示例】①2018年5月1日河北省部分城市夜间均有雨，风向均为北风。

②河北省部分城市除石家庄白天有雷阵雨，剩余城市均为阴天。

③河北省部分城市白天除邢台小于三级外均稳定在三到四级。

④廊坊昼夜温差最大。

通过这样的练习，希望您能够"手到擒来"。

下面我们来看这种"曲线与柱状"的组合图。饭要一口一口吃，项目要一项一项地比较，所以我们一定要稳住自己，一种图形分析完成后再分析另一种图形。

例17：

（辽宁省沈阳市）根据下面图表（图2-58）提供的信息，将九年间中国电影票房收入和增长率的整体形势写成一段话。要求内容完整，语言连贯，不超过80字。

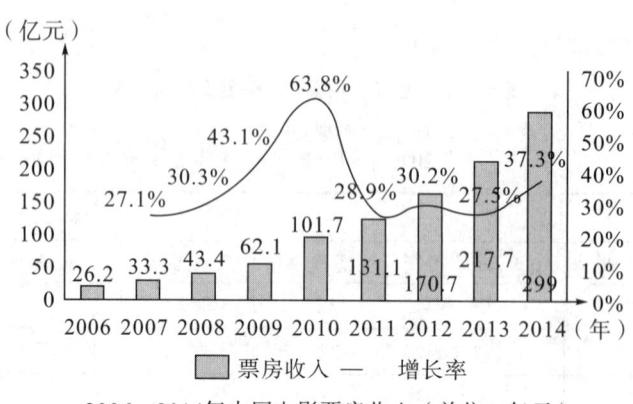

图2-58　语言运用实例17图表解说

分析图示如图2-59所示。

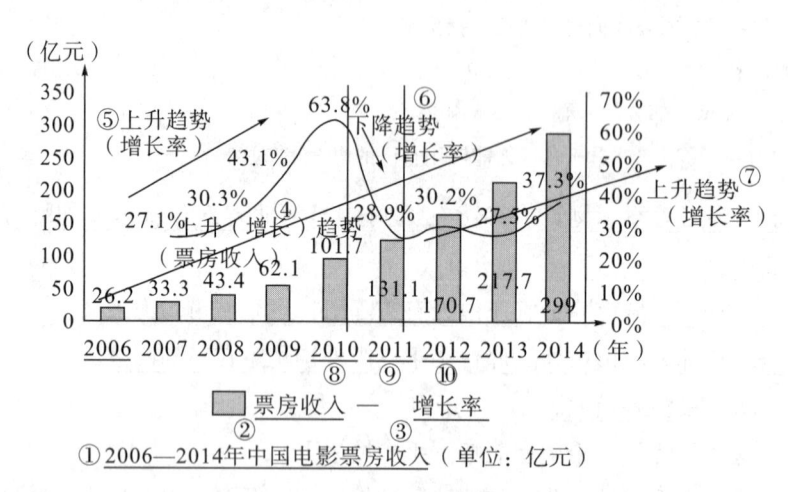

第一步：勾画出"查看对象"及"比较项目"。
第二步：分析"差异最大化"的趋势，准确描述。
第三步：完整表述。

图2-59　语言运用实例17图表解说分析

根据题干要求，我们可以得出【例17参考答案示例】九年来中国电影票房收入金额保持着持续增长的态势。2010年之前呈现出快速增长趋势，2010年至2011年增长率快速下降，2011年后呈现出平缓稳定的增长趋势。

各位可以发现，我们特别强调认真审题，从题干中找到相应的字词，进而重组我们的答案。"文字搬运工"就是这个意思。不管图片有多么的复杂，只要我们记住，不同图形分别分析，得出相应的结论，最后来根据题干要求进行重组即可。并且，要牢记表示趋势的那些词语，灵活运用。

（五）图形、图案、漫画等内容及寓意解说

做这类题型的时候，运气好我们可以一眼看穿图画的含义，运气不好的话就感觉这画的是啥！我们做题当然不能只凭运气，而是要有一些基础知识，去寻找一些突破口，至少能够基本了解图画的内容及可能的意义。还是那句话，"大家都是人"，作画者既希望自己的画别有深意创意满满，又希望世间能够有知音能够识破自己的小心思。既然如此，那就一定给我们留了一扇门的钥匙。

首先，图画中多半都有我们较为熟悉的内容，这就是入手的第一步。从图形图案中最明显、最熟悉的开始，一步一步地分解构图要素，根据我们的生活常理，联系到题干的主题，发挥联想与想象，赋予各要素以相应的意义。在这一步中，我们不要怕"歪解"了图画的意义，实际上你在做题的时候，根本就不知道自己有没有做对——至少内心是寄期望于运气而不是确信，既然如此，那就大胆猜测，果断下结论。

其次，要素组合起来的寓意是什么？可以再次联系主题进行思考，赋予其相应的意义。一般来说，从三点去思考：①题干中"_____"的图标，这样的表述往往与主题有关；②看看图形图案中，哪些要素与主题最有关联，把这部分首先表述出来；③图形图案中有时候也有文字部分，以此来明确相关主题，当然也有题干要求文字部分不需要表述。有人说，我即使看了这些也一头雾水，其实这是你不自信的表现，实际上你一定有所感触，这个时候，即使是生拉硬扯联系起来，也未为不可——毕竟这是考试，回答有内容才可能得分，留空白那就必然丢分了。

核心要素就是，只要你平心静气，把熟悉的东西抓住，往主题上使劲靠，那么至少基础分是能够拿到的，这部分就是我们说的作者期望我们知道的部分，至于创新部分，那就和我们每个人的领悟能力有关了。多做题，多看图，多分析，鉴赏能力一定会大大提高的。

分析技巧如图 2-60 所示。

模式　构图要素──→寓意
　　　　分解→生活常理→组合
　　　（分解各部分，　　（目的，整体含义）
　　　　联想其含义）

要诀　最明显
　　　最熟悉　的开始→联系主题，发挥想象

技巧 { 1. 题干中"＿＿＿＿"的图标，与主题有关
　　　2. 图形图案中与主题最有关联的部分
　　　3. 图形图案中的文字部分

图 2-60　语言运用——图形图案

例 18：

（河北省定州）下面是"第 25 届中国金鸡百花电影节（2016 中国·唐山）"标识（图 2-61），请写出除文字以外的构图要素，并说明图形寓意，要求寓意简明，句子通顺，不超过 90 字。

第25届中国金鸡百花电影节
2016中国·唐山

图 2-61　第 25 届中国金鸡百花电影节（2016 中国·唐山）标识

在做题的时候，永远记住"认真审题"，通过题目我们已经知道如下的关键词："第 25 届""电影节""金鸡百花""唐山"。还知道题目要求"除文字以外"的"构图要素——寓意"。下面我们着手来解决问题。

首先是分解图案，从最明显最熟悉的开始，一项一项地圈出来。我们看到：① 一段类似于"电影胶片"的东西，因此这个东西应该是和"电影节"相关联；② 整个图形有点像阿拉伯数字 25，这应该和"第 25 届"相关联；③ 最顶上有一个部分，有

点类似于雄鸡的鸡冠，是不是和"金鸡奖"有关？看到这里，我们基本上把自己脑海里的熟悉的东西——跟关键词做了比对，还真有点那么回事对吧？其实这个标识还暗含了地域特点，但是这一图形来源于汉字的草书，很多同学不熟悉——那就是图形类似于汉字草书的"唐"，这一点同学们看不出来也正常，不必自责。

分析如图 2-62 所示。

```
第一步：从最熟悉          ③鸡冠
的开始辨认
                         ②数字25

                         ①电影胶片

        第25届中国金鸡百花电影节
           2016中国  唐山

        时间、地点、事件
```

图 2-62 语言运用实例 18 图形图案"金鸡百花电影节标识"分析

【例 18 参考答案示例】构图要素有：汉字"唐"、金鸡形象、数字 25 和电影胶片。汉字"唐"凸显举办地唐山地域特征，金鸡形象体现电影节的主题内涵，数字 25 体现第 25 届，胶片元素体现了电影节。

例 19：

（河北省邯郸市）左图是中国船舶馆的图标（如图 2-63 所示），请写出该标志的构图要素及其寓意，要求语意简明，句子通顺，不超过 90 字。

图 2-63 中国船舶馆图标

第二部分　红汤锅（麻辣锅）：征战考场必杀技　｜ 197

阅读题干，得知关键词"船舶馆"，那多半和船有联系，我们的联想方向就是"船"，如帆、桨、水、航行等。我们再来审视图案，最明显最熟悉的有：圆形的地球，中心类似于孤单帆船的船帆，也像一群飞翔的大雁，下部类似于水波。再展开与主题有关的联想和想象（如图2—64所示）。

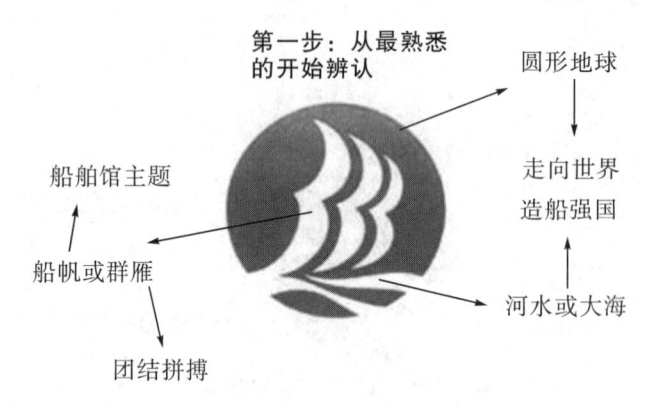

第一步：从最熟悉的开始辨认

圆形地球
走向世界 造船强国
河水或大海
船帆或群雁
船舶馆主题
团结拼搏

第二步：联系主题"船舶馆"

图2—64 语言运用实例19 图形图案"中国船舶馆图标"分析

【例19参考答案示例】图标由三艘扬帆航行的帆船和圆形组成。圆形代表世界，帆船反映展馆内容；同时，三艘帆船的帆又似一排奋飞的大雁，寓意团结拼搏、自强进取的伟大精神和把中国建设成为世界造船强国的宏大理想。（构图要素2分，寓意2分，字数1分）

图2—65 国家节水标志

例20：

图画（标）类转换 右图（图2—65）是我国的"国家节水标志"，请写出该标志的构图要素及其寓意，要求语意简明，句子通顺，不超过70个字。

例20的分析如图2—66所示：

第一步：从最熟悉
的开始辨认 ← 水滴

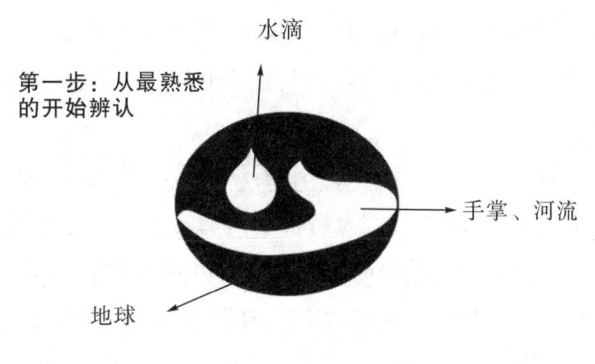

→ 手掌、河流

地球

第二步：联系主题"国家节水标志"

图 2-66　语言运用实例 20 图形图案"国家节水标志"分析

【例 20 参考答案】图标由水滴、手掌和圆形组成。圆形代表地球，象征节水能保护地球生态；手掌托着水滴，象征人人动手节约每一滴水；手掌又像一条河流，象征滴水成河。

例 21：

图 2-67 是 2013 年中国图书馆年会会徽，请写出该标志中除文字以外的构图要素及其寓意。要求：语意简明，句子通顺，不超过 100 字。

图 2-67　中国图书馆年会会徽

答：_____

本题各位可以结合下面的分析，自行想象具体分析过程。

审题，得知关键词"图书馆"，那么我们的联想方向就是和书籍、阅读、知识等有关。构图要素来说，从最明显、最熟悉的开始：这个图形整体上有点像一

第二部分　红汤锅（麻辣锅）：征战考场必杀技 | 199

本翻开的书，又有点像打开的门。由此可以往"图书馆年会""书籍打开知识大门"等方面去联想。当然，构图要素上来说，还有一个比较隐晦的形象：这个图案很像中文的"中"字。

【例21参考答案示例】①造型似一本翻开的书，又似两本相互倚靠、朝不同方向立起的书；寓意年会以"书"为纽带，沟通心灵。②造型像一扇打开的门；寓意书籍可以打开人们心灵世界的大门。③会徽粗实的边沿轮廓，勾勒出汉字"中"字，巧妙地将"书"的形象和"中"的字形融于一体；寓意书香中国，人文中国。[答出一点给2分（"形"和"意"各1分），答出两点给4分，答出三点给5分，意思对即可]

【解析】该会徽主题图案融合了"书""门""中"三方面的构图要素，每个方面均有其寓意，应分别作答。第三个方面应从"书香中国，人文中国"的角度解读其寓意，这有一定难度，需要考生有相应的文化积淀和思想深度。

"漫画内容及寓意"的理解办法，如图2-68所示。

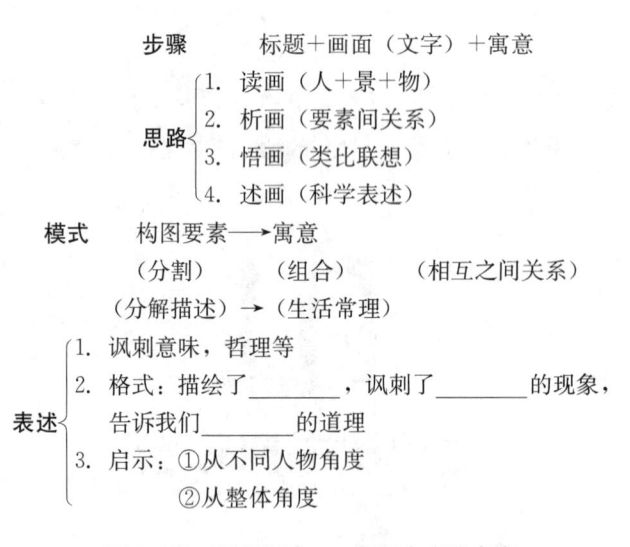

```
步骤        标题＋画面（文字）＋寓意
          ┌ 1. 读画（人＋景＋物）
思路      │ 2. 析画（要素间关系）
          │ 3. 悟画（类比联想）
          └ 4. 述画（科学表述）

模式      构图要素──→寓意
         （分割）   （组合）   （相互之间关系）
         （分解描述）→（生活常理）

          ┌ 1. 讽刺意味，哲理等
          │ 2. 格式：描绘了_____，讽刺了_____的现象，
表述      │         告诉我们_____的道理
          │ 3. 启示：①从不同人物角度
          └         ②从整体角度
```

图2-68　语言运用——漫画内容及寓意

例22：

请说明下边漫画（图2-69）的画面内容，并揭示其中的寓意。

答：

图 2-69 漫画"谁来扶我"

"说明画面内容",首先运用的是分解构图要素的方法,也就是说,依然从你能够辨识的东西入手,勇敢下笔,不要犹豫不决。其次,要注意表述的顺序,从左到右还是从上到下,根据图的具体情况,以方便于描述的顺序进行。重视描述的顺序,是为了避免描述的零碎、混乱,正确的顺序和准确的表述,其标准就是别人只听你的表述,脑海中能够较为准确地还原图片内容。本题我们图解如下,序号表示把这些关键词结合起来,稍加润色,即可以成为表达流畅的答案。

分析如图 2-70 所示:

参考答案:(画面内容)一位倒在地上的老人被一本写有"技术指南"的书
⑦　①②　　　　　　　　　　　　　　⑤　　　　　　　　⑥
拉起,道德倒在地上呼喊"谁来扶我"。
④　　　　　　　　③

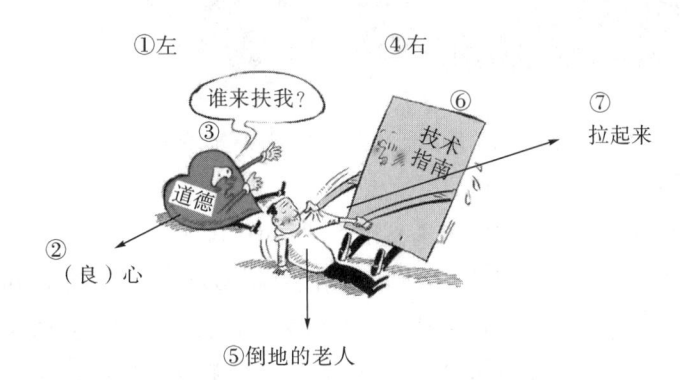

图 2-70 语言运用实例 22 漫画"谁来扶我"分析

寓意,则应该从图示内容,联系到当今社会现象,来分析作者想表达的意思。"扶不扶"如今成为很多人做好事前需要过的一个心理关,怕"碰瓷",怕"讹诈",不敢轻易去采取行动。于是,有人想出了"技术指南",就是帮助这些做好事的人，让善良有"保护"。我们可能能够扶起摔倒的老人，但是已经被抛下的道德怎么办呢？

【例22参考答案示例】（画面内容）一位倒在地上的老人被一本写有"技术指南"的书拉起，道德倒在地上呼喊"谁来扶我"。（2分）（寓意）一个社会沦落到需要技术层面来支撑道德底线的时候就非常危险了，全社会必须高度重视这个问题，并尽力解决。（2分）

例23：

漫画（无题）仔细观察漫画（图2—71），写出其寓意。

图2—71 语言运用实例23漫画（无题）

我们在讲解的时候，仍然应该从基础的"画面内容"入手，一则培养仔细观察的能力；二则通过这样的复述，可以为我们总结寓意提供确实的方向。当然，表述的时候，可以概括地从"谁做什么事"的方式进行，也要注意顺序。本题是典型的"只许州官放火，不许百姓点灯"，做父母的自己在娱乐，却不准孩子玩儿。"作业完成了吗"，如果回答"完成了"，那"看书去，就知道玩"就成为下一个命令。"现象"＋"道理"，这样的推导更完整，不易丢分。

分析如图2—72所示：

左　　　　中　　　　右

作业完成了吗？
别总想玩电脑。

看书去！就知道玩！

妈妈
玩儿电脑

爸爸
打麻将

小孩
耷拉着脑袋，委屈巴巴

图片内容描述，类似于看图说话，应该很容易表述。
寓意：家庭教育应该言传身教。

图 2-72　语言运用实例 23 漫画"无题"分析

【例 23 参考答案示例】这幅漫画揭示的是现实生活中家庭教育存在的问题。孩子沉迷网络（玩电脑），家长只顾自己娱乐；只是一味地要求孩子认真学习（却没有为孩子树立榜样），意符即可。

（六）请假条、通知、邀请函

请假条、通知、邀请函，在考试中出现，一般的考点价值在于：①格式正确；②语言表达得体；③内容完整准确。因此，我们首先要清楚这一类题型中，不同的书面格式是什么；其次是把握需要传达的信息要点，用得体的书面文字表达。在邀请中，我们除了书面的邀请函外，还有可能在口语环境中使用，同样是需要注意语言表达的准确得体。

有人说，只要一遇到这种"公文式"的表达形式，就变得"话都说不来了"，反感之情油然而生。实际上，学会表达的"套话"，反而是让你简洁准确说话的最好方式，把你日常表达中可能啰啰嗦嗦的口语，变得更有条理、更有效率。对于日常"不会说话"的人来讲，学会这些表达方式是极其有意义的。

1. 请假条

有一届我带新初一年级，一天下午我在另一个班上完课回到办公室，在办公桌上，有一"条""请假条"，写道："下节课我请假。"然后就没有然后了。看得我莫名其妙：这是谁？下节课不是我的课啊！下节课？这已经第四节了，下午的课已经快要结束了嘛！后来一想，这节课不正好是体育课吗？多半是我班学生生病了，体育课想请假，但也应该是给体育老师请假啊！我班在班级管理方面，请假有几项需要做的事情：医务室老师建议或者班主任确认可以请假，告知科代表知晓，写请假条班主任签字然后交科任老师（或者科代表转交）。然而这份请假条，让我瞬间清醒，不只是管理流程要明晰，更重要的是，还要交给学生请假条的正确写法！

我们从日常生活经验的角度来思考一下，请假条需要具备的相关信息要素：跟谁请假？（有审批权的人或者单位名称）请假原因是什么？（合情合理以达到允许请假的标准）请假时间多久？（不可能无限期请假，也不可能模糊语言一天半天，毕竟在学校上课的学生，都是时间分段了的——不同课程的老师是不一样的，倘若只请某一节课，那么时间更要准确。因此，起止时间要具体）谁在请假？（自己名字都不写，老师怎么知道你是谁？难道还要去猜测？去到处找你？）写请假条的时间是什么时候？（这也是让老师知道请假是否合理的一个条件，年月日要具体）

比如刚才那个学生，因为生病不宜剧烈运动，医务室校医建议体育课在教室里休息，那么我们可以明白，请假条写给体育老师的，班主任或者副班主任签字确认，交体育委员转交体育老师，这是管理流程；请假条内容，应该包括称谓（称呼）——赵老师，请假原因"生病不能剧烈运动，校医建议在教室里休息"，（一般情况下，体育老师都要求到操场，可以不参加运动，但到场便于清点人数保障管理安全）。请假时间应该是"下午第四节课"，而不是"下节课"——下节课是个非常随机的时段，要看班主任什么时候看到请假条。请假人的名字及写请假条的时间，不然谁知道你是谁，是哪一天的"下午第四节"！我们可以看看下面的通用模板图2—73，自己根据上述情形，亲自拟写一下。一定要完整亲自动笔写一写，而不是"我知道了"，实践能够加强记忆，更有效地学习。

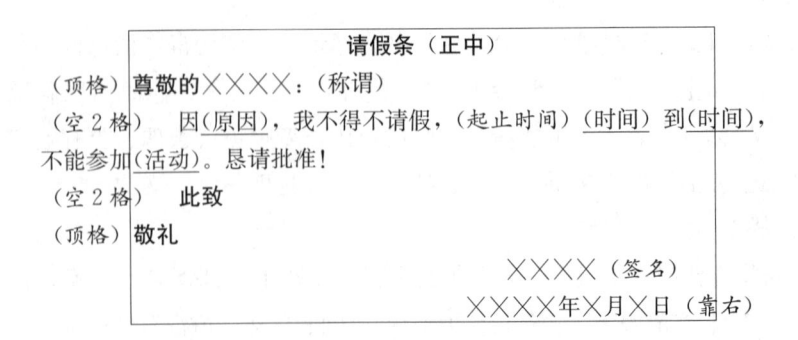

```
                    请假条（正中）
(顶格) 尊敬的××××：（称谓）
(空2格)    因(原因)，我不得不请假，(起止时间)(时间)到(时间)，
       不能参加(活动)。恳请批准！
(空2格)    此致
(顶格) 敬礼
                              ××××（签名）
                              ××××年×月×日（靠右）
```

图2—73 语言运用——请假条

例24：

请根据下面对话，拟写一份请假条。（只写正文，不超过60字）

教练：小王，西湖区的中小学篮球比赛预赛的场次和时间已经下来了。

小王：教练，是什么时间呢？

教练：明天上午九点到十一点，第一场比赛很关键，你是篮球队主力，必须全力以赴。

小王：地点在哪里？

教练：杭州市十三中篮球场。

小王：可是明天我还要上课，那我得马上向班主任请假。

教练：好。

分析图2-74所示：

例24 请根据下面对话，拟写一份请假条。（只写正文，不超过60字）

教练：小王，<u>西湖区的中小学篮球比赛预赛的场次和时间已经下来了</u>。
　　　　　　　　　　事件

小王：教练，是什么时间呢？

教练：<u>明天上午九点到十一点</u>，第一场比赛很关键，你是<u>篮球队主力，必须全力以赴</u>。
　　　时间，注意转述的时候调整　　　　　　　　　　　请假原因

小王：地点在哪里？

教练：<u>杭州市十三中篮球场</u>。
　　　　　地点

小王：可是明天我还要上课，那我得马上向班主任请假。

教练：好。

从以上勾画部分，我们把握了关键信息，根据请假条的模板，一挥而就！参考答案：

请假条

×老师：

　　明天上午9点至11点，西湖区的中小学篮球比赛即将在杭州十三中篮球场举行。由于我是篮球队主力，教练要求我参加。向你请假半天（明天上午），望批准。

学生：×××
××××年×月×日

图2-74　语言运用实例24请假条分析

2. 通知

写通知，大概是我印象深刻的事情之一了。大学的时候，我担任学校文学社的干部，重要任务之一就是组织社团成员活动，每次活动都要在学校各个广告栏贴活动通知。

从信息要素来看，通知应该包括：被通知方（参加会议或者活动等的人员范围）、时间（具体准确）、地点（具体明确）、活动内容及注意事项、通知方（显示出活动的组织者及重要性）。换句话说，如果我不是被通知范围，一眼就知道这事与我无关，倘若我是被通知范围，则需要知道做啥事，在哪里，什么时间，要不要准备点什么，谁要求我去的，啥时候通知的。你看，这些都是日常生活中我们都应该知晓的信息，不可能来一则通知，结果这些关键信息还要自己去猜测，或者到处打听。

具体模板如图2—75所示：

```
                （关于×××的）通知（正中）
×××：(被通知方)（顶格）
（空2格）经×××研究决定，于(时间) 在(地点) 召开关于(内容) 的会议，
请(参会人员范围) (有关准备事项等)。请务必准时参加。
（空2格）特此通知！
                              （靠右）××××（通知方）
                                    ××××年×月×日
```

图2—75　语言运用——通知

例25：

（杭州）根据下面的对话，代班长拟写一则通知。（只写正文，不超过60字）

班长：区科技图书馆正式对外开放了，周六的社会实践活动就去那儿吧。

团支书：好啊，听说里面增设了八大行星体验展台，以前北京才有，难得一见。

班长：是啊，那里还可以借乐高玩具，凭个人借书卡每次可借10天。这几天去的人很多。

团支书：那我们就去那里做志愿者吧，帮助工作人员整理图书，打扫卫生，维持秩序。你看我们什么时候出发？

班长：上午8点整，在学校门口集合出发。

团支书：好的。写通知和点名的事就归你了。

按照上面的介绍，我们可以在上面的对话中进行勾画圈点，找出关键信息。通过班长和团支书的对话，我们知道是应该以"班委会"的名义发出通知，被通知方应该是全班同学，时间、地点、活动内容都很清楚了。也许有人会说，还有那么多内容，怎么不写进去啊？抱歉，那些都是无效信息，通知应该简洁、准确，关键信息清楚，不能被淹没在各种杂乱的信息中。换句话说，这就是这一类问题应该有的特点，简洁明了，区别于口语聊天中的散漫随意。分析如图 2-76 所示。

        地点   时间   活动内容
班长：区科技图书馆正式对外开放了，周六的社会实践活动就去那儿吧。
团支书：好啊，听说里面增设了八大行星体验展台，以前北京才有，难得一见。
班长：是啊，那里还可以借乐高玩具，凭个人借书卡每次可借 10 天，这几天去的人很多。
      活动内容
团支书：那我们就去那里做志愿者吧，帮助工作人员整理图书，打扫卫生，维持秩序。你看我们什么时候出发？
    时间   地点
班长：上午 8 点整，在学校门口集中出发。
团支书：好的。写通知和点名的事就归你了。

图 2-76 语言运用实例 25 通知分析

【例 25 参考答案示例及注意事项】

通知

同学们：
  本周社会实践活动安排去区科技图书馆做志愿者，请同学们周六上午 8 点整在学校门口集合出发。

                  ×××班班委一会
                   ××年××月××日

【考点】公文类（通知、海报、调查报告、请示、计划、总结等），情景对话。
【分析】此题考查了学生拟写通知的能力。
【解答】做此题首先要阅读材料，了解通知的内容，再按照通知的格式拟写通知。要注意参加活动的人员、活动的内容、集合的地点、时间都要表达清楚。
例 26：
应用文修改。
下面的通知在格式和内容方面存在四处错误，请改正。

通知

我校定于本周五下午举行七年级学生"趣味语文知识"竞赛，希望七年级每班选派五名代表按时参加。

此致

敬礼

七年级语文组

（1）格式方面的：①_____　②_____。

（2）内容方面的：①_____　②_____。

分析如图2-77：

通知

　　　　　　　　　时间　地点？　　　　活动内容　　　　　　　　注意事项
我校定于<u>本周五下午</u>举行<u>七年级学生"趣味语文知识"</u>竞赛，希望<u>七年级每班选派五名代表按时参加</u>。

此致

敬礼

七年级语文组
时间？

图2-77　语言运用实例26 通知分析

我们以前面所学，来勾画圈点一下这则通知中的关键信息，看看有什么问题。我们可以看到，从时间的角度来讲，"本周五下午"是个宽泛的概念，不够具体准确，需要进一步明确；落款的下面，也缺少发出通知的时间，实在搞不清"本周"是啥时候，容易产生误解。从地点的角度来讲，在哪里举行？不可能满校园寻找吧？下午一点去参加？下午五点也可以来？问题就多了。一般是有权方对可以管理方进行通知，因此"此致敬礼"就不能使用，否则就是语言不得体。当然，在这道题中，本人以为，"被通知方"的缺失，也是格式方面的不足。从校园实际生活来讲，这种事情极有可能要求各班班主任选派代表，也可能是请各班语文老师选拔代表，甚至可能是各班班委确定代表。不管怎样，从完整的通知来说，还需要把答案进一步优化。

【例26参考答案示例】（1）格式方面的：①通知不应使用"祝敬语"，应删去。②应在落款下面的相应位置写明时间。（2）内容方面的：①应该交代竞赛的具体时间。②应该交代竞赛的具体地点。

评分说明：（4分）每空1分，指出错误或改正均得分。

3. 邀请函

邀请函，尤其要注重语言得体，对方是"嘉宾""贵客"，尊敬、客气之情要溢于言表。敬辞如"光临""莅临""指导"等，要善于根据环境准确使用，同时注意不能使用"务必"字样，别人并不是必须得参加，换句话说，人家来不来要看你是不是真心诚意，看自己是不是乐意，来是给你面子，不是看你脸色！内容上来说，有没有遗漏关键信息，如时间、地点、事件（需要别人做什么）等。具体模板如图2-78所示：

书面模式

```
         ××××××（活动）邀请函（正中）
（顶格）尊敬的×××：（被邀请方）
（空2格）您好！（问候语）
为了（目的），我们将于（时间）在（地点）举办
（名称）活动。诚挚邀请您参加。
（空2格）期盼您的光临！
                    ××××（举办方）
                    ××××年×月×日（靠右）
```

考点

1. 书面函件格式
2. 敬辞如"光临""莅临""指导"，禁用"务必"
3. 关键信息不能遗漏：事件（需要对方做什么）、时间、地点

口语模式

称呼 ＋问候语＋自我介绍＋　活动名称　＋邀请语
（地位）　　　（身份）　（事件、时间、地点）（敬辞）

示例　尊敬的×××，您好！我是_____，我们将于（时间）在（地点）举办（名称）活动。诚挚邀请您（希望对方做的事情）。您看可以吗？

图2-78　语言运用——邀请函

这里需要强调的是，如果是在日常情景对话中，邀请对方，那怎么表述呢？我们归纳了这样的模式：<u>称呼（对方地位、身份、职业等）＋问候语（您好）＋自我介绍（确认自己的身份，引起对方重视）＋活动名称（告诉对方事件、时间、地点等关键信息）＋邀请语（使用敬辞，表达诚挚邀请之意）</u>。表述可以类似于书面函件内容，之所以提到"自我介绍"，在现实环境中，如果你不做自我介绍，对方可能不认识你，不了解你，也就不可能答应你的邀请。自我介绍一般要把自己的姓名、所在组织（单位）、职务等告诉对方，让对方初步了解你，尤其是你所在的背后"背景"，以便于做出合适的选择。

我们在做这一类题的时候，也要继续发扬"文字搬运工"的精神，在题干中

寻找重要信息，进行提炼重组之后，嵌入我们的模板之中。格式上的要求，一如模板，在此不做详解。"（活动+邀请函）"的表述，在下列例题中，可以把"邀请函"升级为"'九年级毕业典礼'邀请函"，更醒目明了。我们示范如下：

例 27：

2016 年 6 月 20 日下午 2 点，第十中学将在阶梯教室举行"九年级毕业典礼"，学校将于 5 月 20 日以学校的名义给该校全体九年级家长发一封邀请函，邀请家长朋友参加本次活动。以下是第十中学将拟写的邀请函，尚缺正文部分，请你将正文补好。

邀请函

亲爱的家长朋友：

第十中学
2016 年 5 月 20 日

仔细审题，做出如下的关键信息筛选。（分析如图 2-79）

<u>2016 年 6 月 20 日下午 2 点</u>（举行活动时间），第十中学将<u>在阶梯教室</u>（活动地点）举行<u>"九年级毕业典礼"</u>（活动内容），学校将于 <u>5 月 20 日</u>（发出邀请时间） 以学校的名义给该校 <u>全体九年级家长</u>（被邀请方） 发一封邀请函，<u>邀请家长朋友参加本次活动</u>（活动内容）。以下是 <u>第十中学</u>（发出邀请方） 将拟写的邀请函，尚缺正文部分，请你将正文补好。

参考答案：我校拟定于 2016 年 6 月 20 日下午 2 点，在阶梯教室举行"九年级毕业典礼"，诚挚邀请九年级各位学生的家长亲临现场观礼。

图 2-79　语言运用实例 27 邀请函分析

例 28：

策划组计划邀请"最美宁波人"2012 年度人物胡老师来校参加"和最美宁波人面对面"活动。某同学拟写的邀请书中主要错误有两处，请修改。（如图 2-80 所示）

> **邀请书**
>
> 尊敬的胡老师：
> 　　您的事迹深深地感动了大家，我们诚挚地邀请您于6月30日上午九时来我校参加"和最美宁波人面对面"活动。请务必准时到达。
> 　　　　　　　　　　　　　　育才中学"美丽宁波"活动策划组
> 　　　　　　　　　　　　　　2013年6月14日

　　　　　　图 2-80　语言运用实例 28 邀请函

【例28 参考答案示例】（1）"尊敬的胡老师"顶格写。（2）把"请务必准时到达"改为"敬请光临"（"敬请指导""请您光临"等亦可）。（2分，每处1分）

例29：

根据要求完成（3）小题。

长江中学学生会准备开展以"魅力语文"为主题的活动，假如你是该校的一名学生，一定会积极地参与到活动中去，相信你能完成以下任务。

（3）编演课本剧是本次活动的项目之一。为了指导同学们编写课本剧，学生会派你去邀请一位剧作家来校做专题报告。见到剧作家时，你会对他说："您好！_____。"

这道题，我们分析如图2-81所示：

　　例29　根据要求完成（1）（2）（3）小题。
　　长江中学学生会准备开展以"魅力语文"为主题的活动，假如你是该校的一名
　　　　　　自我介绍信息　　　　　活动名称
学生，一定会积极地参与到活动中去，相信你能完成以下任务。
　身份
　　（3）编演课本剧是本次活动的项目之一。为了指导同学们编写课本剧，学生会
　　　　　　　　　　　　　　　　　　　　　　　　　　　　　　　　　目的
派你去邀请一位剧作家来校作专题报告。见到剧作家时，你会对他说："您好！"
　　　　希望对方的行为　　　　　　　　　称呼　　　　　　　　　问候语
　　第一步：勾画关键信息
　　第二步：根据模板组合提取的信息（文字搬运工）
　　第三步：加工润色，使之更流畅并符合语境要求
　　拟写如下：
　　示例：×老师，您好！我是长江中学学生会的学生代表，我们学校正在开展以"魅力语文"为主题的活动，诚挚邀请您来校作专题报告，指导同学们编写课本剧。您看可以吗？
　　以上内容可以看到，这类题的关键信息勾画了，你就是个"文字搬运工"！

　　　　　　图 2-81　语言运用实例 29 邀请函分析

【例29 参考答案示例】您好！我是长江学校的学生代表，我们学校准备开展编演课本剧活动，同学们想请您能就如何编写课本剧给我们作一个专题报告，好吗？

（七）文字材料探究、建议、跟帖、辩论

1. 文字材料探究

读懂文字材料探究题，是我们每个学生必备的技能。并非只为了考试，实际上在生活中，我们需要看懂相关文字材料，理出核心要点，进行准确的概括提炼的应用场景是很多的。

一般来讲，这类题的考法归纳起来，一种是要求你分别概括每一则材料的主要内容，另一种是要求你找出几则材料的共同点。应该说，这两种题型是递进式的，所以我们在回答问题的时候，有以下的思考顺序：

第一步分别概括：归纳材料的主要信息，以"人物"+"事件"的方式进行。我们可以勾画出文中的关键词语，进行组合。

第二步"提取公因式"：找出概括内容的共性，求同存异。特别是在上一步的概括中，出现频率较多的词语，可能就是核心词汇。

第三步分条表述：在回答问题的时候，能够分成不同方面来回答的，就分成几个要点，这样显得条理清楚。也是阅卷时的"采分点"。

当然，在材料题中，我们也可能需要更进一步地分析多则材料之间的关系，简而言之，如下几种关系比较常见：①共性关系，需要我们提取公因式，归纳共性；②并列关系，需要我们分别概括，各自归纳；③因果关系，常常是从原因到结果，或者先共性再个性；④对比关系，几则材料的概括就需要对比表述。

以上分析，梳理如图2-82所示：

考法　　1.分别概括　　　　2.找出共性

模式
　分　　别概括 —提→ 取公因式 —分→ 条表述
　　　　（人物+事件）　　（共性）
　　　　主要信息　　　　　求同存异

分析
　材　　料间关系 ┤ 1.共性关系（提取公因式，归纳共性）
　　　　　　　　　 2.并列关系（分别概括，各自归纳）
　　　　　　　　　 3.因果关系（原因—结果）（先共性再个性）
　　　　　　　　　 4.对比关系（对比表述）

　　　　答案分点写，条理要清晰

示例：根据材料得出如下结论：1._____；2._____；3.……

图 2−82　语言运用——多则文字材料探究

下面，我们以例题来讲解：

例 30：

【材料探究】阅读下面材料，写出你的探究结果。

材料一：襄阳区杨忠共从 1979 年开始用捡破烂、卖棉花糖攒下来的钱，持续捐助贫困生。据当地教育部门粗略统计，34 年来，受他捐助的学校有 20 多所，金额达 10 多万元。杨忠共说，能把爱心奉献给孩子们，是自己最大的快乐。

材料二：颜拥军是名爱心公益志愿者，他投资近 300 万元创办襄阳展颜特殊教育学校，接纳自闭症以及其他智障儿童。他说，尽管每年都还贴钱，但看到有孩子顺利转入普通学校，看到孩子们每天都有进步，自己能为这些孩子奉献点爱心，就觉得很满足，很快乐。

探究结果：_____

我们通过勾画圈点，来找出"文字搬运工"的活计。我们自己也可以把这种方法学到，在自己做题的时候，动笔勾画，不能只两眼盯着看，就是不动手。你动动手，就会发现很多信息明朗起来了。这种好习惯，可得一开始就养成。分析如图 2−83 所示：

材料一：襄阳区杨忠共从1979年开始用捡破烂、卖棉花糖攒下来的钱，<u>持续捐助</u>①<u>贫困生</u>②。据当地教育部门粗略统计，34年来，受他捐助的学校有20多所，金额达10多万元。杨忠共说，能<u>把爱心奉献给孩子们</u>③，是<u>自己最大的快乐</u>④。

材料二：<u>颜拥军</u>⑤是名爱心公益志愿者，他投资近300万元<u>创办襄阳展颜特殊教育学校</u>⑥，接纳自闭症以及其他智障儿童。他说，尽管每年都还贴钱，但看到有孩子顺利转入普通学校，看到孩子们每天都有进步，自己能<u>为这些孩子奉献点爱心</u>⑦，就觉得<u>很满足，很快乐</u>⑧。

图2-83　语言运用实例30文字材料探究分析

由图2-83可知，我们按部就班来思考问题：

第一步先分别概括。材料一的内容为：①+②+③+④。材料二的内容为：⑤+⑥+⑦+⑧可能有人会觉得这样直接"挖词"组合，显得生硬，这是当然的。我们现在只是在寻找关键信息进行组合，而我们在答题表述的时候，肯定需要加工润色一下，使之表达流畅。

第二步提取公因式。我们很明显地发现，两则材料的共同点是③+④=⑦+⑧。也就是说，"爱心奉献"+"快乐"是核心词汇。

我们再看看试卷提供的【例30参考答案示例】①帮助他人，快乐（幸福）自己。②献给别人爱心的同时，自己也享受了助人的快乐。③赠人玫瑰，手留余香。（只要紧扣"帮助他人，快乐自己"的要点作答，表达不同亦可。）

例31：

根据下列三则材料，完成相关题目。

材料一：2015年，我国人均纸质图书阅读量为4.58本，人均阅读电子书3.26本，较2014年略有增加，仍远低于德国、俄罗斯、日本等国的平均水平。关于读书很多人表示，忙工作，忙家务，刷微博，读微信，赶饭局，打牌唱歌，很少看书。为数不少的人读报看杂志，只为关注奇闻逸事和八卦新闻。

（摘自中国新闻网）

材料二："浅阅读"的先天缺陷显而易见，即快速（即时性）、快感（娱乐性）、快扔（浅显性），以及快餐化、平庸化、碎片化和少反思。

（摘自《光明日报》）

材料三：德国是全世界人均书店密度最高的国度，免费书报亭遍布街头巷尾。

俄罗斯颁布了《国家支持与发展阅读纲要》来促进群众阅读。日本全年有各种丰富多彩的阅读活动:"晨读运动""读书周""儿童读书周""图书馆亲子阅读推广"等。

(摘自"百度搜索")

(1) 根据材料一,概括我国人均阅读量较少的原因。
(2) 材料中哪些现象属于"浅阅读"?
(3) 结合材料,请你就改善我国国民的阅读现状,对国家和个人各提一条建议。

做材料题的第一步,显然是"分别概括",了解每则材料的内容和侧重点。我们简而言之:材料一是"我国人均读书量少的原因",材料二的主要信息的"浅阅读的特点",材料三是德国、俄罗斯、日本等国促进阅读的实践方法。分析如图2-84所示。

第(1)问,明确是在材料一中寻找答案,我们可以这样来看,如图2-84所示。每个不读书的人,都是有自己的"正当理由"的。但是这道题我们还真不能"文字搬运",因为题干要求"概括我国人均阅读量较少的原因",你要概括!如图,①③④的备注,就是我们概括的内容,当然也是告诉我们,答案来自材料,这是毋庸置疑的。需要注意的是,"原因"往往不止一条,所以要分条表述,不要笼统地说。

材料一:2015年,我国人均纸质图书阅读量为4.58本,人均阅读电子书3.26本,较2014年略有增加,仍远低于德国、俄罗斯、日本等国的平均水平。关于读书很多人表示,<u>忙工作,忙家务</u>,<u>刷微博,读微信</u>,<u>赶饭局,打牌唱歌</u>,很少看
　　　　　　　工作生活繁忙①　　　　　②　　娱乐活动多　③
书。为数不少的人读报看杂志,只为<u>关注奇闻异事和八卦新闻</u>。
　　　　　　　　　　　　　　　　　兴趣爱好偏　④

图2-84 语言运用实例31 文字材料探究分析

第(2)问,"材料中哪些现象属于'浅阅读'",我们知道材料一是"我国人均读书量少的原因",材料二的主要信息的"浅阅读的特点",按图索骥,那么肯定只能在材料一的现象中去寻找答案。

注意,在材料一中,与"阅读"有关的行为,主要是②④。

以上【例31 (1) (2) 的参考答案示例】(1) ①工作生活劳累;②娱乐活动多;③缺乏阅读兴趣。(2) ①刷微博,读微信;②读报看杂志只关注奇闻逸事和八卦新闻。

2. 提建议

作为文字搬运工，重要的技能就是在试卷已经提供的资料里，寻找有用信息，进行重组和表达。提建议我们有一些可供运用的方法技巧。简而言之如下：

技巧。第一点是要找出文字材料中存在的问题，然后思考针对性的措施；第二点就是学会借鉴，材料中有没有提供一些经验教训，可以做一些概括。在材料中勾画圈点之后，我们有一个实用技巧：凡是那些教训类的，采取反向思考的方法，即你从反面去思考，就是我们可以找到的措施。

表述。从表述的角度来说，应该注意两点：第一是"建议"，不是意见，意见多半说不好的方面，说缺点说不足，而建议往往是不回避问题，但更多从解决问题、改善方法的角度来讲，因此注重的是正面叙述，措施具有可操作性。也就是需要具体，不能说空话套话，不能是宏观的东西。第二，答题要分条叙述，多角度多途径解决问题，不能拘泥于一个角度。实际上，发散性思维，才能够帮助你在现实生活中找到更多的出路。

语境模式。我们说，提建议可能是直接写建议，那么就分条来写。如果是在语境中呢？对话环境里，就需要有相关的形式，来"包装"内容。基本模式是，称呼＋问候语＋自我介绍＋如下建议：1.……2.……

提建议，是我们在工作生活中最常见的"动脑筋"时刻，我们不仅仅是要发现问题，更要学会如何解决问题，如何恰当地提出建议，以实现我们的目的。既需要我们有丰富的知识与智慧，更需要我们高情商的表达。一个只会提意见的人，多半不太会受到欢迎，但是一个人善于提建议，则常常令人喜欢。

如图2-85所示：

技巧 { 1. 针对性（存在问题） （材料中勾画）
       2. 借鉴（经验教训）

表述 { 1. 正面叙述，措施具有可操作性
       2. 分条叙述，多角度多途径解决问题

语境模式
称呼 ＋ 问候语 ＋ 自我介绍 ＋ 如下建议：1. ＿＿；2. ＿＿。

示例
尊敬的×××，您好，我是＿＿＿关于＿＿＿有如下建议：1. ＿＿＿；2. ＿＿＿。

图2-85 语言运用——建议

如例 31 的第（3）问，我们来看看如何在材料中提取信息。根据我们的勾画圈点，可以归纳出其他国家的经验，共有三点：第一，⑤+⑥；第二，⑦+⑧（国家政策）；第三，⑨+⑩（如图 2-86 所示）。

材料三：德国是全世界人均书店密度最高的国家，免费书报亭遍布街头巷尾。
　　　　　　　　⑤　　　　　　　　　　　　　　　　　　　⑥
俄罗斯颁布了《国家支持与发展阅读纲要》来促进群众阅读。日本全年有各种丰富
⑦　　　　　　⑧　　　　　　　　　　　　　　　⑨
多彩的阅读活动："晨读运动""读书周""儿童读书周""图书馆亲子阅读推
　　⑩
广"等。

图 2-86　语言运用实例 31 第（3）问建议分析

那么我们要提建议，显然可以借鉴别的国家的优秀经验。根据题干要求，"结合材料，请你就改善我国国民的阅读现状，对国家和个人各提一条建议。"这里强调了"国家""个人"角度各提一条。实际上我们看到，材料三主要是从国家的角度来说的，但是也可以换个角度来组织答案。如从国家的角度，我们可以借鉴三条：第一，多修建⑥，第二，颁布类似⑧的国家政策，第三，多组织⑩。而从个人的角度来说呢？我们可以把日本经验从个人角度来思考，那就是个人多参加⑩。当然，你还可以从材料一中，运用反向思考来拟定答案，比如人们对于没时间读书的理由很多，你可以挑选出其中的几个"不是借口的借口"，来拟定答案。如②③，那就是"把②③的时间，留出一些来阅读看书"，或者说"减少③，用来阅读看书"。

以上【例 31（3）的参考答案示例】国家：①加大书店密度；②多提供免费图书；③颁布法令促进阅读；④开展丰富多彩的阅读活动。个人：①培养阅读兴趣；②减少娱乐，留出读书时间；③多读能引发思考的经典作品。

由此，你可以看到，我们似乎不费吹灰之力就从材料中找到了相关的答案，但对于考试得分来讲已经足够了。

3. 跟帖与辩论

跟帖与辩论，其实质就是抓观点、找理由，因此可以结合在一起来说。其表达上的细微差别，我们都比较容易把握。

首先我们来说抓观点。怎么找出对方的核心观点呢？当然是"文字搬运工"，在对方的语言中去找。如果对方的观点有几条，那么你必须分别提炼出来，而且

最好是由主到次的顺序排列。

其次是找理由。如果是赞同，则更多地从文本中勾画圈点，分条表述，或者补充自己的类似观点。但多数情况下，题目的要求是"如何反驳"对方观点。从驳论的角度出发，一般来说我们可以驳论点（观点）、驳论据（事实不对）、驳论证（逻辑错误），通过找观点，有针对性地逐条反驳。为了比较全面而稳妥地表达我方观点，从技巧上要掌握三点：第一，不回避问题，在表述的时候使用"虽然_____，但是_____"的模式；第二，多角度，注意到不同的利益关系、利益诉求，也就是看到其矛盾所在；第三，找准需求平衡点，运用积极思维，从解决问题的角度出发，定分止争。

最后，我们要注意到"观点"可能有正反对立的情形，这也是辩论中常常针锋相对的地方。正方，指支持某种观点，一般在观点里含有肯定词，如"可以""能够"之类；反方，指反对某种观点，一般在观点里含有否定词，如"不""没有"等。这在题目要求你写出正方或者反方的"观点""辩题"时，要特别注意准确的表述。

因此，我们提出了如图 2-87 的答题思路：

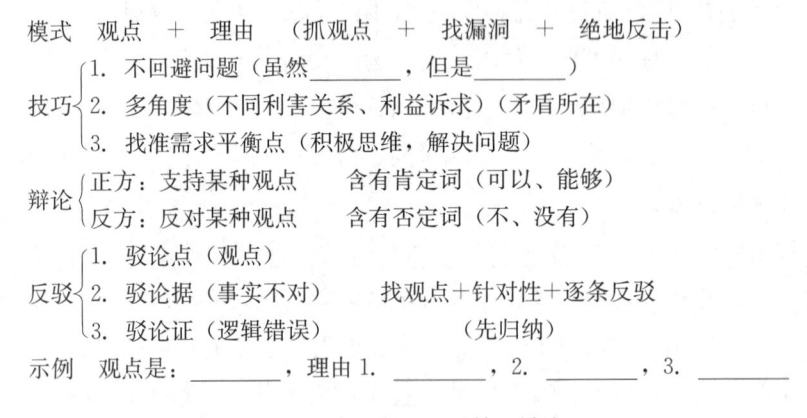

```
模式   观点  +  理由   （抓观点  +  找漏洞  +  绝地反击）
      ┌ 1. 不回避问题（虽然_____，但是_____）
技巧 ┤ 2. 多角度（不同利害关系、利益诉求）（矛盾所在）
      └ 3. 找准需求平衡点（积极思维，解决问题）
      ┌ 正方：支持某种观点    含有肯定词（可以、能够）
辩论 ┤
      └ 反方：反对某种观点    含有否定词（不、没有）
      ┌ 1. 驳论点（观点）
反驳 ┤ 2. 驳论据（事实不对）    找观点+针对性+逐条反驳
      └ 3. 驳论证（逻辑错误）          （先归纳）
示例   观点是：_____，理由 1. _____，2. _____，3. _____
```

图 2-87　语言运用——跟帖、辩论

例 32：

在信息交流日益便捷多元的今天，写纸质书信还有必要吗？请表明你的观点，并阐述理由。100 字左右。

我们审题，根据题意，观点可以分为两方面："有必要吗"的答案是"有必要""没有必要"。题干中有两个关键词"便捷多元""纸质书信",我们知道信息交流的方式有很多种,因此叫作多元化。但是在各种各样的信息交流方式中,随着时代的发展,有些方式已经消失了,比如烽火传递;有些极少使用如飞鸽传书,有些在重要场合仍然使用以表示郑重,如纸质书信;有些是网络信息时代人们使用最频繁的如短信、微信、QQ,当然使用语音方式的如电话、视频通话等,后面这几种在科技时代叫作"即时通信"。

那抓住"便捷多元"这个词,我们知道"存在即合理",纸质书信在现代社会使用较少,但仍然存在;而其他即时通信方式,当然是使用最多的了。我们接下来就要分别分析二者的优劣势,多角度地探讨其合理性、实用性。从"纸质书信"的角度来讲,其优势在于:白纸黑字,纸短情长,可以反复阅读,见字如见人,传递温暖,感受到丰富的文化底蕴,有着礼仪文化的传承;劣势在于:现代社会"便捷多元"的信息交流方式下,采用纸质书信,往往既慢又容易丢失,极不适合快节奏的现代生活,等你字斟句酌再邮寄过来,恐怕我们对于某个事件的感慨已经"兴尽而返"了。

由此,可以从你自己的偏爱角度来回答,如果从全面而稳妥的表达,我们可以采取"虽然_____,但是_____"的模式,先明确自己的观点,"有必要"或者"无必要",然后阐述相对应的理由,"但是"所表达是与你的观点相一致的理由。前面"虽然"部分,略写。

如题,则【例32参考答案】

【示例1】在信息交流日益便捷多元的今天,提倡写纸质书信仍有必要。用笔写信,写的是温暖,写的是亲切,写的是真实。纸质书信有着悠久的历史,承载着丰厚的文化底蕴,用纸质书信来传递情感、交流思想,也是汉字文化的回归,是礼仪文化的传承。

【示例2】在信息交流日益便捷多元的今天,没必要提倡写纸质书信。书信只是传递思想情感和交流信息的载体,现代社会网络发达,传递情感和交流思想的途径多且方便,而纸质书信传递速度慢,不便于及时沟通交流。

下面这道题及答案,我们就具体分析,各位可以通过参考答案去体会,如何从不同的角度来思考问题,组织答案。

例33:

根据语境,完成任务。

班上有些同学写作文经常使用"呆萌""666""酱紫""抓狂"之类的网络词

语。对此，语文老师提出了"如何看待作文中使用网络词语"的问题，鼓励同学们积极思考，在课堂上进行交流。

请拟写100字左右的发言稿，要求有观点，有理由，有条理。

【例33参考答案】

【示例1】我觉得不妥当。网络词语虽然新潮，符合青少年的心理，但在规范性、科学性上存在着一些欠缺。写作文是为了提高我们运用祖国语言文字的能力，与他人交流思想感情。使用如"666""酱紫"这样的网络词语，文章会显得不够规范、典雅，又影响他人理解。

【示例2】我觉得合理。语言本身就处在不断发展变化中，我们要善于接受新鲜词汇，以丰富自己的语言。作文使用网络词语，能很好地反映现实生活，富有时代气息。何况，现在很多网络词语，如"抓狂""点赞"已经被大家熟知和接受，收录到了《现代汉语词典》中。

【示例3】我觉得不能一概而论，要区别对待。网络词语良莠不齐，写作时我们要善于取舍，慎重选用。使用那些已被大家熟知并广泛接受的网络词语，如"给力""点赞"等，可以增强文章的表现力；坚决不用那些不够规范、不健康的网络词语。

下面两道题，大家自行分析，巩固一下所学。

例34：

【山东省·莱芜市】在我市创建全国文明城市过程中，某校开展了以"创建全国文明城市，中学生在行动"为主题的综合性学习活动。

活动二：举办辩论赛

在文明城创建过程中，有关部门取缔了路边摊点，对此，你有什么看法，请发表观点，阐明理由。（2分）

【例34参考答案】

【示例1】赞同取缔路边摊点。路边摊大多属于无证经营，往往不受有关部门的监管，卫生条件难以保证。部分人还会占道经营，造成交通拥堵。

【示例2】我认为应当妥善处理，不能盲目取缔。路边摊点经营收入往往是某些家庭的经济来源，盲目取缔会给一些家庭造成生活上的困难，不利于社会稳定，另一点，也会给居民生活带来困难。

例35：

《巧夺天工》一集，打算设计一场辩论。辩题为"如果长城某一段倒塌了，是在原址上重建还是原样封存为废墟"。正方陈述："我方认为，应该在原址上重建。重建是对长城的保护，历史上这样的重建就有过多次；不然，我们今天只能从书籍中观看长城全貌了。"请你从反方的角度，写一段辩论词。

【例35 参考答案示例】我方认为，不应该在原址上重建。（或"原样封存为废墟"）1分。依据一（要点）：封存废墟是对长城的更重要的尊重与保护，通过这个废墟可以感受长城的精神价值；重建不一定是对长城的保护，因为复制已经改变了原来品位。3分。依据二（要点）：历史上这样的重建是当时条件限制决定的，自然有它的道理；但我们现在不是当时了，例如不需要依靠长城抵防外敌入侵。3分。

（八）新闻概括

新闻概括我们有两招："瘦身法"和"减肥法"，根据同学们不同的信息抽取能力，可以择优使用。所谓的"瘦身法"，就是直接在相关语句中抽取出关键信息，如"谁""做什么"，或者补充信息"时间""地点""结果"等。而所谓的"减肥法"，是当你不太清楚哪些是必须保留的信息的时候，你就采取删除枝叶的方法，把修饰性的词语，逐一的删除，犹如减肥一般把"赘肉"去掉，剩下的也许就是几块腹肌了。

二者的实质——结果是相同的，但给人的感觉不一样：你看，大街上同样是保持身材，有通过运动方式来锻炼，保持苗条结实的健康状态的，也有通过吃药抽脂等方式来实现身材好看的。而且，你会发现，人们更多地愿意使用"瘦身"，而不是"减肥"作为招牌上的字眼，为什么？瘦身，让人立马想到的结果，形象生动；"减肥"，立马想到的是"肥"的现状需要改变，人们的想象力往往就卡在了"肥胖"上，内心自然容易生出厌恶之情。

为了在考场上节约时间，或者说提高思维的效率，我们一般愿意采取积极的联想方式，那就直接使用"瘦身法"。瘦身法运用我们已经掌握的记叙文概括技巧，运用"人物"+"事件"的主体格式进行概括。减肥法在去掉修饰词的时候，要注意有些否定词如"否""不"等，能否去掉需要看整句的意思来确定。我们做新闻概括题型的时候，审题需要注意三点：第一，根据题干的要求，来增减字数，保留关键信息。这里注意，并不是说字数越少越好，相反，合理的字数才能够让信息的全貌更清晰，让信息更完整。第二，部分表述可以使用缩略语、专业术语（常用语），比如简称"中国""北大""清华"等，简称要尽量符合习惯，避免引起歧义。第三，拟标题的时候，可以使用对偶句形式。

我们先梳理一下新闻的相关知识。从结构上来讲，新闻分为五个部分：标题、导语、主体、背景、结语。其中导语是我们这类题型中必须首先找出来的信息句。接着我们可以从导语中寻找新闻要素：时间、地点、人物、事件、结果。在考试中，常常会考查拟标题和概括主要内容（含一句话新闻）。标题又分为引题、正题、副题，具体如图2-88所示。

具体应用来讲，有如下四点：①拟标题：人物（陈述对象）＋事件（主体事件：做什么）；②概括内容：人物＋事件＋结果；③补导语：时间＋地点＋人物＋事件；④一句话新闻：人物＋时间＋地点＋事件（比导语更简洁）。

下面，我们用三步走的方式，来完成新闻概括："找导语"＋"关键信息"（谁＋做什么）＋补充信息（时间、地点、结果）。

```
步骤      找导语 ──→  关键信息  ──→   补充信息
                    （谁＋做什么）    （时间、地点、结果）
方法      瘦身法（人物＋事件）    减肥法（去掉修饰词）
         ⎧ 1. 视要求增减字数，保留关键信息
         ⎨ 2. 部分表述可用缩略语、专业术语（常用语）
         ⎩ 3. 标题可用对偶句

考点
1. 拟标题                    2. 概括     ⎧ ①结构：
××××× ×××××（引题）         主要内容     ⎪    标题 导语 主体 背景 结语
×××××××（正题）              （含一句话   ⎨ ②要素：从导语中寻找
——×××××××（副题）            新闻）      ⎩    时间、地点、人物、事件、结果

         ⎧ 1. 拟标题：人物（陈述对象）＋事件（主体事件：做什么）
具体应用  ⎨ 2. 概括内容：人物＋事件＋结果
         ⎪ 3. 补导语：时间＋地点＋人物＋事件
         ⎩ 4. 一句话新闻：人物＋时间＋地点＋事件（比导语更简洁）
```

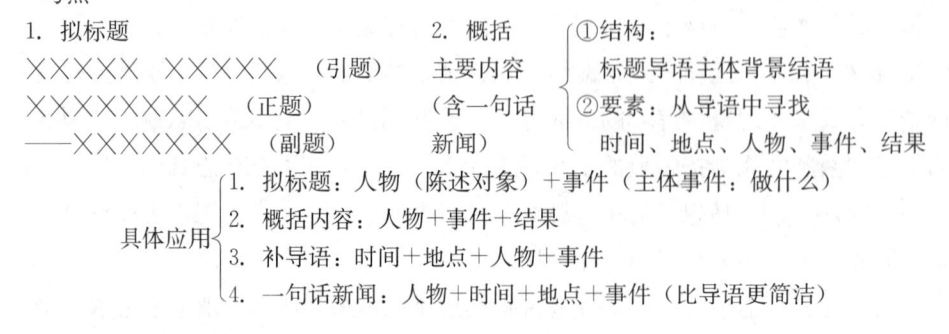

图2-88　语言运用——新闻概括

我们说，看到这类题，首先就是不要慌。找到导语部分了吗？看到重要的"第一句"了吗？看到"谁""做什么"了吗？题干有字数要求吗？是否可以在字数限制范围内，增添一些重要信息？

例36：

阅读下面这则新闻报道，请用一句话概括新闻的主要信息（不超过24个字，

含 24 字)

本报讯（记者 凌弘） 今（15）日 8 时 30 分，2004 年全国暨四川省科技活动周开幕式在绵阳汉龙体育馆举行。

科技活动周的开幕式将通过通信卫星信号传输手段向全国转播，使北京、上海和四川绵阳会场丰富多彩的活动情况适时互传、实时互动。绵阳会场丰富多彩的活动将分外夺目。全国人民将一睹绵阳人民的风采。

中国政府自 2001 年开始设立并组织实施全国科技活动周，每年五月的第三周被定为活动开展时间。活动周迄今已成功举办了三届。

我们分析如下：很明显，第一段"本报讯"后面就是我们要寻找的"导语"部分。我们接着寻找"谁""做什么"，也就是"全国暨四川省科技活动周开幕式""举行"，很显然在字数控制范围内，组合的信息还可以更充分一些，我们继续寻找"时间""地点"，这时我们要注意，尽量"从简"，也就是粗略的时间地点，以"节省字数""今日"或"15 日""绵阳"应该是较为明确的信息。组合关键词就是："全国暨四川省科技活动周开幕式""今日"或"15 日""绵阳""举行"。当然，语言表述要通顺，我们不是简单的词语组合。根据参考答案，还可以添加上背景知识，转化为"第四届"这个词语。

分析过程如图 2-89 所示：

例 36 阅读下面这则新闻报道，请用一句话概括新闻的主要信息（不超过 24 个字，含 24 字） 本报讯（记者 凌弘）今（15）日 8 时 30 分，
　　　　　　　字数限制　　　　　　　　　　　　　　　　　　　　　　时间
2004 年全国暨四川省科技活动周开幕式在绵阳汉龙体育馆 举行 。
　　　　　　　谁（什么事）　　　　　　　　　地点　　做什么

科技活动周的开幕式将通过通讯卫星信号传输手段向全国转播，使北京、上海和四川绵阳会场丰富多彩的活动情况适时互传、实时互动。绵阳会场丰富多彩的活动将分外夺目。全国人民将一睹绵阳人民的风采。

中国政府自二〇〇一年开始设立并组织实施全国科技活动周，每年五月的第三周被定为活动开展时间。活动周迄今已成功举办了三届。

第一步：勾画圈点出导语中的关键信息
第二步：寻找其余内容中的重要补充信息
第三部：按照要求进行信息重组

那么，请看【答案与解析】第四届全国暨四川省科技活动周今天（或"15 日"）在绵阳开幕。

图 2-89　新闻概括示例 1 分析

再看一道题：

例 37：

请根据下面新闻内容，拟一个恰当的标题。(不超过 15 个字)

重庆商报讯　在山水环抱的重庆，每个人都摆脱不了江河印记。5 月 20 日，"寻美重庆江河"摄影大赛在武隆正式启动。作为采访首站的武隆迎来了国内近百名知名摄影爱好者。据悉，该系列活动还将走访重庆各个区县，用镜头寻美重庆江河。只要是以重庆江河为拍摄对象，具备自然美、人文美的作品，都可以参赛。即日起至 8 月 31 日止，摄影爱好者可以发送相关重庆江河的摄影、摄像作品到组委会，评选结果将于今年 9 月 15 日在媒体上公布。主办方强调，这项活动能唤起人们对江河的记忆和感情，激发人们保护生态的热情。

【例 37 参考答案示例】标题："寻美重庆江河"摄影大赛启动（中心事件 2 分，表述规范 2 分）

新闻概括类的题型，相对来说还是比较简单的，因此我们就不再赘述。

（九）推荐语、解说词、颁奖词

对于这三种类型的题，如何能够讲得透彻，并且能够让学生准确回答，至今还没有更好的办法。这里总结归纳出来的，是根据参考答案来模拟的答题思路。大抵这需要学生更多的课外知识，以及更深厚的语言表达功力，不是凭借教师的一己之力就可以完成的事情。

既然如此，就不举例了，各位自行寻找实例来体会吧！解题思路如图 2-90、图 2-91 所示。

```
模式      对象+ 特色 +  赞美
              （概括）（真情实感）
      ┌ 人物推荐      人名+事迹+精神+赞美
      │              （尽量使用成语、四字短语，有对偶、排比手法）
  例 ─┤ 名胜推荐              赞美（尽可能比喻、夸张手法；有一些
      │              名胜+特色景点+   历史知识，多一些神秘色彩）
      │                   （修辞）
      └ 名著推荐      人物（名著）+事迹（内容、特点）+赞美
                                   （内涵、形象、特色）
```

图 2-90　语言运用——推荐语、解说词

模式　　人物姓名　＋　点明事迹　＋　彰显精神　＋　表达赞美
　　　（先生、女士、身份）（记叙＋概括）（议论＋拔高）（抒情＋真诚）
表述　　四字短语；排比比喻；典雅押韵
　　　　　　　　　（修辞）

图 2-91　语言运用——颁奖词

（十）劝说、祝福语

1. 劝说

有话好好说，你遇到过需要劝人的场面吗？你一定没少经历说服别人答应自己某件事的情景，那么成功率有多高？作为中考语言运用题的"劝说"，何尝不是生活场景的演练！我们如果掌握了说服别人的技巧，虽然不能保证现实生活中百战百胜，但是至少可以在考试答题中屡试不爽！高情商的人，在这种语言、语境中展现出来的可不是一般的答题技能，更是融会贯通实现自己人生目标的强大能量！

在劝说类的题型中，我们的答题技巧，仍然离不开"文字搬运工"这一基本理念，努力从现场环境（题干信息）中找到切入点和语言材料，结合自己掌握的答题套路，成功结合，完美表达。答题思路如图 2-92 所示。

模式一　称呼＋语言委婉　＋切身利益　＋象征性询问
　　　　　　（同理心）　（客观分析）　（不能强迫）
　　　　　　（入耳入心）（理性接受）
模式二　称呼＋理解对方观点＋说明此事益处＋解除对方担忧
　　　　　　（消弭冲突）　　（原因）　　　（行动或计划）
技巧 { 1. 找准对方关注的焦点，针对性解决问题
　　　 2. 协商的口吻，语言得体
思考　　我是谁　　跟谁说话　　目的何在
示例　　×××，您好，我理解您对的看法（心情），_____对您有如下好处
　　　1._____；2._____……您还可以_____（行动或计划），
　　　您觉得呢？

图 2-92　语言运用——劝说

在讲解答题技巧之前，我们先明确如下几条人际交往中的注意事项。

开口说话前，可得先掂量一下：我是谁？跟谁说话？目的何在？如果你没有任何准备的情况下，就贸然开口，很可能词不达意，同时因为人微言轻，起不到

任何的劝说作用，还把被劝说的人给得罪了。"我是谁"，准确给自己定位，明白自己的身份地位；"跟谁说话"，既是明白对方的身份地位，确认跟对方说话时的称呼、语气态度，同时也是确认说服语言的用词选择，契合双方之间的关系地位。"目的何在"，强调了说话的针对性，不管使用了什么样的语气和词汇，但最终的目的是明确的，而且保证自己不会被对方的辩驳或者其他行为所干扰。"目的何在"的确认，其语言材料更多来自题干信息，所以相关的勾画圈点、提炼概括必不可少。

我们面对需要达到的目的，必须明确你的劝说是"为对方利益"这一点，否则很难起到说服别人的效果。举个例子：在拥挤的餐厅，你端着餐盘寻找座位，如何通过水泄不通的人群？普通人是这么大声喊的："让一让，让一让！"人们往往无动于衷仿佛没有听见；高情商的人是这么心平气和地说："小心一点，热汤来了！"这时，人们常常不自觉地努力让开一条通道。为什么后面的人群这么自觉？很简单，都明白热汤洒在自己身上可不是闹着玩的！说不定自己的高定服装就毁于这漂浮着油滴的热汤！简言之，人们对于自己切身利益相关的事情，往往比较上心，容易做出明智的选择。这是在劝说中必须谨记的一点：联系对方的切身利益。

劝说中，我们常见的有两种场景：

一种是劝说对方做某事或答应某件事。这个可以称之为"积极进攻型"的劝说。体现在我们的"模式一"里，我们的基本要求就是语言委婉，富有同理心，能够让你的语言入耳入心，这个时候显然不是居高临下地命令，而是轻言细语地交流。关键点在于，如何把你期待实现的目的，转化为与对方切身利益密切相关的问题，尽量采用客观分析的方式，让对方通过自己的理性思维去做出选择，也就是说要让对方觉得是他自己在掌握事态发展的主动权，为此，你在分析完几条理由之后，还要加上一句"你觉得呢"或者"你觉得这样可以吗"这种象征性的询问，不能给对方一种强迫感或者压力感。

另一种是对方已然有一种成见，或者你需要说服对方改变观点，这种可以称之为"消极防御型"，即"模式二"。也就是说你在进入劝说之前，必须了解对方的观点是什么，对方关切的问题是什么，然后再组织有利于对方改变观点的与对方切身利益相关的理由。我们提出的步骤是，在称呼和问候语之后，首先本着消弭冲突的态度，理解对方的观点，注意这里是"理解"，不是同意对方的观点，因为你要说服对方，显然对对方的观点是不赞同或不完全赞同的。在完成前项之后，我们让对方解除了防备状态，就可以说明此事按照我们的建议去做的好处是什么，理由一二三摆出来，逻辑清晰，凸显对对方的关心。其次，我们为了解除对方的担忧（前述对方的观点），诚恳地提出将来的行动或者计划，尤其是要有能够执行的可能性，这样让对方觉得你的话是确实有道理并以行动来支撑的。最后以征询对方意见结束。

下面我们举例来说明。

例38：

阅读下面的新闻，按要求答题。

除夕到初六，家中成了麻将"赌窝"，江苏南京初三学生小魏认为这严重影响了自己的学习，于是在小区门口贴出一副"夜夜麻将声，怎能学习？天天想一中，你去考吧"的讽刺对联，希望父母能给他一个安静的学习环境。结果对联劝父的效果并不理想，其父亲认为丢了脸，将对联揭去，并将儿子的脸打肿。居民们一起指责老魏不该打儿子，有什么话好好说，有居民还报了警。

（据2月14日《南京晨报》）

问题：有话好好说可以化干戈为玉帛。如果你是小魏，你觉得怎样和父亲说才能做到既不惹怒父亲，又能实现自己的愿望？

我会这样说：_____

首先，这个小朋友在小区门口贴对联，显然让老爹丢脸丢到整个小区，这明摆着是不想好好说话了。你让老魏将来怎么面对邻居？更何况来打麻将的亲朋好友们，怎么在背后对老魏指指点点？和谐社会，需要巧妙的沟通方式！这副对联不是劝父，而是骂父！当然，作为父亲的老魏，对儿子的教育，打脸就不对了！不打脸，这是原则！是底线噻！

其次，我们来研究一下老魏的心理：逢年过节，三朋四友聚一起，打打麻将，消遣消遣，娱乐娱乐，欢欢乐乐过新年，理所当然！关于儿子的学习，当然是儿子自己的事情咯！闹中取静，想学的人是什么样的环境都能够学进去的！懂不懂？！老魏就自顾自娱乐，根本没有考虑到儿子的需求了。

最后，我们来给小魏想想说话的艺术。我们提到一个观点，说服别人的关键是，让这件事与别人的切身利益联系起来，让他关心自己的利益！虽然我们的语言表达可能比文字表达长一点，复杂一点，但真的能够起到作用，那就达到目的了。"我是谁""跟谁说话"——"初三学生小魏""希望父母""劝父"，儿子对父亲，尊重是前提。"目的何在"——"希望父母能给他一个安静的学习环境"。

达到目的的途径，是让自己的学习效果，跟父母的切身利益联系在一起：安静的学习环境，高效的学习效果，将来考上重点中学，老魏倍儿有面子，还可能给家庭减轻经济负担的，孩子有了好前途，一家人对未来都更有信心更有盼头。另外，也要理解父母想趁着假期休息一下的正当需求，因此可以为他们的娱乐活动提一个建议，比如换一个地方娱乐。

因此，我们的思考模式是：<u>称呼+理解对方观点（懂事的表现）+说明此事益处（原因）+解除对方担忧（计划）</u>。可以表述为：爸爸，你们辛苦一年，春节期间想休息一下打打麻将，是应该的！不过，我现在是初三学生了，需要一个安静的学习环境，这样才能高效的学习，考上您跟我约定的学校，这样的话您也很有面子啊，我还可能给家里减轻经济负担，我们一家人的未来更有盼头啊！要不，你跟叔叔阿姨们换一个地方玩儿，比如楼下茶馆或者哪位叔叔家里，您看可以吗？

当然，考试的阅卷要求其实更简单：<u>本题 2 分，能有礼貌地向父亲提出请求，说话得体，表意清楚即可得满分。能得体地提出要求，但表意不够清楚的给 1 分</u>。我们"复杂一点"，其实是更全面，无论什么样的阅卷标准，都可以做到不丢分。

例 39：

说话要注意身份和对象，才能产生好的效果。根据下面提供的语境回答后面的问题。

王昶同学原来学习成绩一直不错，可是今年开学以来，受他人影响迷上了电子游戏，平时与同学也在谈游戏，学习投入少了，上课有时也想着游戏内容。期末考试，成绩大大下降。这时，他才猛醒，心里很难过，在家里闷闷不乐，有时还发脾气。面对这种情况，王昶的妈妈和同学都准备开导他。他们怎样开导才能产生效果呢？请你替妈妈和同学分别写几句开导的话。

妈妈说：_____

同学说：_____

这道题，我们以图片格式，来看看可以搬运哪些文字，作为你的答案的内容。（如图 2—93 所示）

①王昶 同学　原来学习成绩一直不错②，可是今年开学以来，受他人影响
（称呼）　　　　（切身利益,现实）（基础好）⑦
③迷上了电子游戏，平时与同学也在谈游戏，④学习投入少了，上课有时也
（原因,方法）　　　　　　　　　　　（原因,方法）（投入多,则）⑧
想着游戏内容。期末考试，⑤成绩大大下降。这时，他才猛醒，
　　　　　　　　　　　　　（现实）（上升）⑨
⑥心里很难过，在家里闷闷不乐，有时还发脾气。面对这种情况，王昶的
（理解对方,消弭冲突）
妈妈 和 同学 都准备开导他。
（称呼）（称呼）

图 2—93　语言运用实例 39 劝说分析

我们可以这样来组织语言：

妈妈说：孩子，你⑤+⑥，我能够理解。但你要知道，你的⑦，只是因为③+④，才下降的，如果你全力以赴的学习，⑧，成绩一定能够⑨，妈妈相信你！加油！

同学说：①，你⑤+⑥，我能够理解。但你要知道，你的⑦，只是因为③+④，才下降的，如果你全力以赴的学习，⑧，成绩一定能够⑨，让我们一起努力，互相督促，共同进步吧！

在这里，我们也可以看到，"文字搬运工"常常善于从原题的文字中找到适合的词句，来组织自己的语言。同时，我们从答案中也发现，由于劝说人身份的不同，称呼上是有区别的，在最后的"象征性询问""解除对方担忧"方面，也可以根据实际来组织合适的语言。本题中，作为妈妈，更多的是要相信孩子，给孩子以鼓励；作为同学，可以提出这种共同学习，共同进步的建议，让同学觉得你真心地理解他，帮助他，以此达到劝说的良好效果。

例 40：

班级举行"亲子共读"活动，要求家长和孩子共读一部经典，可你的家长借口工作忙迟迟未读。一天，看到他（她）正在刷微信，请你写几句话劝说。（60字左右）

【例 40 参考答案示例】爸爸，你能有时间刷微信，却借口工作忙没时间和我一起读一本经典的书籍，这样好吗？况且，刷微信既浪费时间，又有害身体，而读书，可以增长我们的知识，还能培养我们的良好情趣，何乐而不为呢？

需要提醒的是,"我是谁""跟谁说话",还意味着符合双方身份地位的称呼,如果是不太熟悉的人,还需要使用问候语如"XX,您好"。当然,如果是自己父母、同学等日常熟悉的人,问候语反而显得有点生分了,想象一下,你跟自己的父母说话,来一句:"妈妈,您好……"你妈妈一定以为你干了什么坏事了;而你爸爸对你说一句:"×××,您好……"你就知道接下来的故事有点忧伤了,得迎接即将到来的"暴风雨"了。

在劝说类对话中,始终记住两点技巧:第一,找准对方关注的焦点,有针对性地解决问题;第二,协商的口吻,语言得体。

2. 祝福语

逢年过节,给师长同学、亲朋好友说几句或者发一条祝福语,简直不要太伤脑筋!有的人情商高语言动听讨人喜爱,有的人一张嘴就得罪一大片人而不自知,成了话题终结者,在节日的气氛里异常扫兴!实际上,除了节日之外,日常生活中我们也常常会有需要对别人取得的成就表示祝贺的时候,话要怎么说,才显得高情商,且不是敷衍?

我们可以从两个方面来进行语言的组织:

首先是在形式上。称呼、问候语常常是必要的,毕竟你是在和具体的人说话。称呼的得体,在于你要牢记对长辈、老师,跟对平辈、晚辈的称呼及敬辞是有区别的。"尊敬的"与"亲爱的"是有区别的!"您好"与"你好""你们好"的适用对象是不同的!社会人士,可以添加"先生""女士",表达尊敬之意。"××老师""××教授""××经理""××主席",是注意到了题干中出现的职业提示。这些在阅读答题前,就要有心观察到,以便于在表述的时候准确合适。

其次是在内容上。祝福语,除了我们常见的"恭喜""恭贺""祝节日快乐""祝生日快乐""祝身体健康、工作顺利"等之外,也要注意有些节日用语比较特殊。中秋佳节,除夕之夜,你可以用"阖家欢乐",但是清明节、端午节,你就不能用"节日快乐",不然总感觉怪怪的。端午节一般使用"端午安康"。

在这里我们主要讲解对别人的祝贺应该怎么组织语言表达。祝贺要言之有物,所以在表达的时候,一定要有一部分是联系到具体的事件的,如联系到别人的具体成就、某种精神,表达对其的赞美与期待。模式如图 2-94 所示。

模式　　称呼+问候语，　+具体成就+精神+赞美（对未来的期待）
　　　　（地位,与对方的关系）（概括）　　　　　（真诚）

示例
××××，您好！　①祝贺您(具体成就)　　您的(某种精神)让人敬佩（赞美）
　　　　　　　　②在(获得成就)之际　　预祝您(即将取得成就)（期待）

技巧 { 1. 文字搬运工，文中找出相应的内容
　　　 2. 日常祝福语的熟悉
　　　 3. 根据对象特点、职业、爱好以及自身身份、文化水平等，
　　　　 注意和节日等的联系

图2-94　语言运用——祝福语

这里推荐两种表达模式。第一种为："×××，您好！祝贺您___(具体成就)___，您的___(某种精神)___让人___(敬佩)___。（表赞美）"第二种为："×××，您好！在您___(获得成就)___之际，特向您表示祝贺！预祝您___(即将取得新的成就)___（表期待）。"

需要在技巧上注意三点：第一，牢记"文字搬运工"，在相关的题干信息中找出相应的内容（词语）；第二，要熟悉日常祝福语；第三，根据祝福对象的特点、职业、爱好以及自身身份、文化水平等，选择合适的语言表达风格，同时注意到和节日等的联系。

下面我们通过示例来具体展示上述方法。

例41：

根据下面提供的情境回答问题。

在《中国诗词大会》第三季总决赛的舞台上，"外卖小哥"雷海为以5∶1的比分战胜了北大才子彭敏，夺得冠军。董卿为他点赞："祝贺你，雷海为！你不仅战胜了所有对手，你更战胜了你自己，更战胜了生活！你是一位生活的强者！"请写一条不少于20字的短信，为雷海为送上你的祝福。（不得署自己名字）

首先我们看看董卿的点赞，这里面所包含的答题要素："称呼""祝贺语"+具体成就+赞美。（如图2-95所示）

"祝贺你，雷海为！你不仅战胜了所有对手，你更战胜了你自己，更战胜了
　(称呼+祝贺语)　　　　　　　　　　　　(具体成就)
生活！你是一位生活的强者！
　　　　　(赞美)

图2-95　语言运用实例41祝福语分析

因为是在现场表达祝贺之意，所以董卿省略了雷海为取得成就的具体领域。如果是我们发短信表示祝贺，那就得加上这一点"在《中国诗词大会》第三季总决赛""以5：1的比分""夺得冠军"这些信息。如果你与对方不熟悉，还可以在祝贺语之后，加上简单的自我介绍，让对方知道你是谁。另外，赞美的具体点位，一般来讲是你比较欣赏的方面，能够具体实在则更佳，因为我们都听够了泛泛而谈的赞美。

你的祝福语应该表达哪些内容呢？我们思考的路径是：称呼+祝贺语，（自我介绍）+对方具体成就+精神+赞美。本题因提示了不得署自己名字，因此可以省略自我介绍。但是在生活中，如果你想跟并不熟悉但有意结交的人熟络起来，那自我介绍就很有必要了。

根据题目所提供的信息，我们可以勾画圈点出："雷海为""在《中国诗词大会》第三季总决赛""以5：1的比分""夺得冠军""一位生活的强者！"等信息。于是我们可以组织一下语言了：

雷海为（先生），祝贺你在《中国诗词大会》第三季总决赛中夺得冠军。你是一位生活的强者！你的才华，你的生活态度令人钦佩，我也为你点赞！

例42：

【2019年湖北省黄冈市】语言表达。

郭老师在黄冈市语文"课内比教学"活动中，荣获第一名，将代表黄冈参加全省"教学比武"。

假如你是郭老师的学生，请你向郭老师发一条短信表示祝贺。要求：不要超过30字，不得透露学校、班级和姓名等信息。

这道题我们首先来筛选信息："郭老师""黄冈市语文'课内比教学'活动中，荣获第一名""代表黄冈参加全省'教学比武'""郭老师的学生"，我们找到了称呼、对方具体成就、可能获得的成就等信息（如图2—96所示）。

<u>郭老师</u>在黄冈市语文"课内比教学"活动中，荣获第一名,将代表黄冈参加<u>全省</u>
（称呼）　　　　　　　　　　　（具体成就）
<u>"教学比武"</u>。
（即将取得成就）

图2—96　语言运用实例42祝福语分析

答案可以如此：<u>尊敬的郭老师，您好！祝贺您在黄冈市语文"课内比教学"</u>

活动中，荣获第一名！预祝您在即将到来的全省"教学比武"中再创佳绩！

我们在组织语言的时候，更多地切合了学生的实际能力，更多地提倡"文字搬运工"，即使是语文水平一般的学生，也可以写出切合题意的接地气的具有生活气息的祝福语来！

【例 42 参考答案】

【示例 1】祝贺您，县市赛课大显身手；祝愿您，全省比武魅力四射。

【示例 2】市县名师同竞技，您已夺冠；全省精英比武，您再争锋。

（十一）采访、提问

中考语言运用中有一类题为"采访、提问"，也是情境类题型中的常见题。怎么设计问题更有针对性？怎么完整表述？尤其是在情境中如何表达？这些着实在考察一个学生的基本语文素养，也在考察一个学生的基本交际能力。

基本思路图示如图 2-97 所示：

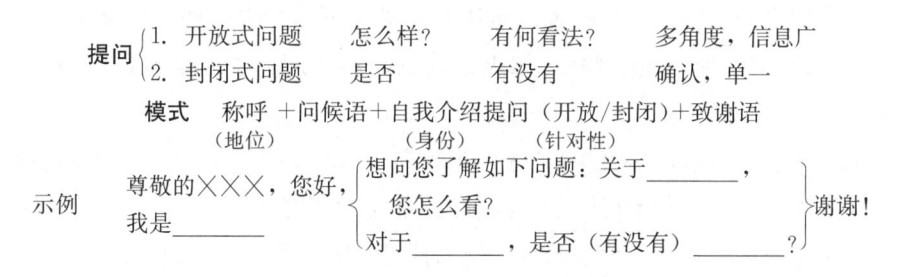

```
提问 { 1. 开放式问题    怎么样？   有何看法？   多角度，信息广
        2. 封闭式问题    是否       有没有       确认，单一

模式    称呼 +问候语+自我介绍提问（开放/封闭）+致谢语
       （地位）          （身份）   （针对性）

示例    尊敬的×××，您好，{想向您了解如下问题：关于_____，
        我是_____          您怎么看？                      }谢谢！
                           对于_____，是否（有没有）_____？
```

图 2-97 语言运用——采访提问

山人研究总结了如下的技巧：

第一步：明确问题的两种类型，即开放式问题和封闭式问题。

所谓开放式问题，就是没有设置标准答案，而是由回答的人根据自己的理解来回答问题。问的人常用"怎么样""有何看法"等词语，征询对方的意见和建议。这种方法的好处就是，回答的人可能会提供更多的信息，也有更多元化的角度，让提问的人可能有意外惊喜的收获。

封闭式问题，一般用在确认某种事实或者观点的场合，常用语是"有没有""是否"等，答案往往是在提供的参考答案里进行选择，对于提问的人来说，只需要得到某种明确的答案即可，不需要多余的信息。提问答题思路如图 2-98 所示。

提问 { 1. 开放式问题　　怎么样?　　有何看法?　　多角度,信息广
　　　 2. 封闭式问题　　是否　　　　有没有　　　确认,单一

图 2-98　提问答题思路

犹如电视剧里有这样的场面:

审问者:"你说不说?"被审问者:"我说。"审问者又问:"你说不说?"被审问者:"我说。"……如此反复。

请问各位客官:他们的问和回答有问题吗?

最后,被审问者都被问烦了,改变了回答方式:"你究竟要我说什么呀!"审问者:"我就是问你说不说!"

估计,要晕倒片场一大片人。山人倒是想问问,编剧你是认真的吗?!

我们强调提问的针对性,也就是要明确自己想得到什么样的信息:是让对方提供更多的线索?还是让对方确认我们的猜测?继而可以选择使用开放式提问,或者封闭式提问。比如,审问者是想让对方提供更多情报,那就应该是问对方:"关于某某事情,你知道哪些?"如果是确认,那就问:"你是不是情报人员?""某某是不是间谍?"

你看,这样的话,多爽快!"你说不说"这样的封闭式问题,当然回答就只能是"我说"或者"我不说"了。人家的回答没毛病啊!

在试题当中,我们如何来确认提问的针对性呢?那就是看题干,看材料,找出关键词、核心信息,围绕着它们来提问。这也是"文字搬运工"的常规操作。

例 43:

近段时间,由于我市对城市道路进行整治,在有关施工路段经常发生车辆拥堵情况,公交车到站经常延误时间,影响沿线单位工作人员按时上下班,而且沿途尘土飞扬,空气卫生质量极差。×校学生将组织一次社会调查,呼吁有关单位以人为本,文明施工,服务至上;车辆、行人也要相互体谅,文明出行。假如你是该校学生,要采访下列人员,你将如何明白得体地提问?

①采访一位在车站等车的上班族,了解他对当前这一交通状况的看法。

②采访道路施工单位负责人,向他了解处理好道路施工和影响交通畅通这一矛盾所采取的措施。

分析如图 2-99 所示:

例43：

近段时间，由于我市对城市道路进行整治，在有关施工路段经常发生<u>车辆拥堵</u>情况，<u>公交车到站经常延误时间，影响沿线单位工作人员按时上下班</u>，而且<u>沿途</u>（交通状况）<u>尘土飞扬，空气卫生质量极差</u>。×校学生将组织一次社会调查，呼吁有关（环境影响）<u>单位以人为本，文明施工，服务至上</u>；<u>车辆、行人也要相互体谅，文明出行</u>。假如（采访目的）你是 <u>该校学生</u>，要采访下列人员，你将如何明白得体地提问？

　　身份（自我介绍）
①采访一位在车站等车的　　　<u>上班族</u>　　，了解他对当前这一
　　　　　　　　　　　　　　 身份（称呼）
　　　　　　　　　　　叔叔（阿姨），您好+
　　　　　　　　　　　我是……

<u>交通状况的看法</u>　。
采访内容（开放式）
交通状况+你有什么看法？
②采访　<u>道路施工单位负责人</u>　，向他了解<u>处理好道路施工和影响交通畅通</u>
　　　　　身份（称呼）　　　　　　　　　　　采访内容（开放式）
　　　"=××经理"（或其他职务），　　　　题干内容+
　　　您好！我是……　　　　　　　　　　　有什么具体措施？
<u>这一矛盾所采取的措施</u>。

思考步骤 ｛第一步：勾画重要信息。
　　　　　第二步：根据要求进行组合。
　　　　　第三步：完整准确表达。

图 2-99　语言运用实例 43 采访分析

　　核心词汇：影响上下班、空气卫生质量极差；文明施工、文明出行。

　　问①提供了关键信息"上班族""交通状况"。应该想到上班族肯定关心能否准时上下班，也可能对相关问题有看法。而"看法"，意味着我们可以使用开放式提问，了解更多的信息。其实开放式提问也是一个在考试中可以"偷懒"的方法，因为更多的观点抛给了回答的人去了，你只需要问"怎么样""有何看法"即可。

　　问②提供了"施工单位负责人""采取的措施"这一信息，其实我们是可以"引用"过来使用的。同样可以采用开放式提问的方式。

　　这两个问，我们可以看到题干要求里已经暗示要采用"开放式提问"，再"搬运"题干的某些短语，就可以把"针对性"这一点搞定。

　　语境对话，也是人际交往的重要场合，所以在具体表述的时候，是需要一些"模式"的（如图 2-100 所示）。

模式　　称呼＋问候语＋自我介绍＋提问（开放/封闭）＋致谢语
　　　（地位）　　　　　（身份）　　　（针对性）

图 2—100　采访提问答题模式

前面提到，"假如你是该校学生"，意味着你自己的身份，这是在自我介绍的时候需要用上的。"上班族""施工单位负责人"，意味着对方的身份地位，那么应该有的称呼、问候语就有区别。有人说，干吗这么复杂？山人说，这就是基本的礼貌。因为你们之间是陌生关系，所以自我介绍不可缺少，否则对方很可能不回答你。

【例43参考答案示例】①同志（或师傅），您好！我是×校学生，请问眼下咱们这儿在修路，您是否觉得给您的出行带来不便，能否谈谈您的看法？

②××长：您好！我是×学校的学生，想了解一下在道路整治过程中，你们对处理好道路施工和影响交通畅通这一矛盾采取了哪些措施？（你们是怎么处理好确保道路施工和减少通行不畅这一矛盾的？）

例44：

某班开展了"走进社区"的综合性学习活动。请完成以下任务。

（1）情况调查组准备针对社区老年人的"空巢"现象进行问卷调查，请你设计两个问题，分别对老年人和他的家人进行问卷调查提问。

①对老年人：_____

②对家里人：_____

看看例44，你想了解什么样的信息，来完成你的问卷调查？两个问应该是相关联的，需要随机应变。

比如，如果对老年人提问的，应该是一个确认的问题：他（她）的儿女是否经常回来看望他们。以此来确定是不是"空巢"老人。这是一个封闭式问题。

如果回答是"是经常回来"，第二问就多余了，或者聊聊"她们经常回来，您们心情怎么样呢"或者"她们回来一般做些什么呢"等；如果是"不常回来"，好了，那就要问问"您们心里怎么想的"或者"她们是怎么关心您们的"之类的开放式提问了。

我们可以看出，抛开常见的提问套路"称呼＋问候语＋自我介绍""致谢语"等，针对性提问总是围绕着你想得到的核心信息展开的，而且在考试中书写的时候，常常可以用到题干中的词语，进行组合表达即可。重要的是，你要确定自己使用开放式提问法，还是封闭式提问法。

【例44参考答案示例】：①儿女经常回来看望您吗？②如果你们和老人是分开居住，老人突发疾病时你们是如何救治和照顾的？

其实在我们的生活中，明白什么时候使用开放式问题，什么时候使用封闭式问题，是很重要的。

想让对方畅所欲言，以便获得更多信息，那就使用开放式提问。不断激发对方的表达欲望，你从对方的"海量信息"中，也许能够发现自己需要的信息。这样的提问方式，对方往往不经意之间就传递了你需要的信息，并且还不会引起自我保护的警觉。当然，这样的你需要有耐心，有善于倾听善于发掘重要信息的能力。

想确认某个信息，或者只想知道相关信息，你就可以开门见山单刀直入，使用封闭式问题来引导对方回答，快速获得你想要的信息。当然，有些问题别人是不愿意回答的，那么对方就可能撒谎或者掩饰，你也就得不到真实信息。封闭式问题，也往往有"诱导"之嫌，在一些场景里是不允许使用的。

职场中如果你作为下属，提出一些建设性方案，希望得到领导的支持，同时也对你的能力有所认可，那么提出方案的时候就需要适当地运用一些技巧。比如，对某一问题的解决，你就应该拟定至少3个方案，以便于领导进行决策。在汇报的时候，各个方案的优缺点当然要说明，但更重要的是这几个方案的排序，因为这也可能影响你看重的方案能否被选上。一般来讲，你看重的方案是绝对不能排在第一个的，因为人之常情，都是觉得第一个方案"不咋地"，"深入细致"思考的后面的方案，才可能是"一般人想不到"的好方案。所以要运用那么一点心理学知识，帮助最优方案真的"脱颖而出"。如果你只有一个方案上报，没有"计划B""计划C"，领导多半会让你回去"再想想"的。给出了几个方案，实际上也就是封闭式提问："领导，各个方案的优劣我讲解完了，您觉得哪一个比较妥当？"

如果你是作为领导呢？当然希望下属开动脑筋，多想一些方案来进行选择。道路千万条，该选哪一条？如果你没有深入思考过，那就问问"你说说每个方案的优劣是什么"？让对方来谈，而不是立刻把自己的观点表露出来，实际上也是在了解下属对于各个方案的倾向性。斟酌损益，自然可以遴选出比较合理的方案来。

有时候，领导已经考虑了某种方案，但是觉得"强制"贯彻下去，下属可能会反感，或者还需要下属"顾全大局，牺牲小我"，这个时候肯定不能提一个封闭式问题："这个问题这样做，你看可以吗？"职场中人都很清楚，领导来找你"商量"的事情，往往就是领导要交办的事情，那回答不就是只有一个"可以"吗？有些领导就问得很艺术，对某一个问题，让你来谈谈看法，开放式提问，看看你的应变能力。如果某个方案正合他意，那就再"追问"一下，然后大赞你看问题"见解独到""有办法"，并趁你喜不自胜的乐陶陶的时候，"那就拜托你来组织施行了，你一定会成功的"！你看，这不就是给自己找到了"展示自己的人生舞台"吗？

提问的艺术，生活实践出真知，不仅仅是考试拿分需要，也是我们工作生活所必须掌握的技巧！你打到重点了吗？

（十二）开场白、串词、结束语

如图 2-101 所示：

编筐技术：参与人员范围、活动主题、表达效果：

开场白

称呼 ＋ 问候语 ＋ 活动原因、目的、意义（主题） ＋ （煽动情绪）预祝成功

- 尊敬的各位领导、
- 老师
- 各位来宾
- 亲爱的同学们
- 朋友们

- 大家好！
- （晚上好！）

- "＿＿"（引用诗词名句）
- 为了＿＿，我们开展
- （召开）"＿＿"活动
- （主题班会）。

- 希望各位同学积极参与。
- 预祝各位在＿＿中取得佳绩＿＿！
- 现在我宣布："＿＿"活动正式开始！

串词

称呼 ＋ 前《节目名称》节目类型（赞美） ＋ （承上启下） ＋ 后《节目名称》节目类型 ＋ 意义

- 老师们、同学们、朋友们

- 刚刚我们欣赏了《×××》，感受到了＿＿。
- （引用相关内容）
- 感谢×××的精彩表演，让我们……

- 下面，我们接着欣赏《×××》
- ＋特点（引用相关语句）
- 掌声有请×××上场（登场）!

结束语

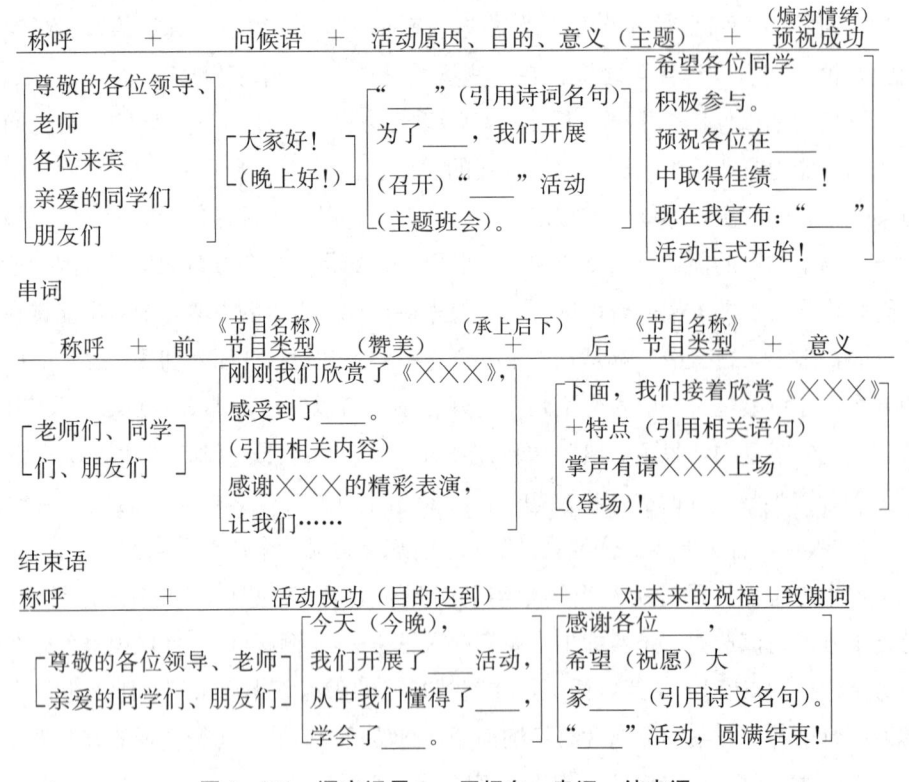

称呼 ＋ 活动成功（目的达到） ＋ 对未来的祝福＋致谢词

- 尊敬的各位领导、老师
- 亲爱的同学们、朋友们

- 今天（今晚），我们开展了＿＿活动，从中我们懂得了＿＿，学会了＿＿。

- 感谢各位＿＿，希望（祝愿）大家＿＿（引用诗文名句）。
- "＿＿"活动，圆满结束！

图 2-101 语言运用——开场白、串词、结束语

遇到写"开场白""串词""结束语"，很多同学头大！毕竟班级里做过主持人的同学并不多，遇到主题班会或者晚会，帮忙写稿子的又是"你语文好，你来写"的被拉"壮丁"的语文成绩好的同学。

普通人，哪里有实战操刀的时候？这不，山人来指点各位"小白"，你也可以成为文案高手！

1. 编筐技术

山人总结的方法叫作"编筐技术"，就是你编一个筐，然后把内容往里面装。虽不能保证百分百完美，但至少看上去很美！要点还是齐备的！

我们首先可以从题干上获取信息，比如参与人员范围、活动主题、表达效果等。这有何意义呢？

参与人员范围，可以让我们明确"称呼"。班级活动的主要参加人是班上同学，班级老师，有时候可能有家长来观看主题班会，那么称呼的范围就容易判定。如果是校级活动，那就有学校的领导，或者来宾，称呼就会不同。

活动主题，首先，这个能够帮助我们在语言规范上注意，需要轻松活泼幽默风趣的氛围？还是严肃认真郑重其事？活动主题会告诉我们语言特点。其次，活动主题也是我们在引用相关文段时，挑选的方向。

表达效果，这个就和主题紧密相关。更重要的是，在活动的不同环节，你需要的效果是不同的。开场白要调动情绪，让人们积极参与，融入某种氛围之中。串词要不断推进活动的进行，结束语要有启发意义等。

通过题干，我们还可以确定一些在后面可以直接使用的语句，作为我们"搬运工"的搬运对象。

2. 开场白（如图2-102所示）

开场白

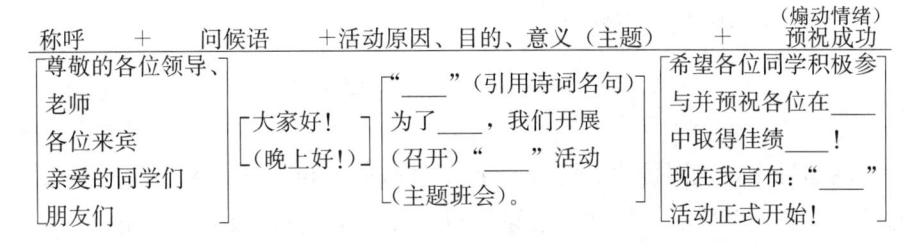

称呼 ＋ 问候语 ＋活动原因、目的、意义（主题） ＋ （煽动情绪）预祝成功

| 尊敬的各位领导、老师
各位来宾
亲爱的同学们
朋友们 | 大家好！
（晚上好！） | "＿＿"（引用诗词名句）
为了＿＿，我们开展
（召开）"＿＿"活动
（主题班会）。 | 希望各位同学积极参与并预祝各位在＿＿中取得佳绩＿＿！
现在我宣布："＿＿"
活动正式开始！ |

图2-102　开场白表述模式

开场白的要素，也就是表述内容放在横线上，同学们可以看到其实模式比较的简单。但是在实战运用中，又如何表达呢？山人模拟了一个不确定主题的语言环境，也就是横线下方的内容。根据具体的语言环境，可以增补损益，而横线的部分，就是我们要"装"内容的地方。

举例而言：

例45：

【湖北省咸宁市】同学们，你知道吗？今年中考结束后的第二天就是我国传统节日——端午节，请按要求完成②题。

②有同学不喜欢过端午、中秋节，而热衷于过圣诞节等西方节日，为此，班级专门召开一次"弘扬民族传统文化"的主题班会，请你为主持人设计2～3句运用比喻修辞手法揭示主旨的开场白。

分析如图2-103所示。

例45 【湖北省咸宁市】【试题】同学们，你知道吗？今年中考结束后的第二天就是我国传统节日——端午节，请按要求完成下题。

③目的：为了让同学们更了解传统节日

有　　同学不喜欢过端午、中秋节，而热衷于过圣诞节等西方节日，为此，班级专
　　　　　　　　　　　　　　　　　　　　　　　　　　　　　　　①范围
门召开一次"弘扬民族传统文化"的主题班会，请你为主持人设计2～3句运用比喻
　　　　　　　②活动主题　　　　　　　　　　　　　　　　特别要求
修辞手法揭示主旨的开场白。

参考答案示例：我国民俗文化源远流长，它是中华民族传统文化中的一朵奇葩。但在对待民俗文化的问题上，同学们有不同的看法。为此，特举办本次主题班会，下面请同学们畅所欲言（2分，比喻句1分，其他句1分）

教师评述：按照我们的规则，实际上开场白应该更加完整一些更好。需要增加"称呼""问候语""目的"等内容。

同学们可以根据我们的模板自行揣摩。

图2-103　语言运用实例45开场白分析

在这道题中，范围是"班级"，因此"尊敬的各位老师、亲爱的同学们"就可以作为"称呼"部分，而"大家好""下午好"等当然就是"问候语"部分。

"……"部分，是我们要发挥点创造力的，比如山人就提倡"拽文"，引用几句写端午、中秋等传统节日的诗词名句，然后紧接着"我们的民俗文化……"

"主题"（批注编号②）部分，我们可以推测出进行活动的目的（批注编号③），这些都是我们边看题，边进行的简洁批注，后面填空可以使用到。

另外的一些"套话"，大家可以直接借鉴使用。

各位再回过头去，你能够根据前面的开场白"模型"，拟出比较完整的答案了吗？想来，如果各位多练习，多思考，拟出的答案大同小异，实际上都可以拿到不错的分数。

大家还可以再看一例，进行揣摩。

例46：

口语交际　根据所提供的情境，按要求表达。

你所在的学校要举行以"吸取国学精华，传承中华文化"为主题的经典诗词朗诵比赛。

（1）假如你是本次活动的主持人，请你设计一段开场白。

答：＿＿＿＿＿＿＿＿＿＿＿＿＿＿＿＿＿＿＿＿＿＿＿＿＿＿＿＿

【例46参考示例】尊敬的各位领导、老师，亲爱的同学们，大家好！中华传统文化源远流长，古典诗词是其中的瑰宝。诵读古诗词会陶冶情操，丰富文化底蕴，提高国学素养，使中国传统文化发扬光大，让我们以饱满的热情投入到这次比赛当中吧！（或下面我宣布××中学八年级"吸取国学精华，传承中华文化"经典诗词朗诵比赛现在开始！）

评分说明：（3分）称呼1分，内容上清楚、连贯1分，不偏离话题得1分，符合要求即可。

3. 串词

串词的表达模式如图2-104所示的横线上方，常用语言见横线下方。

串词

称呼 ＋ 前《节目名称》节目类型（赞美） ＋ （承上启下）后《节目名称》节目类型 ＋ 意义

⎡老师们、同学⎤   ⎡刚刚我们欣赏了《×××》，⎤   ⎡下面，我们接着欣赏⎤
⎣们、朋友们　⎦   ⎢感受到了＿＿。（引用相关内容）⎥   ⎢《××××××》＋特点⎥
　　　　　　　　　⎢感谢×××的精彩表演，　　　　　⎥   ⎢（引用相关语句）　⎥
　　　　　　　　　⎣让我们……　　　　　　　　　　⎦   ⎣掌声有请×××上场（登场）！⎦

图2-104　串词表述模式

注意一点，这里可以有称呼，也可以省略。一般在串词中，就不再反复说问候语了。串词的目的是"承上启下"，同时要注意到调动情绪，也要表达对表演者的尊重和赞美。适当引用节目中的经典词句，或者经典要素，是承上启下的"接地气"的表现。

例47：

某班开展了"走进社区"的综合性学习活动。请完成以下任务。

愉快服务组决定在母亲节来临之际办一台"母爱·感恩"的主题晚会。请你为节目诗朗诵《游子吟》和下一个节目女声独唱《妈妈的吻》写一段串词。

我们来分析参考答案是如何设计的。当然，我们可以参照前面的"串词"模板，让语言表达更完整。各位自我揣摩（如图2-105所示）。

例47 某班开展了"走进社区"的综合性学习活动。请完成以下任务。

愉快服务组决定在母亲节来临之际办一台"母爱·感恩"的<u>主题</u>晚会。请你为<u>节目诗 朗诵《游子吟》</u>和下一个节目 <u>女声独唱《妈妈的吻》</u>写一段串词。
　　　　　　前一节目类型及名称　　　　　　后一节目类型及名称
　　　　（可以引用相关内容、谈感受）　　（可以引用相关内容、介绍其特点）

参　　考示例：（1）"儿行千里母担忧"。是啊，无论我们走到哪里，始终有个
　　　　　　（谈感受）（暗示前一节目类型及名称）
人在家里牵挂着我们，有个声音在呼唤我们回家。"谁言寸草心，报得三春晖"，
　　　　　　　　　　　　　　　　　　　　（引用《游子吟》诗句）
我们永远也无法回报母亲的深情。但也许一声问候，也许一个吻，就能让我们母
　　　　　　　　　　　　　　　　　　　　　（暗示后一节目）
亲深深地感动。下面，让我们一起听歌曲《妈妈的吻》，感受母亲的爱，表达我
　　　　　　　　　　　　　　（节目类型及名称）　　　（介绍其特点）
们对母亲的爱吧!

（　2）"谁言寸草心，报得三春晖"，我们永远也无法回报母亲的爱。也许是
　　　（直接引用《游子吟》诗句）　　　　　　　　　　（暗示后一节目）
一声问候，一个亲吻，就能让我们的母亲深深的感动。下面，让我们一起聆听歌

曲《妈妈的吻》，感受母亲的爱，表达我们对母亲的爱吧。
（节目类型及名称）　　　　　　（介绍其特点）

图2-105　语言运用实例47串词分析

4. 结束语

以题释法，如图2-106所示：

结束语
　　称呼　　　　　+　活动成功（目的达到）+　对未来的祝福+致谢词

[尊敬的各位领导、老师，亲爱的同学们、朋友们]　[今天（今晚），我们开展了＿＿活动，从中我们懂得了＿＿，学会了＿＿。]　[感谢各位＿＿＿，希望（祝愿）大家＿＿＿（引用诗文名句）。"＿＿"活动，圆满结束!]

图2-106　结束语表述模式

例 48：

邀请你担任"青春·梦想"主题班会主持人，请设计一段 50 字左右的结束语。要求：文辞优美，富有感染力。

分析过程如图 2-107 所示：

例48
　　邀请你担任"青春·梦想"主题班会主持人，请设计一段50字左右的结束语。
　　　　　　　　　　　主题　　　范围　　　　　　　　　字数限制　　　题型
要求：文辞优美，富有感染力。

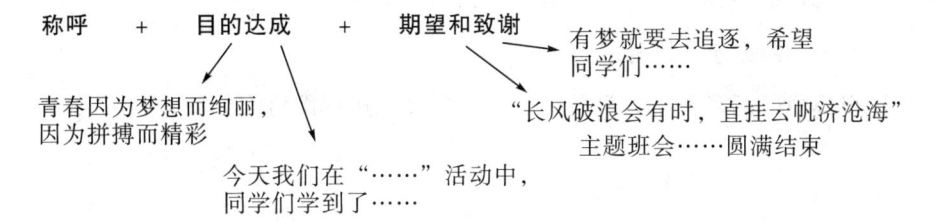

称呼　+　目的达成　+　期望和致谢　→　有梦就要去追逐，希望同学们……
　↓
青春因为梦想而绚丽，
因为拼搏而精彩
　　　　　　　↓
　　　　今天我们在"……"活动中，
　　　　同学们学到了……
　　　　　　　　　　　　　→　"长风破浪会有时，直挂云帆济沧海"
　　　　　　　　　　　　　　　主题班会……圆满结束

图 2-107　语言运用实例 48 结束语分析 1

另外，还可以参照图 2-108。

例48
　　邀请你担任"青春·梦想"主题班会主持人，请设计一段50字左右的结束语。
　　　　　　　　　　　主题　　　范围　　　　　　　　　字数限制　　　题型
要求：文辞优美，富有感染力。

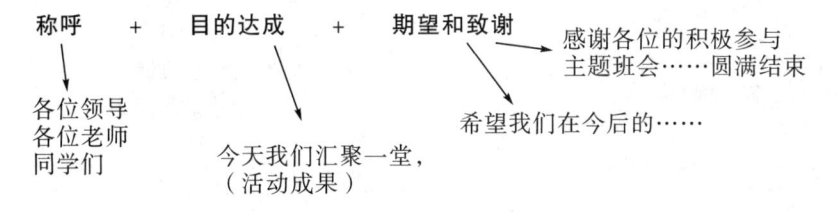

称呼　+　目的达成　+　期望和致谢　→　感谢各位的积极参与
　↓　　　　　　　　　　　　　　　　　主题班会……圆满结束
各位领导
各位老师　　　　　　　　　　　→　希望我们在今后的……
同学们
　　　　　　↓
　　　　今天我们汇聚一堂，
　　　　（活动成果）

图 2-108　语言运用实例 48 结束语分析 2

【例 48 参考答案示例】同学们，青春因梦想而绚丽，因拼搏而精彩。愿同学们扬起梦想的风帆，与"中国梦"同行，为民族复兴、国家强盛、人民幸福而努

力！（称谓1分，内容1分，有文采和感染力1分）

各位同学，你可以综合一下两张图，然后把相关的资料综合一下，可以拟出相关的答案。在开场白和结束语中，我们都应该注意一下文采，引用相关的诗词歌赋、名言警句，这些都有利于让文段更优美、更富有内涵。在平时的学习中，我们应该在积累本上多多积累相关的内容，并随时作为每天朗读打卡的资料，这样就很自然地记住了，到需要使用的时候，信手拈来，运用自如。

5. 综合比较

中考有套路，做题有方法。面对纷繁复杂的试题，我们最好的方式就是化繁为简，用"套路"去解决。语言水平每个人可能有差异，但是答案的要点我们是可以抓住的，这样我们想要得分就有了相当的把握。

（十三）活动方案设计

这里提供的活动方案，简单有效，只要灵活运用即可，如图2-109所示：

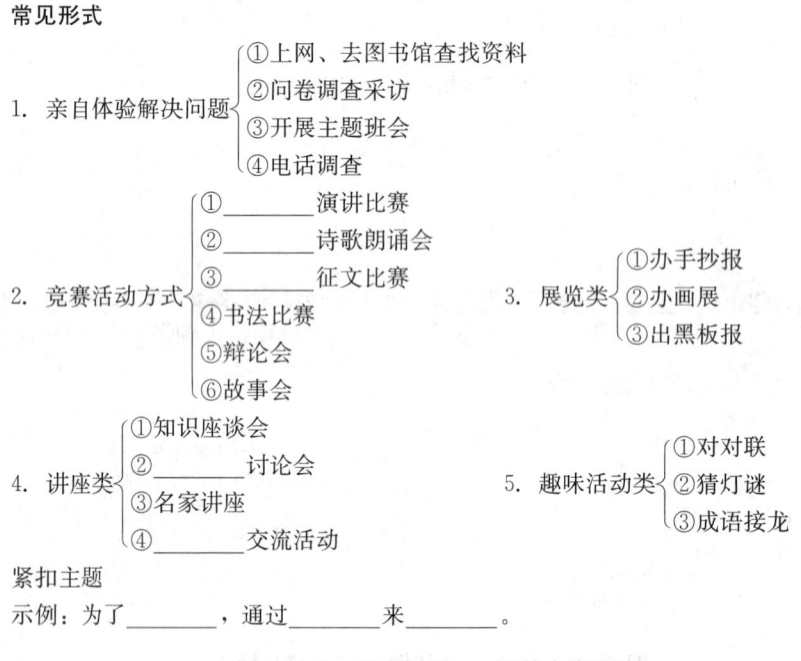

常见形式

1. 亲自体验解决问题
   - ①上网、去图书馆查找资料
   - ②问卷调查采访
   - ③开展主题班会
   - ④电话调查

2. 竞赛活动方式
   - ①_____演讲比赛
   - ②_____诗歌朗诵会
   - ③_____征文比赛
   - ④书法比赛
   - ⑤辩论会
   - ⑥故事会

3. 展览类
   - ①办手抄报
   - ②办画展
   - ③出黑板报

4. 讲座类
   - ①知识座谈会
   - ②_____讨论会
   - ③名家讲座
   - ④_____交流活动

5. 趣味活动类
   - ①对对联
   - ②猜灯谜
   - ③成语接龙

紧扣主题

示例：为了_____，通过_____来_____。

图2-109 语言运用——活动方案设计

例49：

（四川广元中考）阅读下列材料，请按要求作答。

材料一　为了弘扬千年蜀道文化，建设中国生态康养旅游名市，第七届蜀道文化旅游节于5月18日在剑门蜀道·剑门关景区开幕。

材料二　广元是从成都到西安这条古蜀道上的璀璨明珠，从建县至今有2300多年的历史，文化资源丰富。它是中国古栈道文化的集中展现地，是三国历史文化的核心走廊，又是武则天的家乡，也是红四方面军长征出发地、川陕苏区主战场。它的文化主要集中在剑门蜀道文化、三国文化、特色女性文化、红色文化和川北民俗文化等方面。

学校开展以"弘扬千年蜀道文化"为主题的综合性学习活动，请你仿照示例为此次活动方案补充两个活动内容。

活动主题：弘扬千年蜀道文化。

活动内容：＿＿＿＿＿＿＿＿＿＿＿。

示例：画说蜀道文化

浅析：示例中"蜀道文化"可以作为核心词，予以保留，那么需要替换的就是"画说"，可以用绘画的方式，当然还可以用"讲故事""歌唱""诗歌朗诵"等诸多方式。在这里，我们对参考答案进行分析，看看它是如何来设计的。【例49答案示例】"礼赞蜀道文化""漫话蜀道文化"。"礼赞"，可以诗歌朗诵，可以歌咏，因此具体内容是丰富多彩的；"漫话"，可以知识座谈会、故事会、名家讲座等，也是选择范围极广。不管怎样，我们可以看到提供的解决方案，基本上涵盖了班级活动的方方面面，为同学们开展活动提供了有效的借鉴方向。

五、文言文阅读

（一）学习方法

文言文学习，是语文学习的一个重难点。学好课内的，拓展延伸课外的，是一个基本的原则。

首先，个人的建议和基本方法是：购买一本课外文言文阅读教辅资料，经常朗读，如隔天朗读20分钟，或者20则，然后在熟悉的情况下，再看看提供的翻译或者课后题。多看少做。这样的方式比较轻松一些，没有那么大的心理压力。不建议一篇一篇做，因为我们的现状是"做完就丢"，基本上没有什么印象。而反复朗读则可以培养文言文的语感，也能够在不断熟悉的情况下，加深对文章的理解，对文言文常用词汇的意思有了类似于日常语言的熟悉，不用刻意想起也不会忘记。当然，课内文言文，建议能够全部背诵。

其次，就是进行系列化的文言常识学习，以及文言知识的归纳总结——从已经熟悉的文段中去查找相关词句，来作为语言的素材。课外文言文中有不少的文化常识及文言知识，建议采用图示展示，简单明了。这里是简单的示范（如图2-110、图2-111所示）。各位老师及同学，可以自行归纳总结。

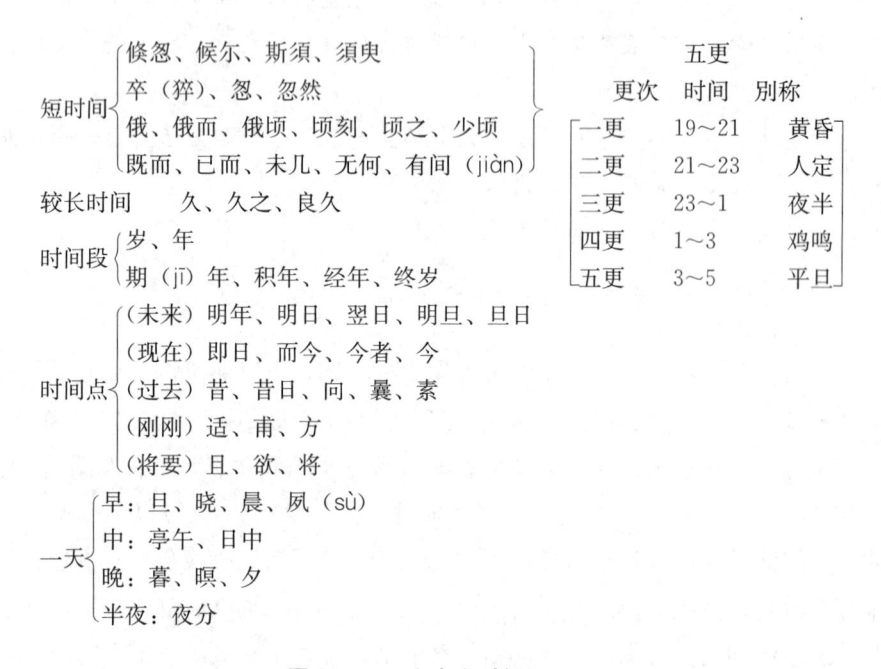

短时间：
- 倏忽、候尔、斯须、须臾
- 卒（猝）、忽、忽然
- 俄、俄而、俄顷、顷刻、顷之、少顷
- 既而、已而、未几、无何、有间（jiàn）

较长时间：久、久之、良久

时间段：
- 岁、年
- 期（jī）年、积年、经年、终岁

时间点：
- （未来）明年、明日、翌日、明旦
- （现在）即日、而今、今者、今
- （过去）昔、昔日、向、曩、素
- （刚刚）适、甫、方
- （将要）且、欲、将

一天：
- 早：旦、晓、晨、夙（sù）
- 中：亭午、日中
- 晚：暮、暝、夕
- 半夜：夜分

五更：

更次	时间	别称
一更	19~21	黄昏
二更	21~23	人定
三更	23~1	夜半
四更	1~3	鸡鸣
五更	3~5	平旦

图 2-110　文言文时间词

姓	苏	岳	韩	陶（自称）
（出生）名	轼	飞	愈	潜（渊明）
（成年）字	子瞻	鹏举	退之	（敬称）平辈、长辈 元亮
号	东坡居士			五柳先生（私谥）
（朝廷追赠）谥号（褒或贬）	文忠（苏文忠公）	武穆（岳武穆）	文（韩文公）	靖节（靖节先生）

图 2-111　文言文姓名字号

（二）文言文答题技巧

翻译文句，以直译为主，我们提出了"组词法"这一概念，就是以该字为核心组现代词汇，大多数情况来说是可以的。以成都市中考考题为例，翻译句子每句 3 分，关键词、句意通顺都是采分点。

评析类题型，一般可以分为两类，一种是"人物评价"，注意分点回答；另一种是"启示"类，我们一般建议，从文段中不同人物的角度来寻找答题点，或者从文段中的不同事件来归纳经验教训。还需要辨别的是，"人物性格""人物形象"的内涵是不同的，简而言之，人物形象包含了人物性格，但人物性格不等于人物形象（如图 2-112 所示）。

一、译　　（直译）　　**组词法**（以该字为核心组现代词汇）

原文：	学	而	时	习	之。
译文：	学习	而且 并且	按时 时常	温习 复习	学过的知识

评分标准关键词各 1 分，句意通顺 1 分。

二、评析　　**性格（形象）**　　+　　**事件**
（传记类作品文中词语）

模式　　1. ××是一个＿＿＿的人，从文中可以看出＿＿＿。（性格分几点回答）
　　　　　　　　　　（四字短语）　　（谁＋做什么、怎么样）（不同故事、人物描写）

启示类　　（从不同人物的角度分别表述）

2. 做一个＿＿＿的人，从文中＿＿＿可学到。
　　　（优秀品质）

3. 我们应该＿＿＿；从文中＿＿＿可得到经验。
　　　　　　（做法）　　　　（事件）

图 2-112　文言文翻译及评析技巧

六、作文写作

在多年的教育生涯中，听过很多次有关作文写作的公开课、示范课，也曾经在培训机构里实践过作文写作的教育方法，最后选取了这样一种最愚笨的方式，让学生有效地提升作文中细节的表达。

对于很多的学生来讲，作文真的不需要那么多的理论知识，需要的是一篇又一篇的实践作文，反复修改，反复体会。"无他术，唯勤读书而多为之，自工。"不必每次都是大作文，如果能够练笔，400 字左右的小作文即可。

山人采取的是，核心突破场景描写（细节描写），具体操作如下：准备作文纸一张，对折一下，然后把作文纸左右两边的功用作区分。左边作为初次写作的"原稿"，第一遍写作的时候，根据主题或指定的内容完成写作。右边作为第二次写作的"修改稿"，也就是教师对左边部分批改、提出写作建议后，让学生重新写作，在原稿及教师建议的基础上，重新写作同一主题（场景）。完成之后，学生进行自我检视，分析两次作文的优劣得失。

在写作内容上，充分考虑到不少学生社会阅历及阅读方面的不足，造成作文写作素材的极度匮乏，而优秀作文又强调学生要有宽广的视野及丰富的生活经验，因此教师准备好多则写作素材，逐一展示给学生，进行定时训练。在写作中，大体上要遵循教师提供的内容，合理展开想象来写作。尤其是"合理想象"是教师指点的重要方面，对于学生写作中的胡编乱造，要敢于指出并提供相应的改正建议。结合我们在阅读答题技巧方面的知识，帮助学生自我分析所写段落的"技巧应用"。（如图 2-113 至图 2-118 所示）

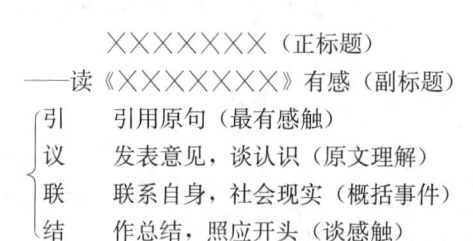

×××××××（正标题）
——读《×××××××》有感（副标题）

引　引用原句（最有感触）
议　发表意见，谈认识（原文理解）
联　联系自身，社会现实（概括事件）
结　作总结，照应开头（谈感触）

图 2-113　作文——读书笔记（读后感写作）

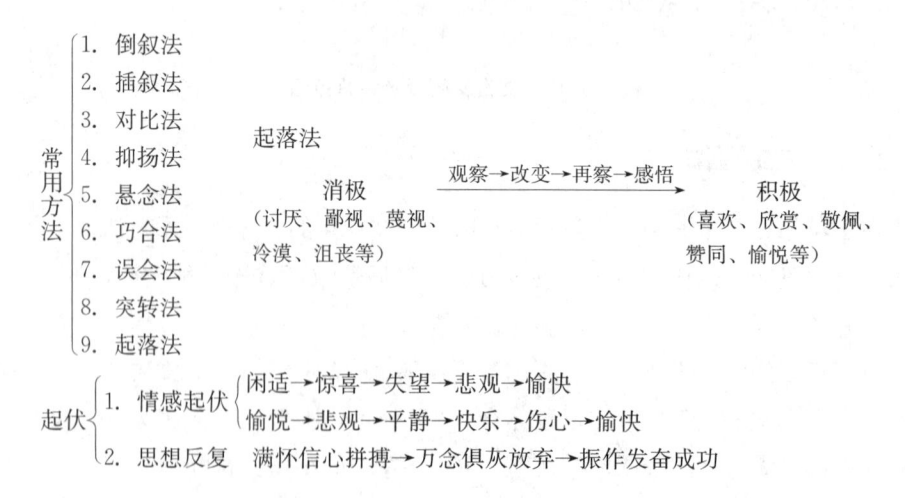

常用方法
1. 倒叙法
2. 插叙法
3. 对比法
4. 抑扬法
5. 悬念法
6. 巧合法
7. 误会法
8. 突转法
9. 起落法

起落法
消极（讨厌、鄙视、蔑视、冷漠、沮丧等）　观察→改变→再察→感悟　积极（喜欢、欣赏、敬佩、赞同、愉悦等）

起伏
1. 情感起伏　闲适→惊喜→失望→悲观→愉快
　　　　　　愉悦→悲观→平静→快乐→伤心→愉快
2. 思想反复　满怀信心拼搏→万念俱灰放弃→振作发奋成功

图 2-114　作文——情节构思 1

写人叙事：
1. 一事一人 ① 详略
2. 多事一人 ② 多角度
3. 两人文章 ③ 相关联

创意：
1. 三位一体 ｛三组画面 三个地点 三次对话
　　　　　　三张照片 三段回忆 三个小标题｝（结构清晰）
2. 日记体
3. 书信体

图 2-115　作文——情节构思 2

要求：
1. 积累
2. 仿写
3. 找规律

六招式：
1. 巧用修饰语　（描写、形容词、副词）
2. 巧用修辞　　（比喻、拟人、排比……）　
　　　　　　　　① 直接引用
　　　　　　　　② 名言+意境
　　　　　　　　③ 名言+解说
　　　　　　　　④ 截取+分开引用
　　　　　　　　⑤ 化用
3. 巧用诗词名句　（歌词、俗语、谚语、诗词名句）
4. 多角度具体描写（动词、拟声词、叠词、形声色、感官）
5. 环境描写烘托　（社会、自然）
6. 巧用幽默法
　　① 大词小用
　　② 行语移用
　　③ 有意曲解
　　④ 新词新用

图 2-116　作文——语言优美

外貌描写（肖像）：
1. 容貌 → 头发、耳朵、眼睛、鼻子、嘴巴、脸颊、身材
2. 服饰（色彩、样式）
3. 姿态
4. 表情　（动、静）

要点：
① 白描、工笔
② 有序描写，突出重点

心理描写：
1. 内心独白　（想、心想、觉得）
2. 幻觉梦境　（似乎看见、仿佛听到、梦见）
3. 回忆联想　（浮现眼前）

配合语言、动作、神态

图 2-117　作文——人物描写 1

第二部分　红汤锅（麻辣锅）：征战考场必杀技　249

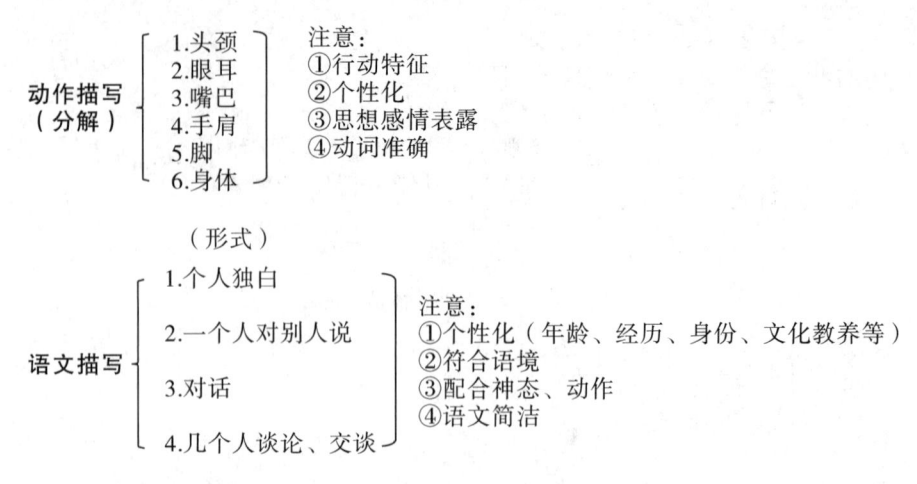

动作描写（分解） ⎰ 1.头颈　2.眼耳　3.嘴巴　4.手肩　5.脚　6.身体

注意：
①行动特征
②个性化
③思想感情表露
④动词准确

语文描写 （形式）
1.个人独白
2.一个人对别人说
3.对话
4.几个人谈论、交谈

注意：
①个性化（年龄、经历、身份、文化教养等）
②符合语境
③配合神态、动作
④语文简洁

图 2-118　作文——人物描写 2

第三部分

聊聊语文学习的未来

语文学习的"道"与"术",值得我们探讨。更值得我们关注的是,未来的岁月里,我们语文学习之路走向何方,如何走?围炉夜话,听听学长学姐的学习心得,借鉴家长朋友的家庭教育经验,聊聊语文与人生,其乐融融。

潜移默化：我的语文老师

做学生是幸运的，做一个幸运的学生是幸福的。

——山人语录

又见魏老师，我们已然不再是懵懂少年，而魏老师，正值退休之际，名副其实魏老。

酒酣耳热忘头白，席间不禁又请教起专业问题，继续享受做学生偷师学艺的乐事。

魏老说，语文学习其实很简单，分为三个三分之一：第一个三分之一是课本，考试内容的三分之一知识是课本知识，如果能够熟练掌握课本，那么这三分之一就很轻松地搞定；第二个三分之一是习题和教师课堂的拓展，多做精练习题，教师能够根据自己的教学经验和眼界，有效地拓展，那么这三分之一的绝大部分是可以掌握的；第三个三分之一，就是自己的广泛阅读和思考，这部分不仅仅有赖于学生的刻苦勤奋，还包括学生的理解感悟能力，或者说天赋。

这个总结简明扼要，且正中要害。把教师、学生分别该做什么，该怎么有效地体现自己的能动性，显而易见地表示出来。避免了我们对教师的"全能"苛求，既避免了我们对学生的一味地要求"看课本"，更要求学生必须自己扩大自己的阅读范围，严格执行自己的阅读计划。

课本上的知识，翻来覆去，弄得滚瓜烂熟，自然是好事，但是不要以为就此可以得满分了，这只是三分之一。习题要做自然不必多言。教师的作用呢？肯定不能只是课本知识的照本宣科，不然你就仅仅是在重复学生自己都可以看懂的三分之一，是在做无用功，并且大大地浪费学生的学习时间。教师的作用是拓展，根据自己的知识积累、经验积累，开阔学生的视野，在学生容易混淆的地方，指出一条明路，给学生提供正确的学习方法、思考问题的角度，提升学生的思维水平。并且，把课本中的东西，读出课本之外的含义，让学生真正有所悟、有所得。做到这些，就是有至少三分之二的东西学生可以掌握了。

剩下的三分之一，其实就是学生"功夫在诗外"了，也就是最不可控的三分之一，靠的不仅仅是勤奋，也有悟性。好的教师，绝对不是填鸭式的教育专家，而是善于激发学生自学兴趣的教师。

魏老说，推荐学生多看一些文摘类的书籍，那些短小精悍的文章，情感真挚的小品文，正适合学生的学习模仿，以及作文的写作，比如《青年文摘》等。于是，突然想起来，我高中阶段，我们班级订了《语文报》《中国青年报》，魏老还把自己的书报借给我们看。当然，我还借了一本油印的关于诗词写作的小册子来研究，装模作样地仿写了不少的古体诗词。

魏老这几年来带出了不少的语文学科优秀的学生，据说最近4年，本市高考语文单科第一名都出在我们学校，而且都是魏老的学生。这是一个奇迹，但是它就是发生了，至于你信不信，反正事实已经摆在那里了！

于是大家讲起当年的故事，魏老说还记得当年一次停电的时刻，我们都点起蜡烛看书，他带了相机，给我们拍了很多的照片，还冲洗出来给我们。照片上的我们，是如此的专注和认真，那氛围，那点点烛光，正是黑暗中我们追寻的光明，是我们人生的未来之路。

其实，魏老当年给我们拍了很多的照片，几乎每个学期都有，我们生活的点点滴滴，就这样不仅仅铭刻在心，更可以在我们老了，健忘的时候，拿出那些老照片来一一回忆。毕业时，我们将这些照片珍藏在相册里至今。

当年，魏老还给我们讲过照相技术，那可是使用老式相机的时候哦！我这种傻瓜自然是学不会的，所以到了现在，也只能使用傻瓜相机。

如今，我也喜欢给学生拍照，喜欢用相机来记录学生的生活，把照片冲洗出来，发给他们，也许换来的是一阵阵的哀号。但是，我想多年之后，猛然翻到这些照片，会有一种别样的感情的。

山人自从教书之后，也在不知不觉中把这些经验移植了过来。班级有图书角，每个人捐赠2本，放在一起，聚众而读，其乐融融；喜欢开展活动，用相机记录他们这缤纷的学生时代，留下这些青春靓丽的生活剪影。

其实，魏老最最重要的是，面对我们这些土气的农村孩子，细心关照，真诚引导，多方鼓励，让我们勇敢地抬起头来，直面差距，奋力直追，让我们去发现自我，找到自信。我发表的第一篇文章，就是在魏老的指导和鼓励下，积极投稿刊发的。毕业那年，我们班级参加"话说宜宾"征文比赛，好多同学都获奖了，魏老还获得优秀指导教师称号呢。

对于我们这些也成为教师的人来说，又怎么能忘记这些呢？

教师对学生的影响是潜移默化的。作为学生，很多时候很难发现自己究竟继承了当年老师的哪些东西，只是在无意之中，去不断地发展、延伸着。每个人，特别是那些对你很重要的人，或者你很仰慕很敬重的人，对你的影响往往非常的深刻，不仅仅是对你思想理念的影响，更在于你的很多的行为，都打上了深深的烙印。

感念有这样的老师，做他的学生，是一种幸运，更是一种幸福。

语文学习时间的管理建议

你见，或者不见我，作业就在那里，不多，不少。

——题记

　　学生的学习时间，我们可以划分为两部分：一部分是看得见的时间，另一部分是看不见的时间。

　　提高成绩的方法之一，就是占领学生的时间，守住这块阵地，或多或少都会有一些收获。这场争夺战，在学生的学习时间里，永远都是硝烟弥漫的。

　　现实教育环境中我们往往看到，只要哪科教师强势一点，敢于出手，敢于牺牲自己的休息时间，那么，学生的学习时间便可以接近于无限制地被占用。学生也是欺软怕硬的主儿，哪个教师和颜悦色好说话，那么你的学科作业往往都是压轴大戏，至于有没有机会压住，那就碰运气了。

　　看得见的时间，主要是指我们的课堂时间、自习时间，以及攻城略地得来的其他时间。之所以说是看得见的，是指在这个场合，教师在场，教师可以监督学生只学习自己所教科目，教师可以主导学习的进程，可以控制学生的学习状态。

　　从实践来看，这部分时间是最重要的，因为有教师的监督，更有教师的适时而恰当的指点，学生的学习效率会特别的高。我们提倡的优效课堂，就是指在这个教师可见的时间里，最大限度地提高学生的学习效率，让学生学有所得。

　　然而，如果教师的课堂设计以及课堂生成都不够有效，或者说是教师没有充分的准备，那么这部分时间就会被浪费，学生的学习效率就会很低，导致考试成绩就会不尽如人意。而面对这种情况，我们的教师在寻求原因的时候，又容易陷入"客观理由"之中，就是常常埋怨学生的学习态度不端正，学习精力不集中，学习不够用心。而采取的弥补措施，往往又是最简单的，自认为最有效的"增加时间"，也就是加班加点，用题海战术来弥补自己的教学有效性的不足。

　　可惜，学生的时间是有限的，教师可见的时间更是有限的，有时候我们看到学生的锻炼时间不见了，甚至有些科目的学习时间也被别人强势占领了。教师的敬业精神固然可嘉，然而学生的学习综合知识的时间被挤占，对于长远的发展来说，何尝不是一种巨大的损失。然而，学生面对教师的这份"热心"，又何尝能够勇敢拒绝！

　　这时候，我们的教师常常认为学生"不好学""不想学"，有什么办法？只有你看着学习啊！这话本身是有一定的道理，不好学不爱学的学生，确实需要监督和严格的管理，尤其是需要在可以控制的范围内，去完成学习中的基本练习，让学生掌握学科的基本知识，能够达到考试最基本的要求。

不过，如果能够从自身对课堂的设计、对知识的重组、对重难点的突破方面，想想办法，也许更能够有效地提高学习的效率，让学生也有着自己可以自由支配的时间，做一个真正的成长中的，有着一定自由的人。

"看不见"的时间方面，对善于控制学生时间的教师来说，往往是被忽略的部分。因为迷信自己的"看见"，所以就会忽略学生的"看不见"的时间。所谓的"看不见"，就是学生在规定的学习时间之外，是不是还热爱你这一学科，愿意在教师的作业之外，自己去拓展这一学科的知识。

能够抓住学生"看不见"的时间，占领这一阵地，其实才是做教师的最高境界。我们求之，但不一定能够得之。

首先，你得让你的学科从照本宣科，从枯燥无味变得有趣，让学生期待你的课堂。让你法定的领地能够产生最美丽的花朵，能够让你自己的领地最高效地产出。学得有趣，学得轻松，学有所获，学生自然不会拒绝你的要求。

其次，对于你所需要教的知识，绝对不能"毫无保留""倾囊相送"，一定得有所保留，要有神秘感。一下子就知道结局的电影，我们往往会失去完整浏览的心情，因为知道结局，所以无须用心。这里说的保留，不是说怕学生知道，而是说，要善于设计问题，激发学生的兴趣，即使你已经知道答案，也要留给学生思考的余地。学生因为好奇，因为心中对答案的渴望，而从你这里又得不到，那么就会自己去琢磨，自己去寻找答案。这个过程很可能不是在你看得见的时间里，而是在他自己的自由时间里。

最后，要善于激励学生，给予学生更高的自我期待，让学生为自己设定更高的发展空间，更长远的理想道路。作为教师来说，其实你的所知所学，是相当有限的，甚至，我们有知识但不一定有见识，有文化不见得有思想，有思想不见得会努力去追寻自己的理想。那么，对于学生来说，能够从你那里学到什么呢？模仿你什么呢？教师勇敢地承认自己的不足，勇敢地认可自己的学识见识所限，能够激发学生的探索精神，奋进精神，那么就非常了不起了。

学生因为认识你，了解你的学科，热爱这一学科，乐于钻研这一学科，自然不会仅仅用课堂的时间来学习和思考，自然会努力去寻找时间来探求知识，满足自己的求知欲望。那么，这些"看不见"的时间，其实也被你遥控到了，也在继续发挥着其学习学科知识的作用。

学生在某一学科上，要取得超越同班同学的成绩，通常情况下，都会花超过同学的时间来钻研的。我们不排除那些天资聪颖者，可以一学即会，但是更多的人，都是在勤奋学习中不断进步的。

就语文学习来说，三个三分之一中，我们可以控制的，用"看得见"的时间可以完成的有哪些呢？

首先肯定是课本知识，大家使用的教材一样，内容一样，重点都差不多，只要把课本弄得滚瓜烂熟，那自然可以得到相应的回报。而完成课本知识，自然是课堂时间内应该做的事情，只要我们高效一点，不成问题。

其次是练习题和教师的拓展知识。对于练习题，既有普通的统一使用的教辅资料，又有学生自购的一些资料，至于有没有全部做完，那是另外一个问题，不参与讨论。但是至少有一点，教师可以把他认为重要的知识，重要的练习，让学生在规定的时间来完成，这也是"看得见"的时间。教师的拓展知识，因人而异，和教师自身的水平有关，宽泛一点说，至少也是教师自身可以控制的。那么这都可以说是"可控时间"。

"看不见"的时间，需要去完成的知识是什么？那就是学生自身的拓展。一个学生愿不愿意去拓展语文知识，比如多阅读，多写作，那是很不好控制的了。如果教师的教学能够激发学生对学科的热爱，那么学生很可能就会自己去完成。不仅仅是说服教育，更重要的是让学生看到"拓展"对人生带来的好处，无论是直接利益还是长远利益。

我们在教学中，抓住学生"看得见"的时间，自然是必须的；而要想真正的培养学生的自我学习能力，自我提升的意愿，那就得好好地研究学生的学习心理，了解学生的渴求，精心设计自己学科的教学方式，让学生找到学习的乐趣。

如果既抓住了"见"，又巧妙地不放弃"不见"，那么学生对于学习就会始终处于探索之中，所谓的"世事洞明皆学问，人情练达即文章"。人生何处没有学问没有知识呢？

这当中，就要做到收放自如，要做到巧妙地利用好"看得见的时间"和"看不见的时间"之间的配合，让学生自己去追寻自己的学习生活，去努力提高自己的学问和知识，去提高自己的成绩！

你见，或者不见我，作业就在那里，不多，不少。来作业的怀里，或者，让作业住进你心里，默然、欣喜、沉思、完成……

语文学习经验分享（一）： 学生分享

关于语文学习，以下分享来自历届学生对问卷的回答，原汁原味。每个人的感受不同，因此请斟酌辨别。特别感谢这些同学，他们有的已经毕业多年，有的正在大学深造，有的还在高中奋战高考，感谢他们！在本书后记中列出了大家的名字，这里采用同一问题，不同学生的见解列举的方式，不注明发言者姓名，便于启发大家的思维。

问题1：您认为语文学习最重要的事情是什么？有哪些您亲测有效的具体学习方法吗？

阅读。没有比阅读更重要的学习方法了。

但不要为了阅读而阅读，可以为自己设置每天的阅读时间，但不要强迫自己去阅读一本并不喜欢的作品。如果感受到阅读速度变慢，看不进去，首先不要纠结是不是自己的问题，只是你跟它不合适而已，换一本吧。

语文学习中最重要的就是理解。就像和别人交谈一定要读懂他话里的话的感觉。如今的语文已不再死板，最近几年的高考题越来越灵活，一味地"刷题"是绝对不可行的。

一定要多背书，但绝对不能限于课内。可以选择自己喜欢的书的一些好句来背，在背诵的过程中不知不觉加深了对语言的理解，同时背下来的句子也可以在作文中使用，真是很有成就感。

语文学习最重要的是多读书，培养读书的习惯。连续看完一本书，提高专注度，看完之后注意回忆，温故而知新。注重文字的细节，会受益匪浅。

上学的时候，我觉得语文学习最重要的是提高高考分数。当时觉得最有效的办法是背诵。背诵课文，背诵经典选段，背诵名人名言，最后写作的时候可以信手拈来，节约答题时间。这个方法我采访过不少同龄人，是大家公认的行之有效的办法。以至于至今有同事问我，小孩语文不好怎么办？答：背书，多背，一篇不够就背十篇，多背总没什么坏处。

第三部分　聊聊语文学习的未来

一门语言的学习，最重要的莫过于听说读写了。而语文学习，尤其是中学语文学习，读和写更为重要一些。多读，多写，读后写，写后再读，再写。最平凡的招式，坚持下来，就是最有用的招式。要相信一点，中学学习的知识，无论哪一科，数量就那么多，深度就那个样，只要有方法地不断重复，谁都学得会，谁都学得好，现在学得不好，只能说明重复得不够多而已（根据我的经验，大学本科也是如此）。至于具体学习方法，由于我已经高中毕业六年了，实在是想不起来了，再者，正如齐白石先生所言，学我者生，似我者死，别人的方法永远是别人的，什么样的方法适合自己，只有靠学弟学妹们自己去探索了。

看书，积累，各种各样的文体去拓宽知识面，不功利地去看待它对阅读，作文的作用，仅当作是去见不同人的人生也很有用。

具体的学习方法好像没有诶（挠头）（一些语文不行的人的自我唾弃）。

对于语文学习最重要的事是什么这个问题，我觉得是在课堂外的日积月累。课堂上教导固然重要，老师所在课堂上讲解的知识点和答题技巧是应对初高中考试所必不可缺少的，掌握了课堂上的知识点则可以保证成绩无忧，但是真正想拿到高分以及培养语文素养的话，还是不能离开课堂下的修行。无论是在课余时间阅读大家的名著，还是品读评论家的杂文，抑或是略读下报纸杂志，都是我们筑牢文学基础，提高自我修养的办法。正如"读书百遍，其义自见"这句话一样，只有看过古今中外、诸子百家后，我们才能对语文有着更深的理解，对待阅读理解和作文写作也才能得心应手。

问题2：您印象中最深刻的语文学习的事件是什么？

上了高中，对文章理解能力要求更大，而这往往成为我的定时炸弹，对于文章理解分析的选择题我老是拿不准（上次月考连错6个选择题一共18分）这就会让我和别人的差距拉大，这种"别人都能做对我偏要失分"的感觉真是有点痛苦。

初中和高中我都是语文科代表，早上晨读带着大家大声朗读，印象很深刻，不仅锻炼了自己胆量和语言表达能力，也一直对语文学习有着浓厚的兴趣。

背诵全文（应该是很多人童年的噩梦吧）。

前年去桂林，坐在船上，我和同行的友人异口同声，人们都说："桂林山水甲天下。"虽然整篇课文就只记得开头这句了，但这是一篇小学的课文了，近20年还记得印象应该是相当深刻了。还有就是初中的时候被Y老逼着背了很多文言文，牺牲了我N个午休，现在真的是一篇都记不住。

莫过于晏老师的一句话了。我至今仍记得，大概初一下，那时候我坐在第一排，正在读《水浒》，只是读，没有动笔，晏老师看了我一眼，上课的时候就说了这句话，大意是：读书，不只是捧着一本书在那里读，要思考，要总结，而总结和思考的方法就是写。其实那时候我并没有听进去，心想我也不只是干读，还在心里思考，跟写出来不也一样？直到上了大学，开始尝试边读书边做笔记，才知道两者之间的差别，犹如云泥。心中的思考固然重要，但往往浮于表面、不成体系、逻辑不畅，只有把它们写出来，才能发现其中的问题，促进自己的思考系统化、逻辑化。

背诗，背的时候难受得要死，背完了去看到有些景色，想起诗中描写的画面，有一种穿越千年与前人对话的感觉。

而要问我印象中最深刻的语文学习的事件的话，还得属我初中的一次语文课堂上的提问。当时晏老师在讲解一篇文章，大概的内容是一个学生在备战高考的前几天遭遇了亲人离世的意外，结果老师和家长还是逼迫着这位学子继续在学校参与高考复习，结果在高考场上，学生面对试卷脑中却只有一片"空白"。然后晏老师问我们这个空白有几层含义，我们回答了很多，像"亲情的空白""因为悲痛而想不起来的空白"我们都有讨论到，然后我们班一位同学举手回答说到"我觉得应该还暗示了教育上的'空白'"。当时这个回答确实令我感到佩服，也是第一次让我对如何揣摩作者在文章背后所表达的深层含义有了兴趣，更让我对汉字的表意和内涵有了新的印象：文学家们用一杆笔写下数百数千字，就能表达出自己百感交集的思绪、入木三分地展现社会的世间百态、描绘出身临其境的大好河山。

问题3：您觉得家长或者老师可以为语文学习提供哪些有意义的帮助？

读万卷书不如行万里路，能在书斋里做学问的学者都是饱经风霜，而他们的风霜都是年轻时用双脚丈量的人世。文字的力量不仅在书里，也在一草一木，山山水水中。跟他们一起出去访古寻胜，影响他们，也能改变自己。

家长和老师主要是起到了指导和监督的作用，但这个问题有点难回答，毕竟"师傅领进门，修行靠个人"嘛。

以讲故事切入语文学习，让学生更有带入感和兴趣，结合身边的人和事更生动更有场景。

家长和老师可以更多地激发学生的学习兴趣，而不是只专注于成绩。比如组织一些与语文相关的活动，例如书法、阅读、演讲、主持等，并且肯定学生在活动中的成绩。演讲比赛拿了第一名，也是一种语言优势的体现，次次考第一名/100分不是语文成绩优异的唯一判定标准。询问小朋友的生活学习经历，引导式让学生阐述自己的校园生活，也是一种语言的锻炼。

我认为家长所能提供的帮助，就是为孩子营造良好的学习氛围。第一，不要给孩子太大的压力；第二，以身作则，自己也要读书学习。可惜，据我观察，能做到第一点的家长，已是少之又少，能做到第二点的，更是凤毛麟角。

至于老师嘛，我认为最重要的一点就是指出学生学习方法的问题，根据学生的特点为他指引学习的方向。

当然了，师傅领进门，修行在个人，最后学得怎么样，七成在自己，两成在老师，一成在其他因素。

在语文学习中，我们学生也并不是孤身一人，家长和老师的帮助也不可或缺。像家长在家的教育，就对我们能否养成在闲暇之余沉下心来看书的习惯至关重要，这是老师在学校所无法替代的作用；而老师则更像一位引路人，在庞大杂乱的语文世界中挑选出适合我们了解和运用的知识、指导我们去建立正确的文学观念。就我个人而言，晏老师的指导就对我的阅读习惯产生了很大影响，让我深深沉浸于图书馆中无法自拔，也让我养成了阅读古籍文言文的爱好，从中我也因此获得了许多乐趣，并在日常交往中引经据典，形成了良好的人际关系。

问题4：您觉得您的人生中，语文在哪些方面给您带来了积极的影响？

与他人的共情。不论是玉门关外一行飞过的征雁，还是地坛里蹦跳玩耍的小孩，都能在不经意间让人在脑海中浮现出对应的文字，感觉到自己与他们，与无数的人生活在同一片天空下，呼吸着相同的空气。这是只有阅读才能带来的体验。

语文带给我的帮助真的是巨大的（特别作为一个文科生）。它让我拥有了一种驾驭文字的能力，笔下生花，才思泉涌的感觉是任何学科都无法带来的。除此之外，语文还帮我提升了表达能力，这一点不论是在学习生活还是在未来的工作中都是很重要的。

语文学习让我现在工作中更有条理性，思维也更缜密，对外交流也更有自信。

语文，即语言文化。和所有的语言类似，从小学习语文多是为了培养听说读写的能力。而拥有这种能力的最终目的都是为了能够更好地沟通：听懂对方的意图，清楚地阐述一个产品的PPT，读懂政府下发的文件，写一封正式的邮件……走出社会以后才发现，每一项都不简单。语文学习真正影响我的不是背诵的那些课文，也不是那些高考套用的写作手法，我觉得更多的是帮助我与人有效地沟通，解决生活与工作中的问题。

这里回到问题1，我工作以后，我觉得语文学习最重要的事情是学会有效沟通。

学好语文，自是能让人受益良多。就我而言，首先在于阅读能力、理解能力的奠基。阅读能力、理解能力，是一切学习的基础，而这两种能力，并不是天生的，而是需要后天训练才能习得并提高的。正如强健的体魄来自运动，强大的阅读、理解能力需要大量阅读和思考才能获得。中学语文学习，正是奠定这两种能力基础的重要契机。其次，语文学习中的写作，不仅锻炼了我的文笔，更重要的是锻炼了我系统化、逻辑化思维的能力。古人说，胸有成竹，意为高明的画家在作画之前，竹子的形象已在其心中。写作最重要的意义，就是迫使我们把心中零散的、破碎的思维片段，连为一体，使之成为连贯的、通顺的语句。据我观察，那些文笔极佳者，往往思维也比较清晰，说话更有条理，看问题比较深刻。我认为这并非偶然，而是写作带来的思维锻炼的结果。

语文给我带来的积极影响可能都能写出另一篇文章了，不管是在各种文史知识问答比赛和辩论比赛中，还是在日常生活所产生的困惑里，我总能在以往所阅读或者了解过的书籍中找到典故和解决办法，从而引经据典、举一反三，为我的生活交往带来了极大的便利。从前我很不喜欢写作，但后来发现，写作时培养的语言组织能力，为我在各种与人交往的场合都产生过积极的影响，不至于是落入哑口无言的境地，而其他"内化于心，外化于行"的影响则数不胜数，在以后的人生中也将继续助我前行。

问题5：对于语文学习，您还有哪些建议？

好记性不如烂笔头。

应试的话，"文选烂，秀才半"是很难做到了。但是有精力的话，熟悉下《古文观止》里的文章还是绰绰有余的，而且事半功倍。

平时要多多阅读！在忙碌的初中、高中学习中，阅读都能作为一个很好的调节剂，让你在所谓的虚度时光中能够受益匪浅。

在每次练习后学会自我总结，有哪些语言是我从来没用过但是在答题里需要的语言，有哪些常见题型能用"变态化、复杂化"的语言去表达，有哪些题型、思路是我没见过的……及时总结才能及时提高。

学习需要培养良好的习惯，学生在语文学习中应多读书，读各种类型的书，培养兴趣，还有就是大声朗读培养语感，最后就是不断增加词汇量。

抛开应试，我觉得语文学习最有效的方法还是实践：多读、多练、多沟通、多表达。

例如在正式演讲前，先给部门的同事都讲一遍PPT，看大家是否都能听懂。分配工作1、2、3、4的罗列出来，每条内容尽量详细，有问题及时沟通。闲暇时看看书，偶尔写个抒情的段子记录一下此刻的心情。语文是一门与时俱进的发展学科，比如现在"00后"流行的网络用语，必要的时候还可以百度一下。总结一下就是学无止境。

合抱之木，生于毫末；九层之台，起于累土；千里之行，始于足下。对于语文学习，我没有什么灵丹妙药，还是那四个字，多读，多写。学弟、学妹们才读初中，你们的学海之舟才刚刚启航，有晏老师这座明灯的指引，只要奋力前行，必能行稳致远。

对于语文学习，我毕竟不是专业的语文教师，不能和从事语文教学数十载的晏老师一样能自信提出学习建议，所以我觉得最好的建议就是听从晏老师的建议。

再次感谢晏老所给的分享机会和教导！

语文学习经验分享（二）：家长经验

由于孩子上初中时受到晏老师阅读课的影响，我们目睹了孩子阅读兴趣的逐步攀升，从她感兴趣的书籍类型开始，书架渐渐充实，品种渐渐丰富，阅读习惯也由此养成。初一时，我会看看孩子的周记，稍微修改一下语句，短小空洞的豆腐块时常让人无从下手。慢慢地，因为阅读积累的素材逐渐丰盈，孩子写作时咬笔杆的时间越来越少，语言逐渐丰富，文笔也越来越好，并且爱上了用文字记录心情记录生活。记得初三有个周末，孩子读东野圭吾的小说入了迷，一口气看完了三百多页，结果导致作业没能写完。当时也想阻拦来着，看她忽喜忽嗔入迷的样子，勉强咽下指责，既然看书能让她如此专注，就让她保持这热情好好享受，剩下的事情（作业）自己去想办法解决吧，不是有这样一句话吗：人生没有白读的书，每一页都算数。

阅读的好处不言而喻，家长应当鼓励并且陪伴孩子一起阅读，但可能需要帮助孩子审核一下书籍类型与质量，让孩子的阅读素材能够与不同的学习阶段适配，同时也要适当地分配阅读时间，合理地选择精读与泛读。（顾睿瞳妈妈分享）

语文学习经验分享（三）：To 麻辣语文老师

（碎碎念有点子多希望尽量能帮上忙！）

  我无数次极度骄傲又感动地和别人说起我的初中语文老师兼班主任，我说是他帮助我经历了人生中第一个重大转折点。这次有幸收到晏老师的邀请，我又一次感慨万千，和朋友说道："晏老师教会我的，远不止知识层面那么狭隘简单。"朋友挠挠头："这话我好像已经听过好多次了诶。"

  怎么去形容这样的感慨呢？

  就好像风随意地拂过时间，看似是不经意的惊鸿照影，实际上在叶隙花间，在山巅海面汹涌人潮，到处都被它留下的痕迹影响着。

  关于语文学习，我只能说受到晏老师的影响太大了（晏老师威武），因此我一直认为最重要的事情就是大量阅读、大量输入（想到曾经一周七八节语文课四节都用来看书了哈哈哈，初中真的是我阅读量大巅峰）。其实大量阅读对于所有语言的学习都很重要（包括我目前学习的翻译专业），因为只有当足够的语言碎片将学习者严严实实包裹起来之后，学习者才能真正做到随心所欲地摘取这些碎片，进而将其组装、运用。

  广泛阅读各种材料，多多积累素材表达，积土为山，积水成海，迟早有一天印在积累本上的墨水都会变成脑海里跳跃的音符。

  印象中最深刻的语文相关事件！应该是初中时独属于晏老师班上的班刊（晏老师会带领"编辑工具人们"将每周写得比较好的周记收集整理成册，每学期都能出版厚厚一本）。阅读之类的输入固然重要，对于知识适当的输出也必不可少，比起通过考试的方式来检验学习成果，每周写写小文章既能陶冶情操，又能看出阅读和积累的成果。真的无敌爱我们的班刊，每次写周记，我最期待的事情就是在周记本发下来的时候看到龙飞凤舞的"已选"俩大字，因此在写作的时候就会绞尽脑汁把这周阅读时积累的素材活用一下——输入到输出的过程至此形成了完美的链条！

  语文带给我的积极影响可太多了。最为直观的就体现在我对文字的理解能力与文章撰写能力（虽然在晏老师您的强大光辉下，我的水平就只能藏在阴影里）。我一直以来都是一个对文字尚算敏感的人，一度特别喜欢写一些"无病呻吟"的东西，用华丽的辞藻堆砌出浅显苍白的句子（不知道晏老师还有没有印象）。虽然在考场上不一定实用吧，我却养成了用文字记录生活描摹心情的习惯，那些摞起来厚厚的纸张就是我珍藏的精神财富！

以及，前段时间我的"无病呻吟体"文章帮助我在一个给屈原写信的活动中，引起了主办方的兴趣，我接受了《中国日报》的定向采访，并且部分内容刊发到了 China Daily。

对于语文学习最大的建议就是跟着晏老师的方法走（我好像一个不理智的粉丝）！给人以星火者，必怀火炬。在我至今的学习经历里，晏老师就是一个手捧火炬的人，授人星火，照明前路。

有一个小建议就是勤积累、常复习。在我看来语文的知识点是比较零散的，是相对其他学科来说体系并不特别清晰的，因此不要奢求自己能"一夜通五经"，更不能觉得手握一本所谓的"知识点大全"就能一劳永逸了。拥有专属于自己的积累本和素材本很重要，它们能协助我们将知识点用自己习惯的方式整理归纳，记得要时常翻阅复习！

永远要对语文学习保持积极的心态，也永远不要把考试当成衡量自己语文能力的唯一标准，它不过是测评我们在相应阶段学习成果的工具罢了。平时多看看书，多练练笔，多和老师交流，让语文学习成为一种乐趣，相信更为自信的大家都一定能在语文的道路上越走越顺！

顾睿瞳

（本科入读上海外国语大学，后保研复旦大学）

语文学习经验分享（四）： 积学储宝， 驯致绎辞

受邀之时，惊喜与不安同时随着夕阳掉落窗前。即使高中的学习生活已匆匆步入最后的宏大乐章，可我不由得惭愧地承认，自己仍在高中的语文学习之路上苦苦摸索；于是，只能在这有限的篇幅里，既是分享、更是回忆那段初中学习时光里的点滴，和当时昂扬奋发的自己。

仔细品味那段岁月，似乎没有不尽不竭的试题，没有原地挣扎的疲惫，有的，是一朝一夕的积累和获取知识的快乐。若要为初中三年的语文学习做出凝练的概括，那么"积累"必然是它的关键词。

从基础知识到阅读理解能力，再到写作表达，试卷上的每一个板块的攻克需要日积月累探寻方法，要求归纳总结获得提升。基础知识如字音字形、

默写、病句、标点等，考查我们对语文知识的掌握。因此在平时就要重视基础知识的总结、记忆，争取不在这些地方出错失分。文言文亦可归类于知识型考察，因为其中有助于篇章理解的文言实词需要我们记忆积累。光掌握书上的注释是远远不够的，如何积累更多的文言实词便成为攻克文言文难关的重要课题。在此，我想分享晏老师当时要求我们落实的工作：

全班同学被分为若干小组并分别建立小组群聊，周末时（由于大多数同学住校，上学期间无电子设备）成员在群里朗读做过的文言文以打卡。

这样一项工作耗时不多，每日约莫十分钟，但正是在反复诵读之间，对每个文言文实词的理解被不断深化加强，在持之以恒中同学们形成了一定语感。大家一起参与，也有一种陪伴的暖意，是一种无形的督促激励。假期里，我无意间在微信中翻到了群聊记录，竟还能播放出当时同学们的语音，只叹少年意气，挥斥方遒！

再说阅读理解，也不是机械做题所能提升的。就初中考察的阅读而言，每一种题型都有方法规律可循。在平时的练习里，就应揣摩答案的答题思路，与自己的答案比对找出不足，最后归纳总结到积累本上。如特定语段的作用，可分为内容上、结构上、对中心主旨的作用等，具体语境具体分析。

想来以上种种经验，均是前人栽下的树种而长成的繁花满枝，是智者实践出的真知灼见。晏老师以与周围格格不入的智慧，传授先进进步的思想。是他真正带来了语文学习之乐。以前我常以阅读为苦事，而晏老师的推荐书目揭示了阅读不应是狭隘闭塞的，我们应将目光投向遥远广阔天地，不辍修炼提升，运用书中知识解决自己的困境。

这似乎已在悄然间踏上正途：生日之际，同学送我一本纪伯伦的《先知·沙与沫》，短小却深奥的诗行间，我感受到思想的力量。这是语文带给我的，灵魂的契合；而在浮华万千里，冷眼旁观，热心惊赞。

最后借一句箴言与各位共勉：苟有恒，何必三更眠五更起；最无益，莫过一日曝十日寒。如标题所言，积学储宝，驯致绎辞。在语文学习之途上，我们绵绵为力，久久为功，在日复一日的积累中储藏知识，丰富才学，终将达到文思泉涌、自然而成的境界。

张蓝月
（高考理省第一名，入读清华大学）

后 记

  本书整理到最后的时候，自己也有点怀疑人生了：这本书的价值在哪里？真的值得自己费尽心思去写作吗？读者能够从这本书里获得什么呢？这本书强调了语文学习里面应该死记硬背的东西，是不是有些离经叛道了？

  思前想后，还是决心增加这部分内容。毕竟，我们普通人，普通的语文老师，普通的学生及其家长，还是希望孩子在考试中能够获得更高的分数。这本书就算献给那些在语文学习方面缺少条件及机会的"小镇做题家"们吧！

  本书完成，"善学"教育丛书也出版到第三本了。在这套书写作及出版过程中，得到了非常多师长及朋友的关心和帮助。感谢黄伟校长、苏林校长对我的班主任工作、语文教学的指导，他们为本书的出版提供了不可或缺的帮助。

  特别感谢多年同事和兄长谢策老师、周密老师，他们对书中内容细节的指导和建议，大大提升了本书的理论高度与实用性。

  感谢我成长过程中那些帮助、指点过我的师长和朋友，尤其是恩师熊守鹏老师、魏冰华老师，他们是我初、高中时的语文老师，在语文方面不仅教给我知识，还给予我很多锻炼的机会。在此，还要感谢大学时的周治华老师，以及给予我指点与鼓励的乐山师范学院的杨胜宽教授，是你们激发了我在学术道路上不断前进的热情。

  感谢我曾经教过的所有学生，是与你们一起的经历，让我们共同成长。特别感谢顾睿瞳同学、张蓝月同学及你们的家长的热忱支持，感谢景玉、曾堰杰、卢湘蓉、斯想、游垭槟、宋囿漫、龚晗月等同学，你们无私地分享了关于语文学习的经验。

感谢四川大学出版社的徐丹红老师、马洁如老师，她们为本书的出版付出了时间和精力，帮助我完成了多年来的出书梦想。"善学"教育丛书编辑出版的这几年，你们热情、专业、敬业的精神深深感动着我。

教育事业，是渡人渡己的事业，如今的我逐渐淡出教育一线，但对未来教育的信心依然坚定。愿我们的未来如这麻辣火锅一样，红红火火！

晏光勇
2024 年 1 月 12 日